FONDATION HARDT
POUR L'ÉTUDE DE L'ANTIQUITÉ CLASSIQUE

*ENTRETIENS*
*TOME XLII*

# LES LITTÉRATURES TECHNIQUES DANS L'ANTIQUITÉ ROMAINE

## STATUT, PUBLIC ET DESTINATION, TRADITION

ENTRETIENS SUR L'ANTIQUITÉ CLASSIQUE

Publiés sous la direction de François Paschoud
par Bernard Grange et Charlotte Buchwalder

TOME XLII

# LES LITTÉRATURES TECHNIQUES DANS L'ANTIQUITÉ ROMAINE

## STATUT, PUBLIC ET DESTINATION, TRADITION

SEPT EXPOSÉS SUIVIS DE DISCUSSIONS
PAR
PIERRE GROS, PHILIPPE FLEURY,
MAURICE LENOIR, JANET DELAINE,
PETER BRENNAN, † ANDRÉ CHASTAGNOL,
LUCIO TONEATTO

Introduction de CLAUDE NICOLET

Entretiens préparés et présidés
par Claude Nicolet

VANDŒUVRES – GENÈVE
21-25 AOÛT 1995

## *PRÉFACE*

*À la fin de la préface du XLIe volume des Entretiens, le professeur Olivier Reverdin a pris congé d'une série qu'il a publiée depuis le cinquième volume en souhaitant bonne continuation à Bernard Grange, bibliothécaire de la Fondation Hardt, et au soussigné, élu en octobre 1995 comme son successeur à la présidence du Conseil de Fondation. Bernard Grange et moi-même nous efforcerons, dans la mesure où la situation financière de la Fondation Hardt nous le permettra et durant le temps qui nous sera imparti de remplir les fonctions que nous occupons actuellement, de maintenir la tradition et de poursuivre la collection en publiant chaque année un volume qui ne dépare pas la série dans laquelle il prend place.*

*Le thème des XLIIe Entretiens a été proposé au Comité scientifique de la Fondation Hardt par le professeur Claude Nicolet (Université de Paris I), qui a été chargé de les organiser et de les présider. Le texte introductif qu'il a rédigé, et qui est publié en tête du présent volume, me dispense d'en dire plus ici.*

*Les exposés publiés ne correspondent pas exactement à ceux qui ont été présentés durant les Entretiens qui ont eu lieu du 21 au 25 août 1995. Le professeur Lucio Toneatto, empêché au dernier moment de se rendre à Genève, nous a communiqué sa contribution, publiée en conclusion du volume; il y parle de textes qui n'appartiennent plus à l'antiquité, mais illustrent une forme de «Nachleben» particulièrement vigoureuse de la science des arpenteurs romains. Le professeur Michael Crawford, présent aux Entretiens, comme le prouvent quelques interventions de lui dans les discussions, y a présenté une communication consacrée à l'utilisation ancienne et moderne des* gromatici. *Pendant les six mois qui ont suivi le délai de remise des manuscrits, il a trompé notre impatience par de vaines promesses, pour finir par renoncer à nous envoyer quoi que ce soit. Je ferai mon possible pour que cette défaillance, unique dans les annales de la Fondation Hardt, ne serve pas de précédent à l'avenir.*

*La situation financière de la Fondation étant très difficile, malgré les diverses subventions qu'elle reçoit, il s'agissait d'assurer la publication du présent volume aux moindres frais. Nous avons donc équipé M. Grange d'un ordinateur, et il a courageusement entrepris de domestiquer ce* monstrum horrendum ingens *de manière à s'en faire un esclave utile pour la préparation d'une disquette unifiée à l'intention de l'imprimeur. C'est lui qui a mis en forme les discussions et unifié la présentation des textes et des notes. L'exactitude des références, anciennes et modernes, n'a en revanche pas été contrôlée et relève de la responsabilité des auteurs. Quant aux* indices, *ils ont été compilés gracieusement par Mme Charlotte Buchwalder, licenciée ès lettres de la Faculté des lettres de Genève. M. Grange et Mme Buchwalder ont aussi relu les épreuves que, pour gagner du temps et de l'argent, nous n'avons pas communiquées aux auteurs.*

*Les auteurs nous ont aimablement transmis des disquettes, et je les en remercie. Je dois cependant avouer que ces disquettes présentaient la plus grande variété, pour ce qui concerne aussi bien la «matière dure» que la «matière molle». Comme je ne suis pas grand clerc en informatique, cela m'a confronté à des problèmes difficiles, que je n'ai pu résoudre qu'avec l'aide des services spécialisés de l'Université de Genève, et surtout le secours efficace de mon épouse — qui a aussi dactylographié la communication d'A. Chastagnol et toutes les discussions — et de mon fils, beaucoup plus forts que moi dans ces domaines. À elle et à lui, comme à Madame Buchwalder, j'adresse mes plus vifs remerciements pour leur collaboration désintéressée.*

*Les modes de citation ont été unifiés plus drastiquement que dans les volumes précédents: pour les textes latins, d'après l'*Index *du* Thesaurus linguae Latinae, *pour les textes grecs selon un système extrapolé du précédent; les périodiques sont cités en utilisant les sigles de l'*Année philologique. *J'espère que les auteurs et les lecteurs ne ressentiront pas ces interventions comme «schulmeisterlich», et pardonneront au nouveau président des manies acquises jadis pendant deux ans de collaboration au* ThlL.

*
* *

*André Chastagnol est décédé le 2 septembre 1996. En mai dernier encore, il a revu son exposé et nous a aidés pour la mise au point de la discussion qui le suit avec son habituelle exactitude, bien qu'il fût déjà atteint dans sa santé. Ceux qui ouvriront ce livre découvriront non sans émotion ce qui restera peut-être le dernier texte scientifique rédigé par l'un des spécialistes les plus éminents de l'antiquité tardive de notre fin de siècle.*

*François Paschoud*

# TABLE DES MATIÈRES

# INTRODUCTION

## LES LITTÉRATURES TECHNIQUES DANS LE MONDE ROMAIN

Il ne s'agira pas, dans ces *Rencontres*, de partir à la recherche de tous les témoignages textuels qui peuvent nous renseigner sur les «techniques» dans l'Antiquité classique (même si nous avons au départ limité notre propos au seul monde romain)[1]. Ce serait là un pari impossible, tant sont dispersées les informations qui nous sont parvenues dans des textes de toute autre portée

[1] La bibliographie du sujet est immense et dispersée, car elle a intéressé à la fois les historiens des sciences et des techniques, les savants et les techniciens eux-mêmes, les historiens de l'économie et de la société, ceux de la culture — et j'en passe. La synthèse la plus complète reste celle de R.J. FORBES, *Studies in Ancient Technology*, 9 vols. (Leiden 1964-1972). K.D. WHITE, *Greek and Roman Technology* (London 1984), complète ses études plus anciennes sur les techniques agricoles. Plus généraux: M. VEGETTI, *Il sapere degli antichi* (Torino 1985); M.C. AMOURETTI et G. COMET, *Hommes et techniques de l'Antiquité à la Renaissance* (Paris 1993); et le recueil d'écrits divers de la regrettée A. GARA, *Tecnica e tecnologia nelle società antiche* (Roma 1994); (de la même, on lira avec profit, sur Rome, le chapitre «Progresso tecnico e mentalità classicista», dans *Storia di Roma*, edd. A. MOMIGLIANO et A. SCHIAVONE, II 3 [Torino 1991], 361-380); le petit livre éveilleur de G. TRAINA, *La tecnica in Grecia e a Roma* (Bari 1994), qui insiste sur les aspects sociaux et culturels. Traitant plus particulièrement des machines et des ingénieurs, J.G. LANDELS, *Engineering in the Ancient World* (University of California Press 1978). Pour le monde romain, le petit livre de R. CHEVALLIER, *Sciences et techniques à Rome* (Paris 1994), donne une abondante bibliographie; Ferruccio Franco REPELLINI, «Tecnologie e macchine», dans *Storia di Roma* IV (1989), 323-368.

que proprement technique (par exemple historiques, oratoires, juridiques, philosophiques). Sans parler, naturellement, de la littérature «scientifique», sur laquelle nous aurons à nous expliquer tout à l'heure[2]. Au demeurant, le travail a déjà été entrepris, quoique d'un point de vue tout différent du nôtre, par tous ceux qui se sont intéressés aux techniques anciennes elles-mêmes. Ils mentionnent en général, avec plus ou moins de détails et plus ou moins de bonheur, non seulement leurs sources (cela va de soi), qui peuvent être indirectes, mais les traités, ou «manuels», s'il s'en trouve, consacrés, dans l'Antiquité même, au sujet qui les occupe. Ces traités ou ouvrages spécialisés ont, dans leur immense majorité, péri; nous n'en connaissons le plus souvent que le titre, et d'ailleurs de manière approximative et controversée selon les sources qui les mentionnent. C'est donc, au mieux, d'une *littérature perdue* qu'il s'agirait. Remarquons, au passage, que l'inventaire de ces titres évanescents renvoyant à des ouvrages fantômes, qui serait déjà bien utile, n'a pas été tenté, du moins à ma connaissance. Bien entendu, les bonnes éditions des sources secondaires (de notre point de vue) se sont normalement occupées de la *Quellenforschung* de leur auteur. Cela va de soi lorsqu'il s'agit d'un encyclopédiste aussi soigneux et d'esprit aussi vraiment scientifique que Pline l'Ancien, qui a pris soin de dresser pour ses lecteurs, livre par livre, la liste de ses «*auctores*», latins puis étrangers, mais qui ne donne que rarement le titre ou le sujet d'un ouvrage particulier (Pline, *nat.* 1)[3]. La lecture attentive de

[2] Sur la «littérature scientifique» ancienne, et sans parler des histoires de la science, on aura l'essentiel (y compris la bibliographie jusqu'en 1975), dans M.R. COHEN et I.E. DRABKIN, *A Source Book in Greek Science* (Cambridge, Mass. [5]1975). Sur la place des sciences et des techniques dans les témoignages textuels (ce qui nous rapproche du sujet de ces *Entretiens*), cf. les Actes du Colloque de Gênes, *Scienza e tecnica nelle letterature classiche* (Genova 1980), et, pour Rome plus particulièrement, ceux du colloque de Côme, *Tecnologia, economia e società nel mondo romano* (Como 1980).

[3] Cf. S. SCONOCCHIA, «La structure de la *N.H.* dans la tradition scientifique et encyclopédique romaine», dans J. PIGEAUD & J. OROZ RETA (edd.), *Pline l'Ancien témoin de son temps* (Salamanca/Nantes 1987), 612-632.

ces énumérations de noms, pour la plupart très peu connus de nous, est en soi fort instructive, par la prédominance massive des agronomes, des médecins et des naturalistes, suivis par les «savants», philosophes, historiens ou géographes; très rares sont les titres d'ouvrages plus spécialisés, dont très peu d'ailleurs pourraient vraiment être qualifiés de techniques. Cette remarque vaut pour Pline: on verra précisément ci-dessous qu'elle ne vaudrait sans doute pas pour des auteurs comme Vitruve ou Frontin. Mais quoi qu'il en soit, nous n'avons, jusqu'à présent, que des dénombrements et des inventaires partiels, auteur par auteur ou, à la rigueur, sujet par sujet. Un inventaire général et une synthèse demeurent encore à faire[4].

Notre propos est en fait tout différent. En choisissant de réfléchir sur les «littératures techniques», nous nous sommes d'abord interrogés sur leur existence même, ou mieux: leur possibilité d'existence dans les civilisations antiques. Un exemple me fera mieux comprendre: écrivant jadis un chapitre sur «la pensée économique des Romains»[5], je me posais naturellement la question des moyens d'information à la disposition des hommes d'affaires (les hommes de la chrématistique, comme dit Aristote), et naturellement aussi celle des ouvrages éventuels (manuels élémentaires, aide-mémoire, traités pratiques ou théoriques) qui auraient été destinés aux métiers de l'argent, du commerce, de la banque. L'enquête fut presque totalement décevante.

Sans doute, on peut trouver beaucoup de choses utiles pour l'exercice de ces activités chez les juristes; on peut même être

[4] Deux «rapports» différents malgré leurs titres sont en quelque sorte à la base de ces *Entretiens*: J. BEAUJEU, «La littérature technique des Grecs et des Latins», dans les *Actes du Congrès Budé de Grenoble* (Paris 1949), 21-79; et surtout Ph. FLEURY, «Les textes techniques de l'Antiquité», dans *Euphrosyne*, N.S. 18 (Lisboa 1990), 359-394. Cf. aussi F.R.D. GOODYEAR, «Technical writing», dans la *Cambridge History of Classical Literature*, II, *Latin Literature* (Cambridge 1982), 672-673.

[5] «Il pensiero economico dei Romani», dans L. FIRPO (ed.), *Storia delle idee politiche, economiche e sociali*, I (Torino 1982), 877-960 = *Rendre à César. Économie et société dans la Rome antique* (Paris 1988), 117-219.

frappé par l'abondance des sujets ou de la casuistique concernant ces matières chez certains d'entre eux (comme par exemple Ser. Sulpicius Rufus au Ier s. av. J.-C., à l'âge d'or des sociétés «capitalistes» romaines[6]). D'autres, comme L. Volusius Maecianus — précepteur du Prince et haut fonctionnaire — pouvaient composer un petit traité de métrologie intéressant les *res pecuniariae*, donc les mesures, y compris les monnaies: c'était clairement, comme on l'a dit, un «Hilfsbüchlein», d'ailleurs dédié à l'Empereur[7]. Mais tout cela entre dans le cadre bien défini de la littérature juridique et de l'éducation des classes supérieures. On peut y ajouter, bien sûr, quelques traités de navigation, ou plus exactement (car il ne s'agit pas de la manœuvre ou du pilotage) quelques itinéraires ou périples, comme celui de la *Mer Erythrée*[8]. Pour le reste, on doit se contenter de digressions ou de discussions de type anthropologique (comme le débat posthume entre Posidonius et Sénèque sur l'origine des inventions et sur le progrès technique «inutile», *Epist.* 90[9]), ou moral, comme les réflexions sur l'argent, la richesse, son usage privé et public, fort détaillées et socialement fort instructives pour nous, que prodigue Cicéron

[6] Cf. toujours J.G. Tydeman, *Disquisitio iuridico-politica de œconomiae notionibus in corpore iuris civilis Iustiniani* (Leiden 1838); J. Mellilo, *Economia e giurisprudenza a Roma* (Napoli 1978); sur Servius Sulpicius Rufus (textes dans *Iurisprudentiae Antehadrianae quae supersunt*, ed. F.P. Bremer, I [Leipzig 1896], 139-242), cf. en dernier lieu A. Schiavone, *Giuristi et Nobili nella Roma repubblicana* (Bari 1987), 118-136.

[7] M. Schanz, *Geschichte der Römischen Literatur*, III (München ³1922), 191. Les textes dans *Metrologicorum scriptorum reliquiae*, ed. Fr. Hultsch, II (Leipzig 1866), 61. On peut citer aussi un texte beaucoup plus tardif (fin IVème-Vème s.), le *Carmen de ponderibus* (*Metrol. script. reliquiae*, II, 24).

[8] Cf. récemment L. Casson (ed.), *The periplus Maris Erythraei* (Princeton 1989).

[9] Sur ce passage célèbre qui énumère des «inventions» récentes (toutes de l'ordre des *mirabilia*) et qui les attribue «aux plus vils de nos esclaves», cf. I. Lana, «Scienza e tecnica a Roma da Augusto a Nerone», in *Atti Accad. delle Scienze di Torino* 105 (1971), 19-44, repris dans *Studi sul pensiero politico classico* (Napoli 1973), 385-408; et E. Pasoli, «Scienze e tecniche nella considerazione prevalente del mondo antico: Vitruvio e l'architettura», dans *Scienza e tecnica nelle letterature classiche* (*op.cit.* n. 2), 64-80, spécialement 75-78.

à l'intention de son fils dans le *De officiis*. Rien de proprement «technique» dans tout cela. Cette science de l'argent — comment le gagner, comment le placer, comment même l'utiliser —, son fils, s'il veut en savoir plus, devrait aller l'apprendre auprès de «très honorables personnages» qui siègent, sur le Forum, près de l'arc de Janus (c'était l'emplacement d'une sorte de Bourse avant la lettre, à Rome): il l'apprendra infiniment mieux que dans n'importe quelle *disputatio* de n'importe quelle école de philosophie (*off.* 2, 87[10]). Ces choses, ajoute Cicéron, sont pourtant fort utiles. La pointe est amusante, mais c'est une dérobade. Les «gens du Janus» (contre toute vraisemblance sociologique, je crois) sont décidément rejetés dans une autre sphère, que doit ignorer un jeune *nobilis*. À ce niveau-là, et pour des jeunes gens comme lui, on n'enseignera ni l'économie politique, bien sûr, ni même, apparemment, aucune des connaissances *pratiques* nécessaires (par exemple, la tenue des comptes).

On a longtemps prétendu (et récemment encore) que tout ce qui avait trait à ce que nous appellerons les techniques, par opposition à la «science» spéculative, était appris et enseigné sur le tas, à titre strictement privé, dans les *officinae* où le savoir-faire, le «tour-de-main», se transmettaient par l'exemple et l'imitation, de père en fils, de maître à esclave ou à affranchi. Des techniques plus relevées ou ambitieuses (parce qu'elles passaient par la maîtrise de l'écriture ou du calcul) pouvaient être parfois enseignées, mais à l'intérieur de la *domus* et, même si c'était sur une échelle imposante (les scribes d'Atticus), toujours à titre privé et pratiquement sans trace écrite[11]. Peut-être;

[10] *De officiis* 2, 87: *Sed toto hoc de genere, de quaerenda, de collocanda pecunia, uellem etiam de utenda, commodius a quibusdam optimis uiris ad Ianum medium sedentibus quam ab ullis philosophis ulla in schola disputatur. Sunt tamen ea cognoscenda; pertinent enim ad utilitatem*... Sur ces hommes d'affaires du Janus, cf. mes remarques dans «Plèbe et tribus: les statues de Lucius Antonius et le testament d'Auguste», in *MEFRA* 97 (1985), 817-819.

[11] Par exemple A. BURFORD, *Craftsmen in Greek and Roman Society* (London 1972), spéc. 82-8; 102-103. Pline pourtant, dans sa préface, laisse entendre que son livre, s'il ne le dédicaçait à l'empereur, semblerait destiné seulement au grand

mais que penser de ces esclaves ou affranchis *litterati* que nous révèlent des inscriptions? Un *doctor artis calculatoriae* en Germanie (*CIL* XIII 6247 = *ILS* 7754); et surtout le jeune *Melior*, lui aussi comptable (*calculator*), mort à 13 ans, qui a dépassé tous les titres de gloire (*titulos*) de ses prédécesseurs: *singula autem quae sciebat uolumine potius quam titulo scribi potuerunt; nam commentarios artis suae quos reliqit (sic) primus fecit et solus posset imitari*...(*CIL* XIV 472 = *ILS* 7755)[12]. Ce jeune prodige avait donc aussi rédigé des *commentarii*, c'est-à-dire en l'occurrence quelque chose comme une notice explicative ou un mode d'emploi...[13] Dans un autre ordre d'idées, on discute encore pour savoir si les préceptes contenus dans les recueils de textes alchimiques[14], dont beaucoup peuvent avoir aussi un intérêt pour la métallurgie ou la teinturerie, ont pu provenir de *commentarii* de ce type en usage dans les ateliers, ou au contraire (ce qui serait assez conforme aux tendances mystico-magiques de l'alchimie) de textes savants ou religieux.

Nous nous sommes donc proposé d'aborder ces problèmes. Mais, dans un temps et un espace choisis, en tâchant de limiter (pour cette fois) notre enquête de manière aussi précise et efficace que possible. D'abord, par hypothèse de départ, en réduisant volontairement le sens que nous donnons à l'adjectif «technique» par rapport à «scientifique». Nous ne le ferons pas en suivant la distinction aristotélicienne, si fortement vulgarisée dans l'Antiquité, entre les *artes* ou les discours (de type spéculatif) qui ont trait à la nature et à la raison des choses, que le citoyen, le sage, l'homme de bien peuvent donc pratiquer ou

public, à la masse des agriculteurs et des artisans, à ceux qui ne s'occupent pas de la vie de l'esprit (*praef.* 6: *humili uulgo scripta sunt, agricolarum opificum turbae, denique studiorum otiosis*).

[12] L'inscription, il est vrai, n'est connue que par une copie du XVIIème s. et un fragment qui a été vu par J.H.W. Henzen; mais H. DESSAU (*Eph. Epigr.* 7, 1192) la tient pour authentique.

[13] Nous retrouverons ce mot, qui couvre bien des choses; je m'en suis expliqué dans *L'inventaire du monde* (Paris 1988), 112 (et 269), etc.

[14] Cf. R.J. FORBES, *Studies in Ancient Technology* (*op.cit.* n. 1), I, 125-146, spéc. 141; R. HALLEUX (éd.), *Les Alchimistes grecs*, I (*CUF*, Paris 1981).

étudier, et les *artes sordidae*, d'exécution, qui ne se préoccupent que de donner des consignes à suivre, sans réflexion[15]. Nous ne le ferons pas non plus en limitant, sans doute abusivement, le sens du mot technique à ce qui toucherait seulement aux rapports de l'homme avec la nature dans des opérations pratiques de type matériel (agriculture, industries diverses d'atelier) ou «de service» (art de soigner par exemple). Nous avons en fait obéi, dans la limitation du champ de notre enquête, à des considérations plus simples, et de type heuristique: nous avons d'abord considéré les textes qui ont pu parvenir jusqu'à nous, et cela nous a conduits, de manière volontairement pragmatique, à en exclure certains, trop abondants, et, au contraire, à en inclure d'autres auxquels on ne songe pas toujours. Nous avons exclu les textes proprement scientifiques, comme les traités de mathématiques ou de géométrie, ou ceux concernant la musique, bien que certains aient des aspects parfaitement techniques. Nous avons naturellement exclu la médecine, l'art vétérinaire, la pharmacopée (domaine dans lesquels sont connus de nombreux «traités»): il faudrait leur consacrer des enquêtes propres.

Nous avons aussi exclu, volontairement, les passages des textes «scientifiques» (encyclopédiques ou non) qui ont pourtant un caractère «technique» marqué. Chez les «géographes» Strabon et Ptolémée (d'esprit d'ailleurs si différent), les livres ou les chapitres qui traitent de la carte générale et qui se présentent par instants comme de véritables instructions pratiques, des «modes d'emploi». Mais ces textes, souvent discutés par les historiens de la cartographie, mériteraient un *Entretien* à part[16].

[15] Cf. E. PASOLI, *art. cit.* (n. 8); et P. PARRONI, «Scienza et produzione letteraria», dans l'excellente histoire de la littérature latine, *Lo spazio letterario di Roma antica*, dir. da G. CAVALLO, P. FEDELI & A. GIARDINA, I, *La produzione del testo* (Roma 1989), 469-505; et A. GARA, *Tecnica e tecnologia* (*op.cit.* n. 1), 11-26.

[16] Voir essentiellement G. AUJAC, *Strabon et la science de son temps* (Paris 1966), part. 190-204; son édition de *Strabon. Livres I et II* (*CUF*, Paris 1969); et son très commode *Claude Ptolémée. Astronome, astrologue, géographe* (Paris 1993). Je reviendrai ailleurs sur le problème extrêmement complexe des cartes

De même, nous avons exclu les *excursus* qui, chez certains auteurs, comme César (la construction du pont sur le Rhin, les travaux du siège de Marseille), ou Pline (*nat.* 33, 70-78, la description des mines d'or d'Espagne) ont, eux aussi, un caractère technique fort poussé, qui se marque dans le vocabulaire: on discute encore sur l'origine de ces sortes de blocs erratiques dans les œuvres où ils s'insèrent, et ils posent donc plus de problèmes qu'ils n'en résolvent[17]. Notre définition, arbitraire mais opératoire, des «littératures techniques», permettra également de ne pas envisager, par exemple, les techniques (qualifiées elles aussi d'*artes*) concernant le langage, la parole, le raisonnement, si importantes qu'elles aient été dans la civilisation et dans l'éducation antiques.

En revanche, et c'est peut-être plus inattendu, nous avons décidé d'étendre notre enquête à des textes à nos yeux techniques, mais d'une autre manière: ceux qui concernent plus particulièrement les techniques qu'on peut qualifier d'administratives ou de bureaucratiques[18]. D'un côté, le *corpus* des textes gromatiques, regroupant des écrits fort divers. Les uns concernent bien des techniques et des pratiques «sur le terrain» (les opérations d'arpentage, pour aller vite)[19], mais ont aussi, même

(anciennes, je crois) de Ptolémée; sur la sphéropée, à la limite entre science et technique, l'excellent recueil de la même G. AUJAC, *La sphère, instrument au service de la découverte du monde* (Caen 1993).

[17] C. DOMERGUE, «À propos de Pline *Naturalis Historia* 33, 70-78 ...», in *Archivo Español de Arqueologia* 45-47 (1972-1974), 499-528.

[18] Je m'y étais intéressé dans *L'inventaire du monde*, en les mettant en rapport (nécessaire à mon sens) avec les techniques «chorographiques» et cartographiques; cf. depuis, à peu près sur le même sujet, G. GRESCI MARONE, *Ecumene Augustea* (Roma 1993); et le c.r. développé de mon livre par N. PURCELL, «Maps, lists, money, order and power», in *JRS* 80 (1990), 178-182; sur ce qu'on a appelé «la rationalité impériale», cf. mes remarques dans «Il modello imperiale romano», dans *Storia di Roma* (*op.cit.* n. 1), IV (1989), 459-486 (= *Rendre à César*, 271-313).

[19] La bibliographie est d'importance. Cf., en dernier lieu, F.T. HINRICHS, *Die Geschichte der gromatischen Institutionen* (Wiesbaden 1974; trad. fr. publiée par le Centre d'Histoire Ancienne de Besançon, Paris 1989); et surtout l'ouvrage collectif *Misurare la terra: centuriazione e coloni nel mondo romano* (Edizioni Panini 1984); et les multiples publications dirigées ou inspirées par M. CLAVEL-LÉVÊQUE, en particulier *Cadastres et espace rural* (Paris 1984); ou *De la terre*

ceux-là, une traduction scripturaire, puisqu'ils doivent aboutir (comme les «manuels» de cartographie dont j'ai parlé) à la rédaction de documents écrits ou figurés selon des techniques et des normes bien particulières[20]. Mais à côté de cela, le *corpus* des textes gromatiques contient aussi des textes (ou nous permet de remonter à des textes) de type plus proprement administratif: des séries d'archives, avec leur classement et leur organisation. Cette orientation vers l'administration nous a donc conduits à prendre en considération des textes produits, à des titres divers, par la bureaucratie, comme la *Notitia dignitatum* et les *Régionnaires*, mais avant eux comme le livre de Frontin sur les *Aqueducs*. Nous n'avons eu garde enfin d'oublier, parmi les techniques qui ont suscité une littérature parvenue jusqu'à nous, tout ce qui a trait à la science militaire (à l'exclusion des *stratagèmes*, trop clairement liés à l'histoire et à la mode des *exempla*). Et naturellement nous avons ouvert le feu avec le plus complet, le plus célèbre aussi, des traités techniques romains, celui de Vitruve[21].

*

* *

*au ciel.* I. *Paysages et cadastres antiques* (Besançon 1994); cf. également, sur les opérations de terrain, Anne ROTH CONGES, «Modalités pratiques d'implantation des cadastres romains...» (Lattes, oct. 1995, sous presse), qui insiste sur la complexité des constructions géométriques; également J.Y. GUILLAUMIN, «Géométrie grecque et agrimensorique romaine; la science comme justification d'une idéologie», in *Dial.Hist.Anc.* 20 (1994), 279-295; et M. CLAVEL-LÉVÊQUE, «Centuriation, géométrie et harmonie», dans *Mathématiques dans l'Antiquité*, éd. par J.Y. GUILLAUMIN (Saint-Étienne 1993), 163-177.

[20] Cf. le fragment de *forma aeris* découvert en Espagne: P. SAEZ-FERNANDEZ, «Estudio sobre una iscripcion catastral colindante con Lacimurga», in *Habis* 21 (1990), 205-227; M. CLAVEL-LÉVÊQUE, «Un plan cadastral à l'échelle: la *forma* de bronze de Lacimurga», in *Estudio de la Antigüedad* 6/7 (Barcelona 1993), 175-182. Sur les illustrations des manuscrits gromatiques, toujours essentielles les études de F. CASTAGNOLI, désormais réunies dans *Topografia antica*, II. *Italia* (Roma 1993), 703 et suiv.; de J.N. CARDER, *Art historical problems of a roman land surveying manuscript, the Codex Arcerianus A, Wolfenbüttel* (New York 1978).

[21] C'est pour des raisons strictement circonstantielles que nous n'avons pu consacrer une discussion à l'étrange *De rebus bellicis*, sur lequel, il est vrai, ne manquent pas d'excellents travaux, celui de A. GIARDINA par exemple, et des mises au point collectives (*De Rebus Bellicis*, BAR International Series 63, London 1979).

Ainsi conçu et limité, le propos de ces *Entretiens* apparaîtra, je l'espère, plus clairement. Il ne s'agira certainement pas d'étudier des techniques en elles-mêmes (hydraulique, construction, machines civiles et militaires, techniques minières ou industrielles, cartographie, art des *gromatici*, etc.), mais d'apporter une contribution à l'étude du problème suivant: quelle était la place de ces techniques dans l'économie, la société et l'État sous l'Empire romain.

Mais ce sujet aurait été encore trop vaste. En l'abordant, autant que possible, par l'étude des *textes eux-mêmes*, non pas d'un point de vue strictement philologique (pour les établir, les lire et les commenter), mais en considérant l'existence d'un texte (à définir et à préciser) comme *le fait significatif* primordial, nous avons choisi un angle d'approche bien défini. Les analyses et les synthèses qu'ont présentées les participants à ces *Entretiens* ne sont pas seulement des *Berichte* qui fourniraient, *ad usum scholarum*, un «état de la question» (d'ailleurs utile) sur chacun des textes abordés. L'enjeu intellectuel de l'entreprise est tout autre: essayer d'abord, à travers des textes, conservés ou perdus, qui étaient consacrés à des techniques de manière délibérée, de déterminer le *statut économique, social ou politique* de leurs auteurs, ainsi que le *public* auquel ils étaient destinés. Subsidiairement, l'étude de la *tradition manuscrite* pourra, dans certains cas (en particulier par l'analyse du regroupement de certains textes dans certains *codices*) nous renseigner sur les continuités ou les changements de cette *réception* qui nous préoccupe[22].

Cette réflexion se déploie, en effet, à plusieurs niveaux différents. Si nous parvenons à identifier une littérature technique, c'est-à-dire des textes rédigés pour être lus par d'autres, et parmi eux des guides, des traités ou des manuels, il faudra sans doute s'interroger sur le support de ces textes dans l'Antiquité,

[22] Problème bien posé pour Vitruve, par exemple, par L. CALLEBAT, «Éléments d'interprétation et problèmes de réception du corpus vitruvien sur la mécanique», in *Humanitas* 45 (1993), 137-154.

compte tenu des habitudes d'écriture et de composition des livres, avant le papier et l'imprimerie (papyrus ou *membrana*, éventuellement bois pour les archives publiques; *uolumen* ou *codex*)[23]. La question se pose particulièrement à propos des éventuels «manuels»: la notion même de «livre d'étude» bref, clair, pédagogique, et destiné à un public assez vaste, est-elle pertinente[24]? Elle se pose aussi pour les illustrations ou (en ce qui concerne du moins les architectes) les projets ou les maquettes (*exemplaria*) qu'ils pouvaient être amenés à produire — comme elle se pose (nous n'en avons point parlé dans ces *Entretiens*) pour les cartes liées à certains livres qui, de toute manière, étaient des objets de grand prix qui ne pouvaient être aussi aisément reproduits qu'un texte.

Deuxième niveau, qui se déduit du précédent: la transmission de ces savoirs, ou de ces savoir-faire. Une tradition qui — pour les Latins — va de Cicéron à Sénèque (mais sans aller jusqu'à Cassiodore ou Boèce), tient, nous l'avons vu, à prendre ses distances avec les *artes* non *liberales*, avec les détails d'exécution, comme avec le travail manuel. Au double nom de la science spéculative, de la morale et du «détachement» du sage d'une part — de la prédominance du soin des affaires de l'État sur toute autre activité, de l'autre. Très rares seraient donc les savoirs qui auraient trouvé, à côté des *artes liberales*, leur place dans l'éducation.

Il est probable pourtant qu'à un certain niveau de recrutement et de compétence du moins, certains «techniciens» pouvaient

[23] Sur les divers supports, et leurs conséquences mentales, sociales ou économiques, cf. en tout dernier lieu, outre C.H. ROBERTS & T.C. SKEAT, *The Birth of the Codex* (Oxford 1983), *Les débuts du Codex*, éd. par A. BLANCHARD, Bibliologia, vol. 9 (Turnhout 1989). Sur le livre en général, cf. le volume édité par G. CAVALLO, *Libri, editori, e pubblico nel mondo antico* (Bari 1989), et surtout le grand manuel d'O. MONTEVECCHI, *La papirologia* (Milano ²1991), 335 sqq.

[24] Toutes ces questions ont été entre autres abordées (avec des réponses d'ailleurs diverses) dans deux ouvrages récents complémentaires: W.V. HARRIS, *Ancient Literacy* (Cambridge, Mass. 1989), part. 126-127; 172-173, et *Literacy in the Roman World*, ed. by J.J. HUMPHREY, *Journal of Roman Arch.*, Suppl. 3 (Ann Arbor 1991); O. MONTEVECCHI, *La papirologia* (Milano ²1991), 397 sqq.

recevoir une éducation qui ne fût pas seulement pratique et orale, acquise «sur le tas», mais plus théorique et plus organisée. Après tout, Vitruve ne cite pas seulement ses sources grecques et latines: il parle aussi de ses *praeceptores*. Il y avait eu à peu près sûrement dès l'époque ptolémaïque, à Alexandrie, une école de «géomètres» (profession d'une utilité indispensable en Égypte), dont parle vraisemblablement Héron, avant même que fussent attestés des sortes de concours de recrutement (*professiones*) pour les maîtres des géomètres privés, dont les manuels, eux, sont fort bien connus, puisqu'ils constituent la base et les sources du *corpus agrimensorum* parvenu jusqu'à nous[25]. Peut-être, dans le même ordre de faits, des sortes d'examens internes à l'intérieur des *scholae* (qui ne sont pas des écoles, mais des sortes de «collèges»), des *excerptores* de la cour de Constantinople sont-ils mentionnés par Jean Lydus (*mag.* 3, 6). Bref, malgré l'absence ou la très grande rareté de textes «scolaires» conservés, il me semble que là encore nous devons être prudents, et recueillir d'abord soigneusement tous les témoignages, tous les indices, même les plus ténus, qui nous laissent entrevoir un monde de techniciens plus diversifié, plus structuré aussi, plus appuyé sur l'écrit et la culture écrite, que n'ont bien voulu l'admettre ceux des modernes sensibles à l'approche «anthropologique», toujours un peu «primitiviste», d'une Antiquité qui serait inexorablement «autre»[26].

En revanche, de cet examen des textes conservés se dégage une autre interrogation, qui se déploie sur un troisième niveau:

[25] F.T. HINRICHS, *Histoire des institutions gromatiques* (*op.cit.* n. 19), 121 sqq.; 171-74 (HERO *dioptr.* 13).

[26] La complexité réelle, et l'étendue, de l'activité bureaucratique de l'Empire romain est toujours vigoureusement niée, souvent par des Anglo-Saxons: cf. récemment P. GARNSEY et R. SALLER, *The Roman Empire. Economy, society, and culture* (Berkeley 1987) (= trad. fr. *L'Empire romain*, Paris 1994, p. 40: «un empire sans bureaucratie»). Elle fait au contraire l'objet d'un programme de recherches en cours à Paris/Rome (U.A. 1979 du CNRS/École Française de Rome), qui en rassemble les traces oubliées, en particulier les séries archivistiques attestées mais disparues: cf. le premier volume paru d'une série *La mémoire perdue*, éd. par Cl. NICOLET (Paris 1994).

comment s'est joué en la matière, à Rome, l'éternel dialogue du *savoir* et du *pouvoir*[27]? La question n'est pas neuve (depuis au moins Platon?), et nos Romains se la sont bien évidemment posée. Mais là encore, me semble-t-il, les préjugés et les clichés abondent, justifiés largement, je le reconnais, par l'écrasante majorité des textes (souvent interminables) de type religieux (largement en tête, pour le nombre), rhétorico-philosophique, historique, ou juridique, que nous a légués l'Antiquité. Si bien que nous avons peut-être tendance à réduire le type de formation et de culture de l'homme d'État romain à son «Ideal-Typus» (certainement très répandu) civique, oratoire et juridique. Cicéron est à coup sûr le modèle inégalable d'une culture (d'ailleurs presque encyclopédique) de type juridique (encore qu'Aquilius Gallus[28] lui ait contesté la vraie science du droit), oratoire et philosophique, ce qui est son originalité. Lui-même sait pourtant bien se moquer de l'ignorance honteuse de Verrès en matière d'architecture (alors même qu'il avait, en tant que préteur, la charge d'affermer les *sarta tecta*, l'entretien des monuments publics)[29]. Et il esquisse, dans le *De legibus*[30], l'éventail et le cadre d'une «culture politique» du sénateur qui embrasse un savoir en partie financier et administratif, dont malheureusement il ne nous dit pas où et comment il doit être acquis. Mais il est notable que les rubriques mêmes de cette «connaissance de l'État» soient exactement celles qui ont été adoptées par Auguste dans le *Breuiarium totius imperii* qu'il fit publier après sa mort (au moins dans le Sénat), et que curieusement Appien, au IIe s. ap. J.-C., se proposait de donner pour matière au

[27] Sur ce thème, on attend les travaux en cours de deux de mes élèves, C. Moatti et A. Bérenger; cf. provisoirement C. Moatti, «Tradition et raison chez Cicéron: l'émergence de la rationalité politique à la fin de la République romaine», in *MEFRA* 101 (1989), 385-440; et A. Bérenger, «La commission financière extraordinaire de 62 ap. J.-C.», in *MEFRA* 105 (1993), 75-101.

[28] Cic. *top.* 51.

[29] *Verr.* II 1, 133.

[30] Cic. *leg.* 3, 41 (cf. aussi *de orat.* 2, 337; Ps.Sall. *rep.* 2, 1, 1-2); Suet. *Aug.* 101; App. *praef.* 15; sur tout cela, *L'inventaire du monde* (*op.cit.* n. 13), 181-199, spéc. 192-199.

25e livre de son *Histoire romaine*, qu'il n'a peut-être jamais écrit et qui, en tout cas, ne nous est point parvenu. En matière financière au moins, une enquête attentive permet d'entrevoir, pour certaines fonctions, et à certaines époques, une formation peut-être plus éclectique et plus technique que ne le laisse entendre, par exemple, le *Dialogue des orateurs* ou la *Correspondance* de Pline; mais ces choses-là ne s'avouaient pas dans le monde. Nous avons pourtant le droit de nous interroger sur la culture et la formation d'un M. Vipsanius Agrippa, qui ne devait certainement pas toutes ses idées et toutes ses réalisations à des subalternes anonymes: il avait au moins signé de son nom ces documents géographiques de nature à la fois administrative et pédagogique que sont ses *commentarii*. Après tout, un siècle plus tard, on ne saurait trop s'interroger sur la nature et la portée exactes de cet admirable «inventaire du monde» qu'est la *Naturalis Historia* de Pline l'Ancien: Pline était certes un haut fonctionnaire équestre, ami des Princes, qui a reçu la formation normale (à forte base juridique) des chevaliers ou des sénateurs de son temps. Mais son ouvrage, extrêmement «écrit» et sophistiqué (*pace* Norden[31]), n'est pas seulement une œuvre de *sapientia*, d'ambition philosophique et idéologique très haute: nous y avons rencontré — il ne faut pas l'oublier — quelques-uns des textes «techniques» les plus précieux que nous ait légués l'Antiquité (sur les mines, la métallurgie, sur la chimie, sur les productions artisanales, sur le commerce des produits exotiques, par exemple). Cette «Encyclopédie» vise-t-elle à la seule satisfaction intellectuelle et morale du sage? Je reste persuadé qu'il y avait, derrière cet effort méthodique d'un homme d'État, un but pratique non moins important: relisons Pline en nous demandant quels pouvaient être ses vrais lecteurs.

*
* *

[31] Ed. NORDEN, *Die antike Kunstprosa* (Leipzig 1898) (=*La prosa d'arte...*, trad. ital., Roma ..., I 325), discuté par P. PARRONI, «Scienza e produzione letteraria» (*op.cit.* n. 15), 486.

Nos *Entretiens* ont donc par la force des choses privilégié cet aspect de la question. Le traité de Vitruve, celui de Frontin, celui de Végèce sont en effet assez explicites à cet égard — qu'il s'agisse de la personnalité ou de la carrière de leur auteur, de leurs dédicaces (et, pour Végèce, de leurs commanditaires), comme du public qu'ils déclarent vouloir toucher. Dans les trois cas, nous sommes, de manière semblable, conduits vers un milieu restreint et relevé: les magistrats (romains ou municipaux) commanditaires ou curateurs de travaux publics, les commandants d'armées (pour Végèce ou pour certains chapitres de Vitruve), enfin le Sénat tout entier, destiné à servir d'auditoire privilégié et en quelque sorte de caisse de résonance pour les *Aqueducs* de Frontin, qui seraient en fait une sorte de *monumentum*, de *Res gestae*, ou d'auto-panégyrique. Ces considérations (indéniables) semblent nous éloigner un peu de notre propos: elles paraissent gommer, en partie du moins, le caractère «technique» de ces textes, qui n'y apparaît que par intervalle, ou par référence indirecte. Leur valeur documentaire demeure, mais il faut aller au-delà du texte lui-même pour la trouver.

L'explication de ce paradoxe réside peut-être dans ce qui nous apparaîtra en conclusion comme la clé sans doute la plus importante pour notre problème (comme d'ailleurs pour la compréhension non faussée de l'héritage antique): l'étude de la tradition manuscrite, donc des relais et des aléas de la lecture et de la *réception* du texte. C'est sans doute parce que ces trois traités, diversement mais inégalement ambitieux, ont été *écrits* (je veux dire stylistiquement) pour leurs destinataires haut placés que, dans le naufrage de l'Antiquité, le hasard nous les a conservés. On aboutira à peu près aux mêmes conclusions pour les textes de nature «administrative», la *Notitia* et les *Régionnaires* (même si des versions plus tardives de ces derniers, à l'usage peut-être des pèlerins, nous mettent dans un autre contexte). La façon même dont les textes de cette sorte ont été transmis, ou mieux encore regroupés dans les plus anciens manuscrits, est, pour l'histoire culturelle, un des témoignages les plus précieux. Elle nous parle certes des discontinuités et des ruptures; mais elle nous montre aussi le regard qu'un Moyen Age quelquefois très ancien portait sur nos textes «classiques», et ce regard peut être parfois moins anachronique que le nôtre.

*

* *

Les techniques de l'Antiquité, ainsi que leur transmission et leur enseignement, n'étaient assurément pas les nôtres. Comme le rappellent avec humour les historiens de la «literacy», les Anciens ne connaissaient ni les lunettes, ni l'imprimerie[32] et ni le papyrus, ni le parchemin, pour la solidité comme pour le prix, ne valaient le papier. Les «Romains», paraît-il, étaient de piètres savants comme de piètres géomètres: *tu regere imperio populos, Romane, memento... hae tibi erunt artes...*(Virgile, *Aen.* 6, 651). Sans doute; mais d'abord, sous l'Empire, s'effacera de plus en plus la distinction entre *grec* et *latin*: les dirigeants seront de plus en plus bilingues, et les «Grecs» qui écrivent de science ou de technique sont souvent des citoyens et même des dirigeants romains. Ensuite, ces Romains juristes ou orateurs ont été aussi ces bâtisseurs, ces ingénieurs civils et militaires, ces administrateurs qui ont quadrillé l'espace et urbanisé l'Europe; ils ont été aussi ces entrepreneurs innovateurs (comme ce Vestorius ou ce Fannius cités précisément par Pline[33]). Ceux-là n'appartenaient pas à la classe des *uillissima mancipia* dont parle Sénèque, ni même à l'*humilis uulgus*, à la *turba agricolarum et opificum* dont Pline nous suggère qu'ils doivent être ses lecteurs (*praef.* 6). Il est, reconnaissons-le, aussi difficile d'admettre que ces hommes auraient accompli tout cela en illettrés fiers de

[32] Cf. N. HORSFALL, «Statistics or states of mind», dans *Literacy in the Roman world* (*op.cit.* n. 24), 59-76; et M. CORBIER, *ibid.*, 99-118.

[33] VITR. 7, 11, 1 (industriel à Pouzzoles); CIC. *Att.* 14, 12, 3: *remotus in dialecticis, in aritmeticis satis exercitatus*; il était en outre *argentarius*; PLIN. *nat.* 12, 75 (Fannius, fabricant de papyrus à Rome).

l'être, que de croire que Rome, dans son ensemble, aurait conquis le monde sans le vouloir et en somme «par distraction»[34].

CLAUDE NICOLET

[34] Cf. les pages fameuses de Th. MOMMSEN, *Römische Geschichte*, livre III, chap. X (= trad. fr., Paris 1985, I 575-576); et mes remarques dans *Génèse d'un Empire* (Paris 1978), 908-909.

I

Pierre Gros

# LES ILLUSTRATIONS DU *DE ARCHITECTURA* DE VITRUVE HISTOIRE D'UN MALENTENDU

Si nous devions résumer en quelques phrases les questions sur lesquelles nous sommes conviés à réfléchir, en en faisant l'application à l'architecture publique, activité dont nous savons qu'elle est indissolublement mêlée aux réalités économiques et politiques, nous pourrions hasarder les formules suivantes: sous quelle forme se condensait le savoir théorique et pratique des bâtisseurs? S'il s'agissait, comme on peut raisonnablement le penser, de documents écrits assortis de dossiers graphiques, quelle en était le mode de constitution et de diffusion?

Sous leur aspect banal ces questions abordent un domaine rarement exploré, qui est très différent de celui, souvent évoqué dans le passé, des dessins, commentaires ou maquettes que les architectes soumettaient aux commanditaires (émanation du conseil des cités grecques, magistrats romains responsables d'une construction, personnel spécialisé des services impériaux, etc.); il ne s'agit plus en effet d'examiner la façon dont les «praticiens» faisaient connaître aux «politiques», par définition non spécialistes — sauf exception — les projets qu'ils se proposaient de réaliser[1],

[1] Sur les éléments qui facilitaient le dialogue entre le commanditaire et son architecte, nous nous permettons de renvoyer à P. Gros, Aurea Templa. *Recherches sur l'architecture religieuse de Rome à l'époque d'Auguste*, BEFAR 231 (Rome 1976), 58 sq. Voir aussi A. Burford, *The Greek Temple Builders at Epidauros* (Liverpool 1969), 140 sq.

mais de retrouver autant que faire se peut les cheminements internes d'une science et d'une expérience au sein d'une corporation éminemment technicienne, dont l'activité ne cesse de se codifier en se diversifiant quand on passe de l'époque hellénistique à l'époque impériale. Les exigences de programmes édilitaires complexes, jointes à la normalisation croissante de modèles typologiques de mieux en mieux définis excluaient forcément tout amateurisme, fût-il «inspiré», et impliquaient une base doctrinale solide, même si nous savons par ailleurs que les connaissances strictement techniques — résistance des matériaux, par exemple — demeuraient empiriques. Sur tous ces points, la documentation archéologique et textuelle qui a échappé au naufrage, en raison même de son caractère sporadique, s'avère difficile à exploiter par la double raison qu'il est malaisé de la situer dans les circuits de transmission du savoir et que sa valeur opératoire nous échappe presque complètement.

Rappelons d'abord à grands traits la situation épistémologique.

La question des systèmes proportionnels et des dessins préparatoires, sur lesquels ils sont censés s'appuyer, dans le domaine de l'architecture grecque, classique ou hellénistique et, dans une moindre mesure, dans celui de l'architecture romaine, est de celles qui resurgissent périodiquement. En principe chaque édifice est un cas d'espèce et il est malaisé d'établir des principes valables pour plusieurs d'entre eux, même s'ils appartiennent à la même série typologique et à la même période.

Jusqu'à une date récente nous ne disposions, à de très rares exceptions près, que des «Ritzlinien», des repères de pose et d'alignement des assises, des schémas de taille des tambours ou des chapiteaux, documents irréfutables mais étroitement techniques, qui n'autorisaient que rarement des spéculations sur les «schémas régulateurs»[2]; celles-ci, quand elles se déployaient,

[2] Sur les «Ritzlinien», les travaux de Arg. PETRONOTIS restent fondamentaux; cf. *Bauritzlinien und andere Aufschnürungen am Unterbau griechischer Bauwerke in der Archaik und Klassik* (München 1968), et *Zum Problem der Bauzeichnungen*

manquaient à l'ordinaire de toute base assurée et dépendaient uniquement de l'habileté de l'architecte ou de l'archéologue à imaginer, à partir de mensurations qu'il était seul à avoir prises et à maîtriser, des combinaisons géométriques ou des rythmes modulaires.

Au cours de ces quinze dernières années trois pistes nouvelles ont été défrichées qui, sur le plan de la méthode comme sur celui des résultats, paraissent plus légitimes et plus fécondes. La première procède d'une exigence qui, à la réflexion, aurait dû s'imposer depuis longtemps; elle consiste à replacer toujours les systèmes proportionnels ou les montages géométriques applicables à l'architecture dans le contexte de la mathématique grecque; elle impose à celui qui s'y risque de n'utiliser que les outils conceptuels et les connaissances théoriques des bâtisseurs antiques. Plus que d'un changement d'optique, il s'agit d'une «conversion du regard» dont on commence seulement à mesurer l'ampleur. Les travaux de B. Wesenberg, de D. Mertens, de J. de Waele, de H. Geertman, de L. Frey ont tout récemment administré la preuve de l'efficacité de ce type d'approche: par exemple, des rapports numériques entre les dimensions d'un édifice donné, qui en première analyse semblent dépourvus de sens, apparaissent grâce à cette méthode comme des approximations de valeurs irrationnelles, lesquelles impliquent des constructions géométriques simples dont la signification harmonique s'avère primordiale pour l'ensemble de la construction[3].

*bei den Griechen* (Athen 1972). Les colloques de Berlin organisés dans le cadre des «Diskussionen zur archäologischen Bauforschung» ont récemment apporté en ce domaine beaucoup d'éléments nouveaux. Cf. *Bauplanung und Bautheorie in der Antike* (Berlin 1984) et *Bautechnik der Antike* (Berlin 1991).

[3] Sans citer ici la totalité d'une bibliographie qui a déjà pris beaucoup d'ampleur, rappelons, de B. WESENBERG, le livre fondateur intitulé *Beiträge zur Rekonstruktion griechischer Architektur nach literarischen Quellen*, MDAI, 9. Beiheft (Berlin 1983); de D. MERTENS, *Der Tempel von Segesta und die dorische Tempelbaukunst des griechischen Westens in klassischer Zeit* (Mainz 1984); de J. DE WAELE, *The Propylaia of the Akropolis in Athens. The Project of Mnesikles* (Amsterdam 1990); de H. GEERTMAN les Actes du Colloque qu'il a organisé à Leyde sur le thème «Vitruvius De architectura and the Hellenistic and Republican Architecture» (*Munus non ingratum*, BABESCH, Suppl. 2, 1989); de L. FREY les

La seconde piste s'est dégagée naturellement des travaux entrepris par diverses équipes françaises, allemandes ou italiennes, dans le cadre de la préparation d'éditions commentées du *De architectura*. La progression de la publication dans la Collection des Universités de France a pour sa part renouvelé sur de nombreux points ce qu'on croyait savoir sur le contenu du traité théorique, sur l'origine et la nature de ses préceptes, ainsi que sur les dossiers préliminaires à toute réalisation monumentale à la fin de l'époque hellénistique[4].

La troisième piste est née d'une découverte fortuite. Mais comme toujours le hasard n'est que la récompense d'une longue patience: L. Haselberger a vu, relevé et étudié sur les murs de l'«adyton» du temple de Didymes, le grand sanctuaire oraculaire d'Apollon au Sud de Milet, plus de 200 $m^2$ de dessins incisés[5]. Or cet extraordinaire «dossier graphique» concerne pour l'essentiel un édifice qui depuis longtemps a pu être reconstitué, grâce aux vestiges qui en sont conservés, à savoir le naïskos situé au centre de l'espace hypèthre de l'adyton; il est donc possible de confronter les dessins préparatoires à la réalisation elle-même, et sur ce point les surprises ne manquent pas; l'analyse de cette documentation insigne nous a déjà beaucoup appris sur la façon dont travaillaient les architectes d'exécution et leurs équipes de lapicides vers le milieu du III^e^ s. av. J.-C., c'est-à-dire précisément à une époque et dans un milieu culturel dont les sources de Vitruve sont largement tributaires[6].

articles parus dans la *RA*, 1990, pp. 285-330 («Médiétés et approximations chez Vitruve») et dans la *RA*, 1992, pp. 37-63 («Pour un modèle du chapiteau ionique vitruvien»).

[4] Voir particulièrement Ph. FLEURY (éd.), *Vitruve. De l'architecture, livre I* (*CUF*, Paris 1990); P. GROS (éd.), *Vitruve. De l'architecture, livre III* (*CUF*, Paris 1990) et *Vitruve. De l'architecture, livre IV* (*CUF*, Paris 1992). Nous dirigeons une édition complète du *De architectura* pour l'éditeur Einaudi de Turin; le texte, la traduction et le commentaire en sont assurés par E. ROMANO et A. CORSO.

[5] Cf. L. HASELBERGER, dans *Bauplanung und Bautheorie der Antike* (Berlin 1984), 111-119, et dans *Ist. Mitt.* 33 (1983), 91-123.

[6] Sur les sources micrasiatiques de Vitruve, voir notre commentaire dans *Vitruve IV* (Paris 1992), XLI sq.

En d'autres termes, si nous devions aujourd'hui organiser une rencontre du type de celle qui a eu lieu à Strasbourg en 1984, sur le thème des «dessins d'architecture», il y aurait beaucoup de nouveautés à présenter et à assimiler[7].

Pour ce qui nous concerne aujourd'hui, je me limiterai à quelques réflexions sur la valeur et la signification de la documentation graphique dans le *De architectura.* Plus particulièrement je me propose d'examiner ce qu'implique la relative rareté des dessins qui accompagnaient le texte dans les livres 3 et 4 que j'ai eu la charge d'éditer, et de voir, à la faveur de quelques exemples, l'usage souvent abusif qui a été fait de ces dessins — tous perdus — par les exégètes modernes ou contemporains.

Dès le début du XVIe s. en effet, une part essentielle de l'effort de compréhension conduit par les éditeurs du texte vitruvien a consisté à élaborer des croquis censés contenir la teneur normative ou descriptive des paragraphes ou des chapitres qu'ils illustraient. On pensait alors, et on pense encore souvent, de Bartoli à Fensterbusch, que la méthode la plus sûre pour comprendre ce que Vitruve voulait dire, en termes parfois obscurs ou elliptiques, était de restituer graphiquement son texte. De fait, s'agissant des systèmes proportionnels des chapitres consacrés à l'*aedificatio*, la réaction normale semble être de donner une forme immédiatement visible à ses préceptes. Réaction d'architectes, d'abord, qui, par tradition professionnelle («un bon dessin vaut mieux qu'un long discours...»), ont toujours voulu parvenir le plus vite possible à des croquis aussi clairs que possible, qu'il s'agisse d'un type d'édifice, d'un ordre ou d'une modénature; de ce point de vue la démarche de A. Choisy est exemplaire[8]. Réaction légitime aussi de quiconque éprouve le souci pédagogique de faire comprendre à son lecteur ce qu'il a lui-même compris du texte. Réaction, enfin, qui semble procéder d'une

[7] Actes publiés en 1985 à Strasbourg sous le titre *Le dessin d'architecture dans les sociétés antiques.*

[8] A. CHOISY, édit. et commentaire parus à Paris en 1909 (réédition anastatique en 1971).

exigence scientifique élémentaire, celle qui consiste à vérifier les propositions d'un texte théorique et à tester leur cohérence interne en les soumettant à l'épreuve de la transcription graphique. L'illustration la plus efficace et, à certains égards, la plus étrange de cette tendance, nous la trouvons peut-être dans la réalisation plastique de G.B. Bertani, qui avait encadré l'entrée principale de sa maison de Mantoue (aujourd'hui au 8 de la via di Trieste) d'une colonne «vitruvienne» et de sa section: des années centrales du seizième siècle nous est donc parvenu un modèle plastique de la colonne ionique avec son piédestal, son fût, son chapiteau et son entablement, le tout assorti d'une interprétation des *scamilli inpares*, véritable *punctus dolens* de tous les commentateurs, avec des citations tirées de Vitruve dont nous avons pu restituer le détail[9].

Mais le problème est qu'il n'est nullement assuré que l'illustration graphique ait, aux yeux de Vitruve, revêtu l'importance que nous lui accordons. Certes, comme beaucoup d'autres traités techniques de l'Antiquité, le *De architectura* comportait initialement des dessins. Il était comparable à ce titre à l'*Introduction aux phénomènes* de Geminos de Rhodes ou au traité de poliorcétique d'Apollodore de Damas. Les illustrations du traité vitruvien sont indiquées dans le texte par les mots *forma, schema, diagramma* ou *exemplar* et presque toutes étaient regroupées à la fin des divers livres du *De architectura* (*in extremo libro*), à l'exception de deux d'entre elles qui se trouvaient *in ima pagina*[10]. Tous ces dessins ont été, comme on sait,

[9] G.B. Bertani, disciple de Giulio Romano, avait publié en 1558 un traité sur les «passages obscurs et difficiles de l'œuvre ionique de Vitruve». Vasari parle des colonnes qui encadrent sa demeure dans les quelques pages qu'il lui consacre (*Giorgio Vasari. Les vies des meilleurs peintres, sculpteurs et architectes*, édit. commentée dirigée par A. CHASTEL, Paris 1985, VIII 288-289). Sur ce personnage par ailleurs assez mal connu, F. PELLATI, «Giovan Battista Bertani. Architetto, pittore, commentatore di Vitruvio», dans *Scritti in onore di M. Salmi* III (Roma 1963), 31-38, et C. PERINA, F. PELLATI, dans *Dizionario biografico degli Italiani* IX (Roma 1968), 458-460.

[10] Sur les illustrations du *De architectura*, voir Ph. FLEURY, dans *Vitruve I* (Paris 1990), LXII sq.

perdus, et les croquis, rares il est vrai, qu'on rencontre dans les marges de certains manuscrits médiévaux — à l'exception de celui de la rose des vents[11] — sont de pure imagination et n'ont évidemment aucun caractère d'authenticité[12]. Certains éditeurs ou exégètes ont naguère voulu que ces dessins vitruviens n'eussent jamais existé; c'est le cas de Sackur dans son étude de 1925[13]. L'hypothèse n'est pas tenable et l'on ne saurait admettre que Vitruve ait eu l'imprudence ou l'impudence de présenter à Auguste un traité dépourvu des figures annoncées dans le texte. Mais pour l'ensemble du *De architectura* ces dessins demeurent fort peu nombreux et il est peu probable qu'ils aient transmis, aux yeux de l'auteur, une part essentielle de son message normatif.

Moins de dix croquis sont effectivement annoncés, du 1er au 9e livre — le dixième ne comporte aucune référence à une illustration. En général Vitruve ne recourt à un complément graphique que s'il éprouve quelque difficulté à exprimer clairement la démarche à suivre pour construire un élément de structure ou de décor. Il déclare du reste, au début de son premier livre, que le dessin géométrique, exécuté à la règle et au compas, sert seulement à présenter ce qu'il appelle les *difficiles symmetriarum rationes*[14]. Et ce n'est pas un hasard si les *figurae* du troisième livre concernent des notions pour lesquelles Vitruve peut proposer des descriptions allusives, incomplètes ou sommaires, telles l'*entasis* (le gonflement central du fût) ou les fameux *scamilli inpares*, c'est-à-dire les éléments mis en œuvre pour éviter l'impression optique d'un stylobate concave[15]. Le cas du chapiteau ionique, si remarquablement analysé par

[11] Sur la possible authenticité de la figure de la rose des vents (1, 6, 12) reproduite dans deux des plus anciens manuscrits, Ph. FLEURY, *ibid.*, 184.

[12] C'est le cas des corniches, chapiteaux et bases de colonnes qui illustrent un manuscrit de la fin du Xe s.

[13] W. SACKUR, *Vitruv und die Poliorketiker. Vitruv und die christliche Antike. Bautechnisches aus der Literatur des Altertums* (Berlin 1925), 12-19.

[14] 1, 1, 4.

[15] 3, 3, 13 et 3, 4, 5. Cf. notre commentaire *ad loc.* dans *Vitruve III* (Paris 1990), 124 sq. et 139 sq.

M. Losito[16], est à cet égard riche d'enseignements: Vitruve fournit la description de la volute, dans les limites exactes de ce qui lui est proposé par le *De spiralibus* d'Archimède[17]; ensuite il s'arrête. En d'autres termes il explique, en suivant le texte grec — ou une transcription latine de ce texte, plus ou moins résumée — comment l'extrémité de chaque «quadrant» doit se rapprocher du centre de la volute d'une distance équivalant à 1/2 diamètre de l'*oculus*; mais pour les enroulements internes, et pour la situation des différents centres de chaque portion de cercle, il ne dit rien et se contente de renvoyer à un croquis, conscient qu'il est de n'avoir pas fourni, loin s'en faut, toutes les données utiles à la construction du chapiteau. Nous avons essayé de montrer ailleurs pourquoi subsistent dans sa description des éléments résiduels dont il ne fait apparemment rien mais qui doivent être utiles au tracé lui-même[18]. Quoi qu'il en soit dans ce chapitre du livre 3 nous pouvons mesurer les étrangetés de la dialectique établie par Vitruve entre le texte et le dessin qui prétend l'illustrer.

Il apparaît ainsi que la figure ne prend le relais du texte que dans les cas très ponctuels où Vitruve a conscience d'avoir atteint les limites de sa formulation et/ou de sa conceptualisation[19]. Il en résulte que pour le reste son ambition fondamentale est de restituer dans un discours intégralement cohérent ce qui, dans les ateliers ou sur les chantiers, était resté en général informulé et n'avait revêtu le plus souvent que l'aspect de croquis ou de «formes» à grandeur d'exécution. En ce sens le passage du graphisme à l'écriture constitue pour Vitruve l'un des moyens — le principal sans doute — d'élever la praxis architecturale au niveau d'une *ars liberalis*, c'est-à-dire d'une activité

[16] Thèse soutenue à la Scuola Normale Superiore de Pise le 30 nov. 1993, intitulée: *Il capitello ionico nel Rinascimento italiano: toscano, romano e veneto.*

[17] Cf. M. Losito, «La ricostruzione della voluta ionica vitruviana nei trattati del Rinascimento», dans *MEFR. Italie et Méditerranée* 105 (1993), 133-175.

[18] *Vitruve III* (Paris 1990), 160 (à propos de 3, 5, 6).

[19] Cf. notre étude dans *Les traités d'architecture de la Renaissance* (Paris 1988), 57 sq.

intellectuelle fondée sur un corpus organique de connaissances — *doctrina* ou *scientia* — conscient de ses antécédents historiques et de sa valeur normative. Une phrase comme celle de la conclusion de 4, 8 est révélatrice de cette volonté de transcription (au sens propre) intégrale de tout un trésor d'expériences professionnelles: *et quarum dispares sunt figurae et quibus discriminibus inter se sunt disparatae, quoad potui significare scriptis, exposui*[20]. Dans cette perspective tout retour au dessin est, à certains égards, un aveu d'impuissance et va directement à l'encontre de l'ambition de l'auteur du traité. Ainsi s'explique sans doute que n'ait apparemment été prévue aucune illustration ni pour le chapiteau corinthien, malgré le caractère éminemment pittoresque de la légende étiologique, dont ont su tirer parti de nombreux éditeurs[21], ni pour l'ordre dorique, ni pour les temples ronds, etc.

Certains exemples permettent d'approfondir la compréhension du type de relation entretenu par Vitruve avec sa propre pratique professionnelle. La question des illustrations et des problèmes qu'elle a posés, à l'auteur du traité d'abord, à ses interprètes ensuite, fonctionne ici comme un révélateur. Nous retrouvons en fait par ce biais, sous une forme particulièrement suggestive, le binôme *fabrica — ratiocinatio*, «signifié — signifiant», hâtivement évoqué par Vitruve lui-même[22], qui sera repris après lui, dans un tout autre contexte, par Quintilien[23]. Comme l'avait bien montré S. Ferri, il s'agit de concepts grecs venus à maturation à la fin du V^e^ s. grâce à la réflexion des Sophistes; ceux-ci considéraient en effet comme des entités équivalentes le nom et la chose nommée[24]. Transcrit dans la conception vitruvienne, ce principe revient à affirmer que la parole bien exprimée vaut et dans certains cas surpasse l'artefact même à laquelle elle se réfère.

[20] 4, 8, 7, cf. *Vitruve IV* (Paris 1992), 214.

[21] Au XVII^e^ s., R. Fréart de Chambray et Cl. Perrault, entre autres, en ont proposé de bien belles illustrations.

[22] VITR. 1, 1, 1.

[23] QUINT. *inst.* 2, 17, 10.

[24] S. FERRI, *Vitruvio (Dai libri I-VII)* (Roma 1960), comm. *ad loc.*

Le premier exemple est celui de l'*entasis*; Vitruve se contente de la nommer en renvoyant son lecteur à un dessin présenté à la fin du livre dont il précise qu'il est assorti d'une légende (*ratio subscripta*)[25]. Il se trouve que Haselberger a retrouvé — et compris, ce qui n'était pas le plus facile — parmi les croquis incisés des parois du sanctuaire de Didymes, un schéma de construction de l'*entasis*[26]. Certes nul ne peut affirmer que la méthode utilisée correspond à celle que préconisait Vitruve; on notera toutefois qu'il ne devait pas exister beaucoup de techniques de calcul différentes pour définir rationnellement le gonflement central du fût de la colonne et que de surcroît le dessin en question appartient à ce monde grec de l'Asie Mineure hellénistique d'où proviennent la plupart des sources vitruviennes concernant l'ordre ionique[27]. Ce qui nous intéresse particulièrement ici, et qui explique peut-être le fait que Vitruve ait reculé devant la formulation explicite du système, c'est la modulation des échelles, rendue nécessaire par l'importance de la dimension verticale: les mesures horizontales sont rendues à échelle grandeur (1/1) par l'auteur du croquis de Didymes, mais les mesures de hauteur sont réduites à 1/16$^{e}$, ce qui entraîne l'assimilation du dactyle à un pied. Cette observation est en elle-même décisive pour la compréhension d'un certain nombre d'autres passages vitruviens, en ce qu'elle témoigne de la maîtrise avec laquelle les architectes hellénistiques savaient manier les équivalences entre les unités de mesure dont ils disposaient, et établir ainsi un rapport fixe et aisément exprimable entre une longueur donnée sur un croquis et sa projection dans la construction réelle. L'adverbe *modice* employé dans le *De architectura* à propos de la confection des dessins en plan ou en élévation désigne évidemment la représentation à échelle réduite[28];

[25] 3, 3, 13. *Vitruve III* (Paris 1990), 124-125.

[26] L. HASELBERGER, *art. cit.* 1983, 91-123.

[27] On notera toutefois que d'autres méthodes sont possibles. Pour le tracé de l'*entasis* des colonnes du forum de Rougga, en Tunisie, cf. G. HALLIER, dans *Bulletin archéologique du CTHS*, nouvelle série, fasc. 17B (1984), 101-113.

[28] 1, 2, 2. *Vitruve I* (Paris 1990), 109.

nous connaissions la réduction au 1/24e de l'adyton du temple de Niha, étudiée par E. Will[29], mais nous possédons maintenant avec les incisions de Didymes la preuve du caractère opératoire de cette méthode; il se trouve que, dans un autre registre, M. Clavel-Lévêque a pu montrer, à propos d'un fragment de cadastre récemment retrouvé en Espagne, que la notion de «mise à l'échelle» s'appliquait pleinement à la réalisation des plans et qu'elle conférait à ceux-ci une exactitude qu'on avait jusqu'ici tendance à leur refuser[30].

Dans le croquis de Didymes, la hauteur du fût passe par ce moyen de 18 m à 1,125 m, ce qui permet entre autres de tracer dans de bonnes conditions le cercle qui détermine la distance maximale (la «flèche») entre la courbure du fût et la ligne oblique de ce dernier, s'il avait été tronconique: cette flèche est de 4,6 cm (c'est-à-dire 2,5 dactyles) et peut être obtenue avec un cercle de 3,5 m de rayon; la même courbure, à échelle grandeur, aurait nécessité le recours à un cercle de près d'1 km de rayon, ce qui est évidemment impraticable. Si telle était la méthode utilisée par Vitruve, ou une autre analogue, il est clair qu'il ne pouvait prétendre en donner une description complète et que même s'il disposait de l'équipement conceptuel suffisant pour en saisir le principe, il se heurtait à des difficultés de formulation difficiles à surmonter avec les outils conceptuels dont il disposait.

Mais, au-delà de ces difficultés intrinsèques, nous devons comprendre que la volonté, si fréquente chez les commentateurs, d'élaborer à tout prix des dessins à partir du texte peut avoir le résultat paradoxal de fausser le texte en question, ou du moins d'en altérer certaines données essentielles.

Le cas de la *materiatio* est exemplaire[31]. Il s'agit, comme on sait, de la charpente de bois que Vitruve considère comme l'élément générateur de l'entablement dorique, au nom d'un principe

[29] E. WILL, dans *Le dessin d'architecture dans les sociétés antiques* (*op.cit.* n. 7), 277 sq.

[30] M. CLAVEL-LÉVÊQUE, dans *Estudios de la Antigüedad*, Bellaterra. Univ. Autonoma de Barcelona, Vol. 6-7, 1989-1990 (1993), 175-182.

[31] 4, 2.

de «légitimité» dont nous avons montré dans notre édition du livre 4 les origines et les conséquences[32]. Si nous devions rassembler toutes les illustrations proposées pour cette charpente depuis la première Renaissance italienne jusqu'aux travaux des spécialistes contemporains, nous arriverions sans peine à plusieurs dizaines d'hypothèses, toutes différentes les unes des autres; cette recension ne serait pas seulement fastidieuse: elle s'apparenterait souvent à la confection d'un sottisier, car il suffit de lire sans idée préconçue le texte de Vitruve pour comprendre que l'architecture de bois dont l'entablement dorique semble avoir été, selon sa théorie, la pétrification, n'a jamais existé sous une forme complète, du moins dans l'esprit de l'auteur du *De architectura*. Il s'agit bien plutôt de la conjonction de phases diverses, successives ou concomitantes, mais appartenant toutes à des tronçons différents — et parfois divergents — de l'évolution. À cet égard les travaux de B. Wesenberg ont été déterminants[33], et j'ai essayé de montrer pour ma part que toute tentative de restitution globale était non seulement inutile mais non pertinente[34]. A quoi s'ajoute le fait, souvent ignoré, que dès le début du XVIe s. toutes les données exploitables avaient été tirées du texte vitruvien et rassemblées — arbitrairement mais efficacement — dans un dessin qui s'avère plus satisfaisant, globalement, que toutes les restitutions qui ont suivi: la gravure exécutée dans l'atelier de Marcantonio Raimondi, reproduisant une «Annonciation» peinte par Raphaël dans les années 1510-1515, présente en effet déjà un prototype remarquable du temple dorique archaïque — en bois — qui nous rappelle qu'à cette époque Raphaël avait pris connaissance de la traduction italienne du *De architectura*, effectuée à sa demande par Fabio Calvo de Ravenne[35].

[32] *Vitruve IV* (Paris 1992), XXX sq. et 91 sq.

[33] B. WESENBERG, «Vitruvs Vorstellung von der Entstehung des dorischen Triglyphenfrieses», dans *Studien zur klassischen Archäologie* (Saarbrücken 1986), 143-157.

[34] *Vitruve IV* (Paris 1992), 107 sq.

[35] V. FONTANA, P. MORACHIELLO, *Vitruvio e Raffaello. Il «De architectura» di Vitruvio nella traduzione inedita di Fabio Calvo Ravennate* (Roma 1975).

Mais pour en revenir au texte lui-même et à l'esprit dans lequel il est conçu il est clair que la mise au point des mutules y apparaît comme postérieure à celle des triglyphes, et indépendante de celle-ci. Lisons 4, 2, 3: *Postea alii in aliis operibus*...: «plus tard, d'autres charpentiers dans d'autres constructions... placèrent des arbalétriers en surplomb dont ils redressèrent en les rognant les extrémités saillantes».

Le schéma «historique» ainsi proposé suggère l'utilisation d'une frise dorique sans corniche à mutules, au moins pendant un certain temps. C'est de fait le cas de plusieurs temples archaïques d'Italie du Sud qui semblent procéder de cette phase[36]. De toute façon Vitruve, ou du moins sa source, nous impose de dissocier les deux phases, celle de l'invention des triglyphes et celle de l'invention des mutules. Dans cette perspective, toute tentative de restitution globale d'un entablement dorique de bois apparaît abusive et contraire à la lettre même du texte. Ajoutons que si l'on scrute le détail de l'origine des triglyphes et des métopes, tel qu'il nous est donné en 4, 2, 2, Vitruve songe à un édifice à murs pleins et ne place pas ses premiers entablements doriques au-dessus de supports libres. Dès lors rassembler, comme on l'a fait si souvent, toutes les données du texte dans un schéma qui se veut complet relève d'une vision hâtive et partiellement erronée de la procédure «historique» proposée par Vitruve et aboutit à une composition hybride qui, tout naturellement, n'a d'autre résultat que de mettre en évidence des apories structurelles. Ces apories sont, il faut bien le reconnaître, moins présentes dans le texte que dans les dessins qui prétendent le restituer.

Le schéma du théâtre latin, tel que Vitruve le propose au livre 5, a fait l'objet d'un autre type d'incompréhension. Depuis la fin du XV$^{e}$ s. on reproche à sa description théorique fondée sur l'inscription dans un cercle de quatre triangles

[36] Voir par ex. F. KRAUSS, *Die Tempel von Paestum*. I. *Der Athenatempel* (Berlin 1959), fig. 2-6 et 44; pl. 25-27; D. MERTENS, dans *Neue Forschungen in griechischen Heiligtümern* (Tübingen 1976), 186, fig. 10.

équilatéraux de ne pas fournir le plan complet de l'édifice et de s'en tenir, si l'on garde la lettre du texte, à la courbure interne de la *cavea*, générée par le demi-cercle de l'*orchestra*[37]. Aussi a-t-on essayé de diverses façons, soit en modifiant le texte, soit en l'ignorant superbement, d'appliquer ce schéma au périmètre externe de l'édifice[38]. Il est vrai que, du point de vue du bâtisseur, l'emprise au sol constitue l'élément primordial de tout projet architectural, celui qui conditionne tous les autres et d'où il faut absolument partir. Antonio da Sangallo le Jeune sera en fait le premier à comprendre le dessein vitruvien, et ses études sur le théâtre de Marcellus à Rome et sur celui de Ferento proposent des interprétations déjà pleinement satisfaisantes des passages concernés du *De architectura*, dont il fait l'application à des vestiges correctement relevés[39]. Ce grand architecte-archéologue avait vu que Vitruve ne prétendait nullement, avec cette figure géométrique élémentaire, dont on a pu montrer qu'elle relevait à la fois de la «solution» proposée par les Sophistes de la quadrature du cercle par exhaussement et de la «conjonction» des figures du zodiaque, présenter un plan global du *theatrum latinum* mais expliciter seulement ce qui est à ses yeux la caractéristique (le *discrimen*) de l'édifice de type latin, à savoir la liaison organique entre sa *cavea* et le bâtiment de scène[40].

Afin d'obtenir par une autre voie une confirmation du caractère sinon irréaliste du moins non directement applicable à une activité architecturale orientée uniquement vers l'efficacité des schémas vitruviens, qu'ils soient ou non illustrés graphiquement, nous nous tournerons pour en finir vers un dernier

[37] 5, 6, 1. Cf. notre étude sur le schéma vitruvien du théâtre latin dans *RA*, 1994, pp. 57-80.

[38] H. GUENTHER, *Das Studium der antiken Architektur in den Zeichnungen der Hochrenaissance* (Tübingen 1988), 302-312, a rassemblé l'essentiel de la documentation. Les interprétations de Cesare Cesariano et de Serlio sont à cet égard significatives.

[39] A. da Sangallo, UA 1107 r et 1132 r (H. GUENTHER, *op.cit.*, 309).

[40] Cf. sur ce point H. KNELL, *Vitruvs Architekturtheorie* (Darmstadt 1985), 128 sq.

exemple, celui des temples dits barlongs, c'est-à-dire dont l'axe longitudinal de la *cella* est perpendiculaire à celui du *pronaos*[41]. Il se trouve que, par un hasard peu commun, nous pouvons mettre, en regard de l'un des édifices que Vitruve considère comme les parangons de la série, le temple des Dioscures du Circus Flaminius, un plan antique, une *forma* ou une *ichnographia*, incisée dans le marbre avec beaucoup de soin; ce fragment, retrouvé en 1983 via Anicia, au Trastevere, a fait déjà l'objet d'études approfondies[42]; l'on sait qu'il appartenait à un plan de Rome antérieur à la *Forma Urbis*, et du reste beaucoup plus précis, qu'on peut dater de la fin du Ier s. apr. J.-C.[43] Si nous comparons le plan antique de ce temple à la description théorique qu'en fournit Vitruve, il apparaît que le premier n'entretient qu'un rapport assez lointain avec la seconde; certes dans les deux cas nous observons que le *pronaos* s'ouvre non pas à l'extrémité de la *cella* mais sur son axe transversal; toutefois le maintien des relations proportionnelles postulé par le théoricien (*ex isdem symmetriis*) entre les deux éléments, en dépit de leur déplacement relatif, ne se vérifie nullement dans le plan de la via Anicia; on constate au contraire que la relation harmonique traditionnelle entre les composantes principales de l'*aedes* est détruite et que l'on est en présence d'un autre type de temple, qui n'est en aucune manière une simple variante du périptère ordinaire.

Il ressort de ces différents sondages que nous devons, avant toute tentative de transcription graphique, tenir compte du cadre dans lequel le texte a été conçu et des finalités spécifiques auxquelles il répond. Notre approche strictement technique se révèle la plupart du temps inadaptée, et nous avons pu dans ce qui précède relever au moins quatre cas différents de rupture

[41] 4, 8, 4. *Vitruve IV* (Paris 1992), 205 sq.

[42] Cf. M. CONTICELLO DE' SPAGNOLIS, *Il tempio dei Dioscuri nel Circo Flaminio* (Roma 1984).

[43] F. COARELLI, «Le plan de via Anicia. Un nouveau fragment de la Forma Marmorea de Rome», dans *Rome. L'espace urbain et ses représentations* (Paris 1991), 65 sq.

ou de mésinterprétation entre le texte et les dessins qui, traditionnellement, prétendent en rassembler la teneur.

Premier cas: les dessins se situent hors du champ des possibilités de la formulation conceptuelle. C'est l'exemple de l'*entasis*; certes en l'occurrence le dessin est légitime, puisque Vitruve avait lui-même prévu d'y recourir pour rendre son propos moins elliptique; mais paradoxalement c'est l'un des rares croquis pour lesquels nulle restitution n'avait été proposée jusqu'à une date récente, et il a fallu attendre la découverte de L. Haselberger pour qu'une hypothèse apparût formulable. Tant il est vrai que nous ignorons encore presque tout des possibilités qu'avaient les Anciens de transposer graphiquement leurs connaissances géométriques.

Deuxième cas: le dessin est abusivement compilé à partir des phases différentes d'une évolution structurelle et aboutit à un montage arbitraire capable seulement de mettre en évidence des apories techniques. L'exemple de la charpente de bois, ancêtre prétendu de l'entablement dorique, est à cet égard riche de sens, et donne la mesure de la vanité de tout effort interprétatif non fondé sur une réflexion historique.

Troisième cas: le dessin prétend «corriger» une inadvertance de l'auteur ou une erreur de la tradition, et par un souci de rationalisation de la démarche constructive on ne suit pas la lettre du texte; cette absence de pertinence a longtemps été le fait — il l'est parfois encore — du schéma du *theatrum Latinum*. L'erreur relève ici d'une méconnaissance du caractère «générateur» et non pas descriptif du croquis suggéré par Vitruve.

Quatrième cas: le recours à des documents graphiques d'origine archéologique pour illustrer telle ou telle notice du *De architectura* s'avère lui aussi dangereux bien qu'en principe la conjonction de ces deux types de témoignages représente un cas idéal — et rarement vérifié. L'opportunité exceptionnelle fournie par la découverte du plan antique du temple des Dioscures *in Circo* a mis en évidence ce fait difficile à admettre pour nos logiques modernes, à savoir qu'une description textuelle n'est pas forcément conforme aux réalités qu'elle évoque pour peu qu'elle soit dictée par une recherche normative plus prégnante que le souci d'exactitude.

Au total, ces divergences ou incompréhensions que nous avons relevées, selon des modalités et des perspectives différentes, entre texte et dessin, entre schéma théorique et *realia*, ont toutes pour origine le fait que les *figurae* appartiennent pour Vitruve à des pratiques et à des réalités qu'il veut laisser à la porte de son *corpus*, les pratiques d'atelier immergées dans une technicité sans recul et la diversité des constructions existantes qui n'est pas compatible avec la finalité classificatoire de son traité. Là où nous cherchons à restituer une histoire des formes fondée sur l'analyse de monuments choisis pour leur valeur exemplaire dans une courbe évolutive dont les phases s'inscriraient dans une diachronie clairement maîtrisée, nous ne rencontrons qu'une démonstration refermée sur elle-même, où les références, quand elles existent, ne sont pas retenues pour leur exemplarité mais pour leur aptitude à entrer, fût-ce au prix de distorsions que nous jugeons inadmissibles, dans un système théorique. Dans un tel système le dessin n'est pas, comme nous le concevons dans nos ouvrages spécialisés, nos «Fachbücher», l'équivalent graphique du texte; il est seulement son substitut ou son prolongement mais il ne répond pas davantage que le texte, quoiqu'il prenne place dans un autre registre, à des exigences de cohérence rationnelle ou technique.

Dès lors, que retenir du *De architectura* pour répondre aux questions que nous posions en commençant? Peu de choses à vrai dire puisque le traité, du fait même de ses aspects plus normatifs qu'opératoires, n'entre pas dans la catégorie des manuels destinés aux praticiens. Le livre de Vitruve apparaît en perpétuel décalage par rapport à la pratique professionnelle qu'on entrevoit à travers les vestiges archéologiques contemporains ou postérieurs. Toutefois, s'il ne peut pas être directement utilisé dans la problématique qui sert de cadre à ces Entretiens, il n'en est pas moins révélateur d'un état d'esprit qui peut nous aider à comprendre, au prix de certains détours, la façon dont se transmettait le savoir parmi les techniciens de la construction. Vitruve lui-même fait allusion à deux catégories de sources, celles, écrites, des *antiqui*, et celle, orale, des *praeceptores*[44]. Sans rouvrir ici le débat sur la formation personnelle du théoricien latin nous retiendrons que son traité ne se conçoit pas sans une littérature sous-jacente, jugée par lui indigne d'être présentée aux responsables de la politique édilitaire de son temps, mais porteuse d'une foule de données qui pouvaient être facilement mises en œuvre; la mutation qu'il leur fait subir dans le cadre de son *corpus* ne doit pas nous faire oublier le caractère sans aucun doute très concret des connaissances véhiculées par ses sources, relativement humbles et qui pouvaient prendre la forme de simples croquis cotés, de recueils de plans ou d'ornements, de recommandations techniques, etc., mais qui visaient toutes à une efficacité immédiate[45]. Et le moindre des paradoxes de ce qu'on appelle la fortune du *De architectura* n'est pas que ce traité lui-même, qui prétendait prendre des distances si ostensibles avec la pratique professionnelle de son temps, ait fini par servir, quelques siècles plus tard, en tant qu'unique survivant d'une documentation textuelle et graphique entièrement perdue, de manuel de construction[46].

[44] *Vitruve IV* (Paris 1992), XLVI sq.

[45] Sur les traités, manuels et instruments de la transmission du savoir dans l'architecture hellénistique, *Vitruve III* (Paris 1990), XXXVI sq.

[46] Si Cétius Faventinus éprouve le besoin de publier un abrégé du *De architectura* au III^e s. ou au début du IV^e s., c'est qu'il est alors considéré comme la base indispensable de toute activité architecturale consciente.

## DISCUSSION

*Cl. Nicolet*: Je remercie Pierre Gros, et tiens à rappeler d'abord ses travaux récents sur le statut administratif et social de Vitruve qui, faisant justice de certaines erreurs, permettent désormais de beaucoup mieux comprendre et son dessein et son public. Avant d'ouvrir le débat, je note avec plaisir que Pierre Gros rejette les interprétations hypercritiques qui soutiennent, contre l'évidence du texte lui-même, qu'il n'y a jamais eu d'*illustrations* dans les manuscrits anciens de Vitruve. Cela rappelle, bien sûr, le cas de Ptolémée, sur lequel les mêmes théories (abusives) ont été formulées. Bien sûr, il s'agit de choses différentes, le rapport de l'image au texte n'étant pas le même dans le cas d'un géographe (d'ailleurs compilateur) et d'un architecte.

*Ph. Fleury*: Permettez-moi de vous demander à quel moment ont été faits les dessins de l'adyton de Didymes: la partie extérieure du sanctuaire (comprenant le mur qui leur sert de support) était déjà réalisée, mais pas le naïskos qui fait l'objet de ces croquis. A-t-on des traces d'autres croquis sur pierre pour le pronaos ou faut-il supposer au départ des plans sur un autre support?

*P. Gros*: Lorsque nous parlons de cartes ou de plans antiques, nous devons bien admettre que dans la plupart des cas ces documents n'avaient pas la finalité pratique que nous leur attribuons. Les cartes qui illustrèrent sans doute la *Géographie* de Ptolémée étaient faites pour donner une image du monde, et non pas pour aider quiconque à s'orienter dans l'univers.

*Ph. Fleury*: La maquette existait aussi comme support de démonstration sous le nom latin d'*exemplar*.

*P. Gros*: Les maquettes (attestées en grec sous le nom de παραδείγματα, en latin sous celui d'*exemplaria*) étaient des objets destinés à illustrer auprès des responsables municipaux, qui n'étaient pas des spécialistes, l'aspect futur de l'édifice projeté. Ce n'étaient que rarement des documents de travail.

*Ph. Fleury*: Je rappellerai à ce propos l'anecdote (rapportée par Vitruve, 10, 16, 3) de l'architecte Callias présentant aux Rhodiens une maquette (*exemplar*) de machine destinée à saisir une hélépole et à la transporter à l'intérieur des murs. Lorsque Démétrios fit le siège de Rhodes en 305-304 avant J.-C. (avec notamment sa fameuse hélépole), les Rhodiens sollicitèrent donc Callias, qui se révéla incapable de construire une machine réelle à partir du modèle réduit, car, dit Vitruve, «il y a des machines dont les modèles (*exemplaria*) paraissent vraisemblables, mais qui se révèlent illusoires quand elles viennent à une plus grande échelle». Le modèle réduit avait ici une fonction de présentation (Callias s'en était servi du reste lors d'une conférence: *acroasis*) et n'était pas un support pour l'exécution.

*P. Gros*: La difficulté réside toujours, dans le cas de Vitruve, dans la distance que nous sommes obligés de parcourir pour apprécier les méthodes, le savoir et le savoir-faire des bâtisseurs antiques. Nous avons trop tendance à raisonner en termes d'architecture moderne. Beaucoup de pratiques d'ateliers n'étaient pas clairement formulées.

*Cl. Nicolet*: Je me demande si, à diverses phases d'un projet (demande du commanditaire, propositions de l'architecte, examen détaillé, signature du contrat), il n'existait pas, quand même, des plans, sur supports souples (parchemin-*membranae*, papyrus, etc.), assez détaillés, et qui pouvaient être soit des «modèles» disponibles à l'avance, dans les ateliers, soit des projets plus précis. Inversement, sur les plans officiels à grande échelle — comme la *forma urbis* ou ses prédécesseurs —, il semble qu'on trouve des plans précis d'édifices: proviennent-ils de relevés, ou de documents figurés préexistants?

*P. Gros*: La *Forma Vrbis seueriana* reste assez sommaire, sauf exception, dans le rendu des détails architecturaux. Elle fournit surtout des plans de masse et des réseaux de circulation (avec d'assez importantes erreurs d'orientation) et sa finalité apparaît, entre autres, plus fiscale (cadastrale) que proprement urbanistique. Le plan de la *Via Anicia* semble, lui, plus exigeant dans le rendu des détails et l'analyse des données planimétriques. Même si l'on discute toujours à propos de la signification des chiffres qui y figurent, il est certain qu'il atteignait un degré de précision supérieur à celui de la *FUR*. La question de savoir si les plans qui y figurent avaient été établis d'après les monuments en place ou d'après les documents graphiques établis par les architectes au moment de la construction desdits monuments me paraît devoir être tranchée en faveur de la première hypothèse.

*Cl. Nicolet*: À ce sujet, je rappelle le texte bien connu de Pline (*nat.* 3, 17) qui parle de la *Porticus Vipsania* dans laquelle se trouvait la «carte d'Agrippa», qui avait été commencée par Polla, sa sœur, et achevée par Auguste, *ex destinatione et commentariis M. Agrippae*. Rencontrez-vous le mot *destinatio* (qui s'entend très bien d'une disposition testamentaire) dans le vocabulaire des dessins et projets d'architecture? On a d'ailleurs proposé la correction (arbitraire) *ex delineatione*.

*Ph. Fleury*: Je reviens sur l'illustration du traité de Vitruve. Le livre 10, consacré à la mécanique, ne renvoie à aucune illustration (si ce n'est à un schéma de la vis d'Archimède qui est peut-être en fait celui du livre 9, pr. 8), à la différence des traités grecs comparables. L'exemple le plus frappant est celui des chapitres 13 à 15 sur les machines de siège. Ce passage est à rapprocher presque mot pour mot des chapitres 9 à 26 du *Traité des machines* d'Athénée le Mécanicien qui, lui, est illustré:

les deux autres auteurs ont puisé à une source commune, probablement Agésistratos. A moins que le traité d'Agésistratos ne fût pas illustré et que les dessins d'Athénée fussent sa propre création, il est vraisemblable que Vitruve a fait le choix délibéré de ne pas reproduire les dessins de sa source, car il avait une perspective différente de celle de ses collègues grecs: ce dixième livre est un condensé de mécanique alors que les traités grecs auxquels nous le comparons sont des monographies sur un sujet particulier. Quand Vitruve recourt au dessin, c'est, comme l'a dit P. Gros, parce qu'il sent qu'il est au bout des possibilités de la formulation, mais ce n'est probablement pas à regret, comme une concession à la simple *technè*. Rappelons que l'illustration a acquis ses lettres de noblesse avec l'école d'Aristote, dont les traités recouraient fréquemment au dessin. La disparition des dessins du *De architectura* s'explique aisément puisque la tradition manuscrite remonte à un archétype unique. À ce niveau ou à un niveau immédiatement supérieur, la personne qui devait réaliser les dessins (et qui n'était pas celle qui avait copié le texte) n'a pas fait son travail … Mais nous avons peut-être au livre 1 la trace de la légende d'un des schémas: au milieu du chapitre 6 Vitruve explique le tracé des secteurs des vents et de l'orientation des rues, et il renvoie à un dessin. Un peu plus loin, nous avons un curieux doublet où l'auteur recommence la même explication, mais en désignant cette fois les points du tracé par des lettres. Il est possible que ce doublet soit en fait un vestige de la légende du dessin perdu.

*M. Crawford*: Il convient de mentionner l'existence de plans gravés sur une partie du bâtiment même pendant la construction, comme c'est le cas à Chartres et à Narbonne. Cette pratique a duré vraisemblablement du début de la période hellénistique jusqu'au Moyen Age.

*P. Gros*: Un texte capital pour apprécier la relation de Vitruve à son propre projet littéraire et la conscience qu'il avait de l'originalité absolue de son entreprise dans le domaine de la formulation est la préface du livre 5 du *De architectura*, aujourd'hui remarquablement analysée par A. Kessisoglu.

Comme il arrive toujours après une découverte du genre de celle qu'a faite L. Haselberger, les regards se sont faits plus attentifs et l'on commence à retrouver un peu partout des dessins d'architecture incisés sur ou à proximité de divers monuments antiques (exemples à Priène et, à Rome même, cas du fronton du Panthéon).

*M. Crawford*: Parmi les papyrus d'Oxyrhynque, certains portent des dessins, notamment des dessins architecturaux. L'Antiquité a sans doute connu beaucoup de cas de cette pratique, disparue très vite. Il convient de noter aussi les τύποι du théâtre de Mytilène, que Pompée a fait faire.

*P. Gros*: Des articles de R. Martin, entre autres, fournissent la documentation de base sur les maquettes et leurs usages. On a beaucoup discuté dans le passé sur la réalité des maquettes, sur la date de leur apparition, sur la nature et la finalité de la *skiographia*, etc. Mais pour en revenir au problème concret de la documentation ou des moyens techniques dont disposaient les magistrats responsables pour diriger la construction, la restauration ou l'entretien des édifices publics, un texte comme celui de Cicéron relatif à la réparation, entreprise par Verrès, du temple des Dioscures du Forum, mérite beaucoup d'attention, malgré son tour polémique et, vraisemblablement, partial. Sur le fait que les architectes dessinaient — et considéraient comme de leur seule compétence le fait de dessiner des projets monumentaux —, l'anecdote où Apollodore de Damas s'oppose au jeune Hadrien est très éclairante.

*A. Chastagnol*: Je m'excuse d'intervenir dans ce débat, n'étant spécialiste ni de Vitruve ni des techniques de l'architecture. Entre beaucoup d'autres points, j'ai appris notamment que, depuis 1983, on avait retrouvé via Anicia un fragment de plan représentant le temple des Dioscures *in Circo Flaminio*, et vous semblez admettre qu'il s'agirait là d'un témoin d'un plan de Rome plus ancien que la *Forma urbis* sévérienne: cela fournirait un jalon important dans l'évolution qui nous intéresse en ces Entretiens. Comme je serai amené, dans ma propre communication, à dire un mot rapide sur la *Forma urbis*, je vous serais reconnaissant de bien vouloir m'informer sur la bibliographie relative à cette découverte et à son exploitation ultérieure, sur lesquelles on pourrait d'ailleurs revenir ultérieurement à propos des Régionnaires.

*P. Gros*: Sur les écrits architecturaux antérieurs à Vitruve, nous ne disposons que des données de Vitruve lui-même (en particulier préface du livre 7). Il apparaît qu'après les monographies écrites par tel architecte en renom concernant l'une de ses créations à l'époque classique ou tardo-classique, la mode se répand de la monographie thématique (fin IVe s. – début IIIe s. av. J.-C.) sur les proportions de l'ordre corinthien, ou autres. Vitruve est directement tributaire de cette seconde série de travaux, et en dépit du coup de chapeau donné, au livre 1 par exemple, à la nécessaire adéquation du plan et des ordres à la nature de la divinité honorée (pour les temples), il traite, aux livres 3 et 4, des différents ordres architecturaux comme s'ils étaient à peu près interchangeables (malgré les anecdotes étiologiques du livre 4). On soulignera l'importance, à cet égard, de l'épisode d'Hermogénès utilisant un matériel marmoréen déjà rassemblé en vue de la construction d'un temple dorique, pour édifier un temple ionique, plus conforme aux goûts du praticien. Un cas analogue a été observé récemment à Pergame.

En ce qui concerne la façon dont Vitruve a pris connaissance de la littérature grecque spécialisée, les avis divergent. Longtemps taxé, par certains chercheurs allemands (Oder) ou italiens (Ferri), d'ignorance, Vitruve se trouve aujourd'hui quelque peu réhabilité. Mais il est certain qu'il a dû avoir recours, dans beaucoup de cas, à des «manualetti», recueils anthologiques (*excerpta*) ou sommaires; le cas d'Aristoxène de Tarente et de son traité sur la musique reste de ce point de vue intéressant:

c'est le seul texte auquel Vitruve dit explicitement s'être référé, et que nous ayons conservé; la possibilité est donc offerte de comparer les données du spécialiste grec avec ce qu'en a tiré Vitruve, dans les développements relatifs à la construction des théâtres (livre 5).

*Cl. Nicolet*: J'aimerais insister sur un aspect souvent négligé des procédures antiques: la passation, si fréquente, de contrats publics (c'est-à-dire dont la teneur pouvait et devait être contrôlée), par exemple pour les adjudications de travaux publics, ou autres, nécessitait sans doute une grande précision dans l'évaluation des coûts et dans la description des opérations figurant dans le cahier des charges. De tels documents devaient non seulement exister, mais être conservés et consultés. Leur mise en forme impliquait sans doute une certaine «bureaucratisation» des normes, des procédures, des descriptifs. Personnellement, j'inclinerais à comprendre l'étude (si elle est possible autrement que par pure supposition) de ce type de documents, d'archives, dans notre quête des «littératures techniques».

*Ph. Fleury*: Vitruve fait allusion à l'existence de contrats entre architectes et collectivités locales lorsqu'il rappelle la loi d'Éphèse au début du livre 10; cette loi stipulait que lorsqu'un architecte acceptait la responsabilité d'un ouvrage public, il devait proposer une estimation du coût de l'opération. Lorsque les travaux étaient terminés, la collectivité acceptait de payer jusqu'à un supplément de 25%. Au-delà, c'était à l'architecte lui-même de payer sur ses propres fonds. Et Vitruve de regretter que la même loi ne fût pas en vigueur chez les Romains...

*P. Gros*: On ne doit pas oublier le livre que Varron avait consacré à l'architecture.

Le projet vitruvien présente toutefois une triple originalité, dont l'auteur est bien conscient:

– d'abord il représente un effort (sans commune mesure, bien sûr, avec celui de Cicéron dans le domaine philosophique) pour créér en latin un vocabulaire technique. Il n'y parvient qu'imparfaitement. À côté d'équivalences bien venues (*symmetria/commodulatio*) nous trouvons de nombreuses transcriptions ou translittérations du grec qui sont autant d'aveux d'impuissance (même si Vitruve essaie toujours de définir ou d'expliciter le terme grec auquel il recourt);

- ensuite Vitruve s'efforce de donner à l'architecture italique tardo-républicaine ses lettres de noblesse en montrant (souvent, d'ailleurs, d'une manière un peu forcée) qu'elle entre elle aussi dans le cadre de la *symmetria* et peut prétendre à une transparence rationnelle au même titre que les créations grecques (ex. du *theatrum latinum*, de la basilique, du *forum*, de la *domus*, etc.);
- enfin et surtout — il le répète plusieurs fois — Vitruve a le sentiment d'être le premier à avoir pu ou su organiser en un ensemble complet et cohérent la masse des connaissances éparses qui sont de la compétence de l'architecte (au sens large du terme: aussi bien bâtisseur qu'ingénieur). Cette idée de *corpus* lui tient à cœur et, en dépit du caractère faiblement organisateur des concepts qu'il place à l'origine de son propos, et qui font que son entreprise apparaît plus taxonomique qu'organique, il apparaît aujourd'hui comme le seul spécialiste à avoir dominé l'ensemble des pratiques architecturales.

II

Philippe Fleury

# TRAITÉS DE MÉCANIQUE ET TEXTES SUR LES MACHINES

La mécanique est «la partie de la technique qui vient à notre secours» quand nous sommes face aux difficultés de la nature. C'est ainsi qu'un traité attribué à Aristote (mais probablement écrit au début du III^e^ siècle *a.C.*) définit la μηχανή[1]. Dans l'esprit des Grecs et des Romains, le champ couvert par les mots μηχανή, *machina*, *machinatio* est beaucoup plus vaste que le champ couvert par les mots «machine» ou «mécanique» en français. La *machina* est au sens concret l'appareil, l'engin composé de pièces mobiles, mais c'est aussi l'instrument, le système permettant à l'homme de résoudre une difficulté naturelle: l'échelle ou l'échafaudage sont des *machinae*; au sens abstrait c'est la machination, l'invention, la ruse. La mécanique en tant que discipline scientifique et technique, la *machinatio* telle que la définit Vitruve, traite à la fois de l'équilibre des corps (la statique moderne), des principes des machines simples (levier, poulie, balance...), de la construction des machines mais aussi des stratagèmes.

Nous allons nous intéresser ici à la tradition littéraire romaine dans ce domaine, essayer de déterminer qui étaient les auteurs de «textes mécaniques», quels étaient leurs objectifs

[1] Ps.-Aristot. *Mech., pr.*: «Chaque fois qu'il faut faire quelque chose contre la nature, nous sommes embarrassés par la difficulté et nous avons besoin de la technique. C'est pourquoi nous appelons la partie de la technique qui vient à notre secours face à de telles difficultés la μηχανή».

et voir enfin quelle put être la réception de cette littérature.

*
* *

Le titre de notre exposé est double: «traités de mécanique et textes sur les machines», car, à nous en tenir au premier élément, le sujet aurait été fort restreint: il ne nous reste, en latin, qu'un seul traité de mécanique au sens propre du terme: le livre 10 du *De architectura* de Vitruve. Mais si nous nous intéressons à la science mécanique romaine, à la construction des machines, à leur emploi, au rôle de la mécanique dans la société et l'économie romaine, au statut des «mécaniciens», au vocabulaire de la mécanique, nous trouvons des informations dans d'autres textes, à divers niveaux de spécialisation. Les textes les plus proches de Vitruve, en termes de spécialisation, sont les traités techniques sur l'agriculture (Caton, Varron, Columelle, Palladius) ou sur la guerre (*De rebus bellicis*, Végèce). Nous avons là les deux grands champs d'application de la mécanique ancienne: la mécanique agricole et la mécanique militaire. Viennent ensuite des textes d'auteurs confrontés de près aux problèmes mécaniques: César et Ammien Marcellin par exemple, le premier en tant que général en chef, le second (de façon contestée, mais probable aujourd'hui[2]) en tant qu'officier dans l'armée de Julien pour la guerre contre les Perses, ils furent tous deux conduits à observer (voire à diriger) des opérations de génie (construction du pont sur le Rhin), d'artillerie ou de poliorcétique. A un niveau encore moindre de spécialisation, nous pouvons puiser des informations dans des textes divers mentionnant l'utilisation des machines (ou les réactions des Romains face à l'utilisation des machines), donnant des définitions de la mécanique.

[2] J. FONTAINE (éd.), *Ammien Marcellin. Histoire. Livres XXIII-XXV*, texte, trad. et commentaire (*CUF*, Paris 1977), *Introduction*, 15-24.

Commençons par Vitruve: il nous donne donc avec le dixième livre de son *De architectura* le seul traité latin de mécanique conservé. Cet ouvrage contient des éléments de mécanique théorique (principes du levier, de la poulie...), des éléments de mécanique appliquée dans le domaine civil (machines de soulèvement, machines pour élever l'eau, moulin à eau, orgue hydraulique, hodomètre) et dans le domaine militaire (machines de jet, machines de siège), enfin des éléments appartenant au genre des «stratagèmes» avec la relation d'épisodes instructifs de quelques grands sièges. Vitruve se situe dans la longue tradition des mécaniciens anciens de Diadès au IV^e^ siècle *a.C.* à Apollodore de Damas au II^e^ siècle *p.C.*, mais il possède quelques traits originaux. Il est, nous l'avons déjà dit, le seul auteur mécanique ayant écrit en latin dont nous ayons conservé l'œuvre. Les autres textes nous sont transmis en grec. Quelquefois l'original grec a été perdu et nous ne possédons qu'une traduction arabe[3]. Dans un cas même, nous possédons une traduction partielle en latin effectuée à partir de la version arabe[4]. Vitruve est aussi le seul auteur ancien connu à avoir fait une synthèse de tous les domaines de la mécanique en un seul volume. Dans l'état actuel de ce que nous pouvons reconstituer, les traités de mécanique ancienne paraissent se répartir schématiquement en trois grands domaines:

- mécanique théorique
- mécanique pratique civile
- mécanique pratique militaire.

Telle quelle, cette présentation est trop simplificatrice, car les deux premiers domaines se recoupent partiellement et le troisième contient des éléments qui ressortissent à la théorie militaire: stratégie et tactique. Il faut donc aller un peu plus loin dans le détail de la tradition grecque pour mieux comprendre l'originalité de Vitruve.

[3] *Pneumatiques* de Philon de Byzance, *Clepsydres* peut-être de Philon de Byzance, *Mécaniques* d'Héron d'Alexandrie.

[4] *Pneumatiques* de Philon de Byzance. Le texte latin a été édité par V. ROSE, *Anecdota graeca et graecolatina* II (Berlin 1870).

La mécanique théorique: seuls les traités appartenant à ce domaine paraissent avoir reçu le titre propre de *mechanica.* Il nous en reste deux: les *Mechanica* du Pseudo-Aristote (que nous connaissons aussi sous le titre *Problèmes de mécanique* ou *Questions de mécanique*) et les *Mechanica* d'Héron d'Alexandrie; mais Archimède renvoie à son œuvre l' *Equilibre des figures planes* sous le titre *Mechanica* dans deux passages de la *Quadrature de la Parabole*[5]. Dans la mesure où l'*Equilibre des figures planes* traite des problèmes du levier et de l'équilibre, il rejoint en effet les deux autres, même si sa forme mathématique est sensiblement différente[6]. Les *Mécaniques* du Pseudo-Aristote sont un recueil de trente-quatre questions mécaniques suivies de leurs réponses, le tout précédé par une définition de la mécanique et de ses principes. Les *Mécaniques* d'Héron d'Alexandrie se composent de trois livres: le premier traite des principes mécaniques généraux (mouvements des cercles, mouvement d'un corps grave sur un plan incliné, définition du centre de gravité...); le second traite des cinq «machines simples»: treuil, levier, moufle, coin et vis, et son chapitre 34 est consacré à dix-sept problèmes de mécanique exposés sous la forme aristotélicienne; le troisième livre est un traité de mécanique pratique portant sur les systèmes de soulèvement et de traction et sur les systèmes de pressurage. Les thèmes de ces traités de mécanique théorique se retrouvent aux chapitres 2 et 3 du livre 10 de Vitruve, qui traitent d'abord des machines de soulèvement puis proposent une explication des principes mécaniques à partir des problèmes du levier, de la balance..., le tout relié aux principes du cercle et de l'axe de rotation.

[5] ARCHIM. *quadr.* 6 et 10 (δέδεικται γὰρ τοῦτο ἐν τοῖς Μηχανικοῖς). Par contre, dans la *Méthode* (1), il y renvoie sous le titre *Équilibres* (δέδεικται γὰρ ἐν τοῖς Ἰσορροπικοῖς). Il est possible aussi que le traité sur l'*Équilibre des figures planes* fasse partie d'un traité plus étendu intitulé *Mechanica,* celui auquel renvoie Archimède dans *Sur les corps flottants* (2, 2), puisque le rappel ne convient pas cette fois à l'*Équilibre des figures planes.*

[6] Si l'on admet l'identification du Pseudo-Aristote avec Straton de Lampsaque, nous avons là trois auteurs qui ont appartenu à l'École d'Alexandrie.

La mécanique pratique civile paraît dominée par les *Pneumatiques* de Philon de Byzance, transmis en arabe, et les *Pneumatiques* d'Héron d'Alexandrie[7]. En fait il s'agit de traités sur les propriétés mécaniques de l'air et de l'eau (avec une partie théorique, notamment sur la question du vide) et sur leurs applications: ludions, automates[8], vases distributeurs de liquides variés, mais aussi machines pour élever l'eau et orgue hydraulique chez Héron. Ce sont les thèmes abordés par Vitruve aux chapitres 4 à 8 du livre 10. Nous devons ajouter dans le domaine de la mécanique civile les traités sur les instruments de mesure. Pour la mesure du temps, nous avons un traité sur les *Clepsydres*, conservé uniquement en arabe et attribué à Philon et il semblerait qu'Héron ait écrit un ouvrage en quatre livres, aujourd'hui perdus, sur les horloges hydrauliques[9], mais Vitruve a choisi de consacrer un livre spécial à la gnomonique, la distinguant ainsi de la *machinatio*. Pour la mesure de la distance, nous avons le traité de la *Dioptre* d'Héron et c'est dans cet ouvrage que nous trouvons aussi (à une place, semble-t-il, fautive) une description de l'hodomètre, appareil traité par Vitruve au chapitre 9 de son livre 10. La mécanique pratique civile paraît en fait orientée — dans les traités tout au moins — vers la démonstration des principes physiques ou l'étonnement du public, la thaumaturgie[10]. Quant aux machines de soulèvement, elles sont reliées à la mécanique théorique en tant qu'application directe.

[7] Ctésibios d'Alexandrie avait également écrit sur le sujet, mais son œuvre est perdue. Voir à ce propos A.G. DRACHMANN, *Ktesibios, Philon and Heron. A Study in Ancient Pneumatics,* Acta historica scientiarum et medicinalium IV (København 1948).

[8] Héron a également écrit un livre sur les *Automates* exploitant les propriétés des corps solides.

[9] Cf. Th. HENRI-MARTIN, *Recherches sur la vie et les ouvrages d'Héron d'Alexandrie, disciple de Ctésibius, et sur tous les ouvrages mathématiques grecs, conservés ou perdus, publiés ou inédits, qui ont été attribués à un auteur nommé Héron*, Mémoires présentés par divers savants à l'Académie des Inscriptions et Belles-Lettres de l'Institut Impérial de France, 1ère série, t. IV (Paris 1854), 391.

[10] Cf. A. DE ROCHAS, *La science des philosophes et l'art des thaumaturges dans l'Antiquité* (Paris 1882).

La mécanique pratique militaire. Les ouvrages consacrés à la mécanique militaire pratique se répartissent sous les titres *Belopoiica* et *Poliorcetica* (voire *Mechanemata*), selon qu'ils concernent les machines de jet particulièrement ou l'ensemble des machines de guerre. Ce sont les mieux représentés dans ce qui nous a été conservé de la mécanique ancienne avec les traités de Biton, Philon de Byzance, Héron d'Alexandrie, Athénée, Apollodore. Nous y ajoutons ceux que l'on appelle les «stratégistes»[11]: le livre du premier d'entre eux, Énée le Tacticien, est du reste intitulé *Poliorcétique*; viennent ensuite Asclépiodote, Frontin, Onasandre, Élien, Arrien de Nicomédie, Polyen. Tous ces thèmes sont traités par Vitruve aux chapitres 10 à 16 de son livre 10.

On voit donc une tradition grecque relativement complexe et abondante, une tradition latine pratiquement inexistante[12] et Vitruve qui présente l'originalité de tout rassembler en un seul volume[13]. Autre originalité enfin: il est le seul auteur mécanique ancien à traiter du moulin à eau et un grand nombre de machines décrites ont des particularités qu'on ne retrouve que chez lui (pompe à eau, hodomètre, orgue, catapulte et baliste). Nous reviendrons sur ces points un peu plus loin.

En dehors du *De architectura* de Vitruve, les traités techniques dans lesquels nous trouvons des textes sur les machines se répartissent essentiellement en deux domaines: les auteurs agronomes et les «techniciens» militaires.

Il n'existe pas, à notre connaissance, de traités anciens spécialement consacrés à la mécanique agricole, comme il en existe

[11] Cf. A. Dain, «Les stratégistes byzantins», Travaux et Mémoires du Centre de Recherches d'Histoire et de Civilisation Byzantine, II (Paris 1967), 317-390, texte mis au net et complété par J.A. de Foucault.

[12] Vitruve en fait le constat lui-même dans la préface de son livre 7: «Je me suis avisé qu'en la matière (l'auteur vient de parler de la construction des machines, mais il est probable qu'il pense à l'*architectura* dans son ensemble) les Grecs ont publié bien des ouvrages et les nôtres très peu» (§14).

[13] Il revendique clairement cette particularité en 5, *pr.* 5: *eorumque ordinationes institui, uti non sint quaerentibus separatim colligenda, sed e corpore uno et in singulis uoluminibus generum haberent explicationes.*

pour la mécanique militaire. Les agronomes anciens ne la séparent pas des autres techniques et ce domaine est difficile à définir. Il est probable que les Romains eux-mêmes n'en avaient pas une perception précise et il faut dire aussi que la mécanisation était beaucoup moins poussée dans le domaine agricole que dans le domaine militaire. L'expression même «machine agricole» pourrait conduire à un anachronisme, car ni l'araire, ni la claie à herser, ni le traîneau de dépiquage ne sont des «machines agricoles» au sens moderne. Aucun de ces instruments ne possède une seule pièce mobile si ce n'est le système d'attelage. Mais, comme nous l'avons déjà vu, *machina* n'a pas le sens du mot «machine» aujourd'hui et Vitruve considère le joug et l'araire parmi les premières machines inventées par l'homme[14], et le *prelum*, le pressoir, est pour lui un exemple type de *machina* au même titre que la *ballista*[15]. Certes il ne mentionne ni les herses, ni les traîneaux de dépiquage, mais il n'y a pas de doute que pour lui et ses contemporains ils faisaient partie, comme l'araire et le joug, des *machinae*, tout au moins des *instrumenta*, comme dit Varron[16]. Les sources anciennes pour la description de ces machines sont d'abord les textes de ceux que l'on appelle les «agronomes»[17]: Caton décrit les pressoirs[18] et le trapète[19], Varron le *tribulum* et le *plostellum poenicum*[20], Columelle la machine pour contenir les animaux quand on les opère[21], Palladius la machine à moissonner[22]. Nous trouvons également des informations importantes sur

[14] VITR. 10, 1, 5.

[15] VITR. 10, 1, 3.

[16] VARRO *rust.* 1, 5, 3-4.

[17] Cf. R. MARTIN, *Recherches sur les agronomes latins et leurs conceptions économiques et sociales* (Paris 1971).

[18] CATO *agr.* 18-19.

[19] CATO *agr.* 20-22. Le trapète est un moulin à olives.

[20] VARRO *rust.* 1, 52, 1. Le *tribulum* et le *plostellum poenicum* sont l'un et autre des «traîneaux de dépiquage» (destinés à séparer le grain de son enveloppe); le second est un peu plus perfectionné que le premier car il possède un système rotatif.

[21] COLUM. 6, 19.

[22] PALLAD. 7, 2, 2-4.

l'araire dans les *Géorgiques* de Virgile[23] ou sur le *uallus* (la machine à moissonner) dans le livre 18 de Pline l'Ancien[24].

Deux traités techniques militaires donnent des informations sur les machines: le *De rebus bellicis* d'un anonyme et le *De re militari* de Végèce (nous laissons de côté le *Libellus de uocabulis rei militaris* de Modestus, qui n'est qu'un «double» du livre 2 de Végèce). Ces deux ouvrages sont de nature différente. Le premier est une sorte de mémoire adressé à l'empereur pour donner des recommandations diverses sur l'artillerie, le génie, mais aussi sur des problèmes administratifs, notamment la question des monnaies. Le second est un ouvrage complet sur l'art militaire: recrutement, organisation, tactique, stratégie et engins de guerre. Aucun des deux ne contient de description technique proprement dite, mais ils donnent des informations assez précises sur la nomenclature et divers types d'engins[25]. Le *De rebus bellicis* propose même quelques inventions originales comme un navire de guerre mû par des roues à aubes actionnées par des boeufs (chap. 17).

A côté des traités agronomiques ou militaires, quelques traités techniques contiennent ici et là des passages sur des machines ou des appareils. Ainsi, les vers 142-144 du *Carmen de ponderibus et mensuris* de Remnius Favinus décrivent une balance hydrostatique, à deux plateaux et à poids curseur.

A un niveau de spécialisation inférieur nous trouvons des textes sur les machines dans des œuvres d'auteurs confrontés de près aux problèmes mécaniques: je pense ici particulièrement à César et à Ammien Marcellin. Pour le premier, deux textes se distinguent du reste de l'œuvre:

– la description du pont sur le Rhin dans le *Bellum gallicum*[26];

[23] VERG. *georg.* 1, 169-175.

[24] PLIN. *nat.* 18, 296.

[25] Voir notamment les informations sur la *ballista* chez Végèce (*mil.* 4, 22) ou dans le *De rebus bellicis* (7 et 18).

[26] *Gall.* 4, 17.

– la description du siège de Marseille dans le *Bellum ciuile*[27] (construction d'une tour sous les projectiles de l'ennemi, adaptation de machines de jet…).

Ces textes paraissent tellement particuliers chez César qu'on les attribue parfois à un autre: l'*imperator* a pu en effet reprendre ici les rapports d'un de ses *architecti* (ou *mechanici*). Il est remarquable de constater par exemple que les mots *catapulta* ou *ballista* ne se rencontrent chez César que dans le passage du *Bellum ciuile* que nous venons de mentionner. Ailleurs il désigne les pièces d'artillerie avec le terme général: *tormenta.* Chez Ammien Marcellin le texte le plus caractéristique est la description de la baliste et de quelques autres machines au livre 23 (chap. 4). Le passage est important car il est unique sur la construction des machines de jet au IV^e^ siècle *p.C.*, mais, dans le livre 24, nous avons aussi beaucoup de références à l'emploi des machines de guerre.

C'est du reste ce type de mentions éparses dans toute la littérature latine, de Plaute à Isidore de Séville, qui nous permet de compléter les textes techniques pour reconstituer ce que fut la mécanique romaine. Chez Plaute par exemple nous trouvons des allusions à la mécanique dans quatre domaines: la ruse, les moulins, les machines de jet, les machines de siège. Il s'agit souvent d'emplois métaphoriques comme par exemple dans les *Captifs* (v. 796): «Mon poing est une baliste, mon avant-bras une catapulte, mon épaule un bélier», mais ils nous font sentir le côté impressionnant des machines de jet pour l'auteur et son public, et d'un point de vue technique ils ne sont pas inutiles, car ils donnent déjà une indication de nomenclature, ici par exemple sur la distinction entre catapultes-lanceurs de flèches et balistes-lanceurs de pierres. Chez Lucrèce, deux vers (4, 905-906) nous donnent quelques éléments de nomenclature sur les machines de soulèvement. Il n'est pas jusqu'à la correspondance

[27] *Civ.* 2, 2-16.

de Cicéron qui ne fournisse une indication sur l'emploi de machines de jet[28]. Chez Tite-Live, les allusions à l'utilisation de machines de guerre sont nombreuses. Sénèque, dans sa *Lettre* 90, nous donne une image de la perception de la mécanique, nous y reviendrons un peu plus loin. Les *grammatici*[29] ou Isidore de Séville[30] fournissent définitions ou classements et le recours à l'épigraphie peut s'avérer précieux pour les noms de fonction: le tombeau de Vedennius (sur lequel est sculptée une belle représentation de catapulte vitruvienne) nous livre par exemple le titre d'*arcitect(us) armament(arii) imp(eratoris)*[31].

Malheureusement tous ces renseignements, fort utiles pour l'étude objective de la mécanique romaine, ne viennent pas d'auteurs «mécaniciens», et nous allons essayer de nous pencher maintenant sur la question de savoir qui écrivait des traités de mécanique.

*
* *

En fait, la première question à poser est celle de l'existence réelle d'une littérature mécanique romaine. Vitruve, nous l'avons déjà dit et répété (et c'est la même chose pour l'architecture), est le seul à nous avoir laissé un traité de mécanique. Dans la préface du livre 7 (§14), il ne cite les noms que de trois prédécesseurs latins: Fuficius, Publius Septimius, Terentius Varron, et nous ne connaissons pas le contenu mécanique de leur œuvre; nous ne savons même pas s'il y en eut un, car, si Vitruve les cite après des auteurs grecs sur les machines, il est probable qu'il s'agisse en fait de traités sur l'architecture envisagée de façon plus générale (le premier nous est inconnu[32], le

[28] *Fam.* 15, 4, 10.

[29] AUDAX 187, 2, *gramm.* VII 320, sur le classement des *artes*.

[30] *Orig.* 18, 11: *de ariete*; 20, 14: *de instrumentis rusticis*.

[31] *CIL* VI 1, 2725.

[32] Mais la *lex Puteolana parieti faciendo* (105 a.C.: *CIL* I 2, 698) mentionne un Q. Fuficius parmi les cautions (*praedes*: cf. Cl. NICOLET, *L'ordre équestre à l'époque républicaine* [Paris 1966-1974], 324).

second fut questeur de Varron, qui lui dédia le *De lingua latina*). Quand, au livre 1 (1, 7), il paraît faire allusion aux traités de mécanique théorique, seuls lui viennent à l'esprit les noms d'Archimède et de Ctésibios. Un peu plus tard, Frontin dit bien qu'il y a eu avant lui une littérature abondante sur les ouvrages et les machines militaires[33], mais rien n'indique qu'il songe à des traités en langue latine.

Toutefois nous avons vu avec l'inscription du tombeau de Vedennius que la fonction de «mécanicien militaire» a existé. Columelle dit que les mécaniciens [en hydraulique] appellent le siphon *diabetes*[34]. Suétone mentionne un mécanicien pour les machines de soulèvement[35]. L'*Histoire Auguste* parle d'*opera mechanica*[36] qui font penser aux μηχανικὰ ἔργα de Pappos (8, *pr.*). Très tardivement (au VI$^{e}$ s. ou peut-être encore plus tard) Audax classe les *artes* en trois catégories: *sunt quaedam animi tantum, quaedam corporis, quaedam animi et corporis* et il range la *mechanica* dans la dernière à côté de l'agriculture (*ruris cultus*), de la médecine (*medicina*) ou de la construction (*tectonica*)[37]. Pline l'Ancien parle de *machinalis scientia*[38], Isidore de Séville de *mechanica... peritia uel doctrina*[39]. L'*Histoire Auguste* signale une institution de salaires pour les mécaniciens en même temps

[33] FRONTIN. *strat.* 3, *pr.*: *depositis autem operibus et machinamentis, quorum expleta iam pridem inuentione nulla uideo ultra artium materiam.*

[34] COLUM. 3, 10, 2: *siphone, quam diabetem uocant mechanici*: «[par une aspiration naturelle, tout aliment des végétaux, comme une espèce d'âme, est porté à leur point le plus élevé par la moelle du tronc], comme par le siphon que les mécaniciens appellent diabète».

[35] SUET. *Vesp.* 18: *mechanico... grandis columnas exigua impensa perducturum in Capitolium pollicenti*: «comme un ingénieur lui promettait de transporter, à peu de frais, au Capitole d'énormes colonnes» (trad. H. AILLOUD, *CUF*).

[36] HIST. AUG. *Alex.* 22,4.

[37] AUDAX *gramm.* VII 320, 13 (Keil).

[38] PLIN. *nat.* 7, 125: *grande et Archimedi geometricae ac machinalis scientiae testimonium M. Marcelli interdicto, cum Syracusae caperentur, ne uiolaretur unus...*: «M. Marcellus rendit un magnifique hommage à Archimède, pour sa science en géométrie et en mécanique, quand il prescrivit, lors de la prise de Syracuse, de n'épargner que lui...».

[39] ISID. *diff.* 2, 152: *mechanica est quaedam peritia uel doctrina, ad quam subtiliter fabricas omnium rerum concurrere dicunt.*

que pour les architectes[40] et Symmaque parle de *mechanicae professor*[41]. Ammien Marcellin, à propos du siège d'Aminda en 359 *p.C.*, fait état de deux légions amenées de Gaule, complètement inutiles dans la guerre de siège à cause de leur incompétence en mécanique[42]. Toutes ces références, de nature différente, mériteraient un commentaire particulier, mais elles témoignent au moins d'un domaine d'activité mécanique romain au niveau conceptuel (avec une terminologie associée), au niveau professionnel et aussi au niveau de l'enseignement: il y eut probablement des maîtres spécialisés en mécanique. Cela laisse supposer l'existence d'une littérature technique latine afférente, de *commentarii* destinés à transmettre le savoir. Même du point de vue pratique nous sommes dans un domaine trop complexe pour admettre une simple transmission orale du savoir-faire. On sait du reste à quel point la transmission écrite fut importante dans l'histoire des sciences et des techniques et combien la diffusion de l'information à grande échelle dans les périodes récentes fut une source de progrès rapide[43]. Prenons, pour l'Antiquité, les professionnels de l'art mécanique militaire: avant une réalisation importante, pour un siège par exemple, ils devaient présenter des plans au responsable des opérations; ensuite ils pouvaient être amenés à rédiger des rapports pour expliquer ce qui avait été fait et rendre l'expérience utilisable. César, pour le pont sur le Rhin ou le siège de Marseille, n'aurait-il pas puisé dans de tels rapports?

Reste à déterminer à quel niveau se situait l'écriture. Sûrement pas au niveau des exécutants directs, mais ensuite, parmi ceux qui sont désignés sous le nom de *mechanici* ou d'*architecti*,

[40] HIST. AUG. *Alex.* 44, 4: *Rhetoribus, grammaticis, medicis, haruspicibus, mathematicis, mechanicis, architectis salaria instituit et auditoria decreuit et discipulos cum annonis pauperum filios, modo ingenuos, dari iussit.*

[41] SYMM. *rel.* 25, 1: (il s'agit de Cyriades chargé par Gratien de construire un nouveau pont sur le Tibre) *comes et mechanicae professor.*

[42] AMM. 19, 5, 2: *cum neque in machinis neque in operum constructione iuuarent.*

[43] Voir à ce sujet J.J. HALL, «Was rapid scientific and technical progress possible in Antiquity?», in *Apeiron* 17 (1983), 1-13.

il devait y avoir bien des différences de statut et tous n'avaient pas les capacités ou les motivations pour écrire. Nous sommes relativement démunis pour apprécier cet aspect des choses et ce ne sont pas les références que nous venons de donner, de Columelle à Ammien Marcellin, qui peuvent nous aider. Le seul exemple sur lequel nous puissions dire quelque chose de suffisamment appuyé reste encore Vitruve. Il revient à P. Gros le mérite d'avoir tenté une approche socio-culturelle précise au colloque de Rome en 1993[44], ce qui est original par rapport aux travaux des dernières années. P. Gros part d'une idée de N. Purcell[45] rangeant Vitruve dans la classe des *apparitores* et faisant de lui plus précisément un *decurialis scriba armamentarius*. Encadrant chronologiquement cet article, les travaux de Cl. Nicolet et de S. Demougin permettent, d'un autre côté, de cerner les structures sociales aux frontières de l'ordre équestre[46]. P. Gros approfondit donc l'idée et l'appuie sur le traité. Rappelons que le nom d'*apparitores* désigne de façon générique les assistants des magistrats romains: scribes (*scribae*), messagers (*uiatores*), licteurs (*lictores*), hérauts (*praecones*). Ces «hauts fonctionnaires» devaient leur rétribution à un magistrat particulier, mais ils appartenaient aussi à un corps constitué, une *decuria*, susceptible de servir n'importe quel magistrat d'un certain rang. Un passage du début du Livre 1 du *De architectura* (*pr.* 2) s'applique bien à ce statut: «[Vitruve s'adresse à Octave] ...je fus chargé avec M. Aurélius, P. Minidius et Gn. Cornélius de la fourniture et de l'entretien des balistes, scorpions et autres machines de jet et avec eux je reçus des gratifications (*commoda*); après me les avoir d'abord accordées, tu en continuas le renouvellement (*recognitionem*) sur la recommandation (*commendatio*)

[44] P. GROS, «*Munus non ingratum*. Le traité vitruvien et la notion de service», in *Le projet de Vitruve*, Actes du colloque international, Rome, 26-27.3.1993, Coll. de l'E.F.R. 192 (Paris/Rome 1994), 75-90.

[45] N. PURCELL, «The apparitores: a study in social mobility», in *Papers of the British School at Rome* 51 (1983), 125-173.

[46] Cl. NICOLET, *op. cit.* (ci-dessus n. 32), et S. DEMOUGIN, *L'ordre équestre sous les Julio-Claudiens*, Coll. de l'E.F.R. 108 (Paris/Rome 1988).

de ta sœur»[47]. Je donne ici ma propre traduction. L'interprétation de P. Gros est sensiblement différente, mais, si les divergences ont de l'importance pour interpréter les nuances du passage, elles n'influent pas sur l'hypothèse proposée. Chacun sent bien que les mots *commoda, recognitio, commendatio* renvoient à des réalités précises: on peut supposer Vitruve d'abord *apparitor* sous César, puis «renouvelé»[48] par Octave sur recommandation d'Octavie et c'est avec ce dernier statut qu'il publie son ouvrage. Cette hypothèse rend compte de certaines caractéristiques de l'œuvre, avec notamment en position centrale la notion de service, mais service à l'adresse d'un haut magistrat.

Nous ne connaissons pas de noms de grands théoriciens de la mécanique romaine qui seraient à placer à côté de Ctésibios, Archimède, Philon ou Héron, et quand Pappos d'Alexandrie, au début du IV$^{e}$ siècle, fait en quelque sorte le point sur la mécanique, ses champs d'application, ses classifications, il s'appuie sur «les mécaniciens de l'École d'Héron»[49]. Vitruve luimême paraît ignoré en tant que mécanicien jusqu'à Léonard de Vinci, dont les carnets témoignent d'une lecture attentive du livre 10. Mais il serait difficile de supposer que durant toute la période romaine le savoir mécanique se soit transmis en langue grecque sur l'aire occidentale de l'Empire. L'existence d'une terminologie latine cohérente, de solutions techniques qui paraissent proprement romaines tend à prouver qu'il y eut d'autres «fonctionnaires» comme Vitruve, d'autres auteurs de *commentarii* à la fois théoriques et techniques sur lesquels pouvait s'appuyer le *professor mechanicae* signalé par Symmaque. Le *De architectura* représente peut-être un cas intermédiaire

[47] 1, *pr.* 2: *Itaque cum M. Aurelio et P. Minidio et C. Cornelio ad apparationem ballistarum et scorpionum reliquorumque tormentorum *et* eorum refectionem fui praesto et cum eis commoda accepi, quae, cum primo mihi tribuisti recognitionem, per sororis commendationem seruasti.*

[48] Sur le sens technique de *recognitio*, voir par exemple S. DEMOUGIN, *op.cit.* (ci-dessus n. 46), 150-155.

[49] PAPP. 8, *pr.*: οἱ περὶ τὸν Ἥρωνα μηχανικοί.

entre des écrits techniques plus directement utilitaires (tels que certains passages de l'œuvre d'Héron, ou ce que purent être des ouvrages comme ceux de Ctésibios ou Diadès) et des traités plus généraux sur la mécanique et ses principes tels que pourraient en avoir écrit des personnages comme Varron ou Celse.

*
* *

Mais qui lisait ces textes, quelle utilisation en était faite? Et, au-delà de cette question, quelle était la place de la mécanique dans la société et l'économie romaine? Les historiens, et plus particulièrement les spécialistes des questions socio-économiques, auront plus de compétences que moi pour répondre à ces interrogations. Mais une lecture précise des sources mentionnées dans notre première partie permet déjà de faire quelques remarques et d'esquisser une problématique.

Les destinataires du traité de Vitruve, et plus particulièrement ceux du livre 10, sont identifiables à la fois par ce que dit l'auteur lui-même et par la nature de son texte. Cette question était au cœur des perspectives du colloque de Rome de 1993 telles que les avait définies P. Gros[50]. Au début du *De architectura*, Vitruve s'adresse explicitement à l'*Imperator Caesar*, le dédicataire du livre[51], à tous ceux qui construisent (*aedificantibus*)[52] et à tous les savants (*sapientibus*)[53]. Dans la préface du livre 10, il ajoute une autre catégorie de destinataires qui n'était pas a priori incluse dans les *aedificantes*, les préteurs et les édiles chargés de l'organisation des jeux[54]: ceux-ci doivent savoir comment procéder pour l'installation des tribunes provisoires. L'orientation explicite nous dirige donc vers des commanditaires,

50 *Le projet de Vitruve*, Actes du colloque international, Rome, 26-27.3.1993, Coll. de l'E.F.R. 192 (Paris/Rome 1994).
51 1, *pr.* 1.
52 1, 1, 18.
53 1, 1, 18.
54 10, *pr.* 4.

non vers des exécutants. Lorsque Vitruve dit *aedificans*, il ne pense naturellement pas à l'artisan, ni même à l'architecte ou au maître d'œuvre qui dirige les travaux, mais à celui qui décide et commandite les travaux, c'est-à-dire le chef d'État et les responsables politiques pour les édifices publics ou l'organisation des jeux, le chef de famille pour les édifices privés, le général pour les opérations militaires. L'*utilitas* est bien affirmée (et même répétée) mais pas au premier degré. Les descriptions techniques ne sont pas à l'usage de l'artisan devant monter les machines, mais elles permettent aux concepteurs, aux responsables de projet, de comprendre comment il faut procéder, et elles donnent aussi des bases pour des améliorations éventuelles. Méfions-nous d'un regard «moderne» et rapide sur les descriptions vitruviennes des machines, regard qui a souvent conduit à un rejet pour cause d'obscurité et d'incompréhensibilité. Qui veut recouper l'ensemble des témoignages littéraires (Philon, Vitruve, Héron, Athénée, Apollodore...), les témoignages iconographiques et archéologiques, peut reconstituer les machines du *De architectura*. Pour les contemporains qui connaissaient déjà une partie du sujet, une simple lecture était suffisante.

Un savoir-faire élémentaire se transmettait de façon directe: en agriculture il n'était pas besoin de textes pour fabriquer araires ou herses, de même dans la construction pour les échafaudages ou la poulie accrochée en hauteur, dans l'armée pour les claies de protection, les échelles d'escalade ou même les tours mobiles. Au début du livre 10, Vitruve écrit: «Il y a un nombre infini de systèmes mécaniques dont il ne semble pas nécessaire de parler, car ils sont d'un usage quotidien: les meules, par exemple, les soufflets de forge, les chars à banc, les cabriolets, les tours et les autres dispositifs qui ont, pour chacun, une utilité pratique dans la vie courante. Nous allons donc décrire, afin qu'ils soient connus, ceux qui sont peu familiers»[55]. Au-delà des raisons personnelles des auteurs (souci de

[55] VITR. 10, 1, 6: *non minus, quae sunt innumerabili modo rationes machinationum, de quibus non necesse uidetur disputare, quoniam sunt ad manum cotidianae,*

notoriété, placement social, obligation de service), l'objectif des *commentarii* me paraît donc avoir été triple:

1. Instruire d'un point de vue théorique (c'est en partie le sens du *ut nota sint* dans l'extrait que nous venons de citer): faire comprendre les principes scientifiques des forces mécaniques mises en jeu dans les machines simples (levier, balance...).

2. Étonner en décrivant des mécanismes extraordinaires. Ainsi en est-il de la description d'une volière, avec un mécanisme complexe de table centrale tournante pour distraire les invités tout en leur offrant à manger, au troisième livre des *Res rusticae* (5, 15 sq.) de Varron. Les automates décrits dans les *Pneumatiques* de Philon ou de Héron ont pour but l'amusement et l'étonnement, même si le prétexte est la démonstration de principes physiques. Lorsqu'Ammien Marcellin termine la description de la baliste, il insiste particulièrement pour son lecteur sur le côté impressionnant de l'engin: «Il arrive que son échauffement extrême lui fasse lancer des étincelles et que, bien souvent, avant d'avoir aperçu le projectile, on en sente douloureusement la mortelle atteinte»[56], et il en est de même pour les autres machines décrites dans ce chapitre: l'onagre, le bélier, l'hélépole, les massettes incendiaires. Même les descriptions techniques de César à propos du pont sur le Rhin ou du siège de Marseille ne sont pas exemptes de «sensationnalisme». Cet aspect ne se rencontre pas dans les chapitres de Vitruve sur l'artillerie, mais son chapitre sur l'hodomètre suit cette tradition, car l'appareil de mesure de la distance n'est pas envisagé ici sous son aspect pratique.

3. Être utile pour les contemporains et la postérité en exposant des perfectionnements et des innovations. Il est en effet possible de lire le livre 10 du *De architectura* avec cet éclairage et de voir que Vitruve non seulement s'est attaché dans l'ensemble

*ut sunt molae, folles fabrorum, raedae, cisia, torni ceteraque quae communes ad usum consuetudinibus habent opportunitates. Itaque incipiemus de is quae raro ueniunt ad manus, ut nota sint, explicare.*

[56] AMM. 23, 4, 3: *interdum nimio ardore scintillans, et euenit saepius ut, antequam telum cernatur, dolor letale uulnus agnoscat.*

à décrire des machines réellement en usage à son époque, mais qu'il a choisi des machines intéressantes dans la perspective d'une utilisation pratique par ses lecteurs, même si quelques chapitres (notamment ceux sur les machines de siège à la fin) participent au rôle d'information générale sans réel ancrage dans la pratique contemporaine[57].

La description des machines de soulèvement au chapitre 2 paraît orientée dans une perspective essentiellement professionnelle: Vitruve décrit d'abord l'engin le plus simple, puis, en combinant divers systèmes, l'engin le plus puissant et enfin celui qui est le plus rapide. Cette triple perspective: simplicité, puissance et rapidité, répond aux exigences d'architectes publics appelés, comme le souligne Vitruve lui-même dans sa préface (§2-3), à réaliser un travail dans un temps et avec un budget limités.

Dans les machines pour élever l'eau, il passe rapidement sur la roue à augets et la chaîne à godets, qui sont des systèmes simples, et il s'étend plus longuement sur le tympan, la vis d'Archimède ou la pompe à pistons, beaucoup plus compliqués à construire mais qui offrent des avantages de capacité pour le premier, de faible encombrement pour le second, de transport pour le troisième. Tous ces systèmes étaient utilisés pour l'irrigation, pour l'assèchement des mines, des fondations, des cales des bateaux, pour l'alimentation des bains, et les vestiges retrouvés correspondent aux descriptions vitruviennes.

Vitruve est le seul auteur connu à décrire le moulin à eau qui paraît être une nouveauté à son époque. Les premiers témoignages littéraires sur son existence viennent, outre Vitruve, de Strabon et d'un poème de l'*Anthologie Palatine* (9, 418) qui indique que dans la deuxième moitié du I^er^ siècle *a.C.* l'introduction de son usage était récent. Le nouvel appareil offrait un gain de productivité par rapport aux deux autres systèmes en usage: le moulin pompéien et la meule à main, tout en

[57] C'est ce que nous essayons de montrer dans Ph. FLEURY, *La mécanique de Vitruve* (Caen 1993).

représentant aussi, il est vrai, un investissement plus important[58]. Bien que les performances des machines anciennes ne soient pas faciles à restituer, disons, pour donner un ordre de grandeur, qu'un moulin à eau comme celui de Venafro en Italie (il reste suffisamment de traces pour pouvoir reconstituer l'appareil partiellement) pouvait moudre environ 150 kg de grain par heure[59], un moulin pompéien 21-25 kg, une meule à main manoeuvrée par deux hommes 7 kg. L'édit de Dioclétien donne comme prix pour un moulin à eau 2000 deniers, pour un moulin pompéien 1500 deniers et pour un moulin à bras 250 deniers[60].

Même le chapitre sur l'orgue a peut-être une perspective utilitaire (et innovatrice) dans le contexte de l'époque de Vitruve. Bien que cet instrument paraisse avoir été inventé à Alexandrie au début du III^e^ siècle *a.C.*, il ne se généralise pas dans le monde romain avant le premier siècle *a.C.* La première mention sûre est chez Cicéron qui le range parmi d'autres grands plaisirs physiques (consommation d'esturgeon, contemplation de fleurs, senteur de parfums)[61]. L'orgue était utilisé au théâtre[62], dans l'amphithéâtre[63], mais aussi chez les riches particuliers et l'empereur, au titre de l'apparat: nous apprenons par l'*Histoire Auguste* (si toutefois nous pouvons nous fier à elle sur ce point) que l'empereur Gallien faisait accompagner son retour de musique d'orgue[64].

[58] Sur ces questions, notamment sur l'aspect économique de l'introduction du moulin à eau, voir M.C. AMOURETTI, *Le pain et l'huile dans la Grèce antique. De l'araire au moulin* (Paris 1986).

[59] Nous reprenons ici les calculs de R.J. FORBES, *Studies in ancient technology* (Leiden 1956-1971), II 93.

[60] Cf. M.C. AMOURETTI, «Du nouveau sur les moulins à eau antiques?», dans *L'évolution des techniques est-elle autonome?* Colloque d'Aix-en-Provence, 1989, Cahier d'Histoire des Techniques 1 (1991), 143-147.

[61] CIC. *Tusc.* 3, 18, 43.

[62] AETNA 295-298.

[63] Voir l'iconographie et aussi PETRON. 36, 6: «Aussitôt s'avança l'écuyer tranchant et, tout en découpant son plat, il mesurait ses gestes sur l'orchestre de manière à simuler un conducteur de char combattant au son de l'orgue».

[64] HIST.AUG. *Gall.* 17, 3.

Les chapitres sur les machines de jet enfin sont la partie la plus didactique du livre 10. Si les sources grecques sont évidemment le point de départ des connaissances romaines dans ce domaine, il apparaît que l'État romain a su former des *architecti*, tels Vitruve ou plus tard Vedennius, capables de construire, d'entretenir et de perfectionner eux-mêmes les machines de jet sans recourir systématiquement aux textes grecs. Vitruve fait allusion pour les machines de guerre à des maîtres probablement romains: «J'ai présenté ce que Diadès a écrit sur les machines et sur leur montage. Je présenterai maintenant ce que j'en ai appris de mes maîtres et qui m'apparaît utile»[65]. Il a donc pu exister une école de génie militaire romaine avec ses propres solutions techniques comme le montant central unique dans le cadre de la catapulte par exemple[66]. En tout cas l'artillerie fut abondamment utilisée par les Romains: en campagne pour briser l'élan de l'ennemi[67], protéger les flancs[68], couvrir l'infanterie au moment de l'assaut[69], défendre les camps[70]; dans la guerre navale pour dégarnir le pont d'un navire ennemi de ses défenseurs[71], couvrir un débarquement[72]. Pendant les sièges, les engins lanceurs de flèches étaient des armes antipersonnel aussi bien du côté des assaillants que de celui des assiégés: Titus, pendant le siège de Jérusalem, utilisa les catapultes pour maintenir les têtes des défenseurs baissées et permettre ainsi l'approche des engins de siège[73], tandis que les lanceurs de pierre servaient plutôt à détruire les ouvrages de fortification ou les machines de siège; à Jopata, les lanceurs de pierre de Vespasien réussirent à

[65] VITR. 10, 13, 8.

[66] Pour les caractères spécifiques des machines romaines, voir E.W. MARSDEN, *Greek and Roman Artillery. Historical Development* (Oxford 1969), Appendix 1 et 2, 199-206.

[67] ARR. *Alan.* 26.

[68] CAES. *Gall.* 2, 8; FRONTIN. *strat.* 2, 3, 17.

[69] TAC. *ann.* 2, 20.

[70] CAES. *Gall.* 2, 8; 7, 81; *ciu.* 3, 51, 8; 56, 1...

[71] CAES. *ciu.* 1, 26, 1; 2, 4.

[72] CAES. *Gall.* 4, 25.

[73] JOS. *BJ* 5, 263, 267-274, 276.

démolir des créneaux, à endommager des coins de tours et à ébranler des murs[74].

Les lecteurs du traité de Vitruve avaient donc les moyens de comprendre ce qui se faisait en mécanique à leur époque, les moyens de voir ce qu'ils pouvaient eux-mêmes utiliser dans le cadre de leurs responsabilités; ils avaient là également une base pour chercher des systèmes encore plus perfectionnés. Ce livre n'a probablement pas fait avancer la technique romaine à lui tout seul à partir du Ier siècle, mais c'est certainement à partir d'un ensemble d'ouvrages de ce type que se sont transmises les connaissances techniques. Pour autant qu'on puisse en juger, il est novateur sur quelques points particuliers: les roues automotrices, le moulin à eau, certains détails de construction des machines de jet, et il est remarquable qu'au regard de la tradition grecque Vitruve a presque complètement éliminé la «mécanique merveilleuse». De plus, l'archéologie confirme la plupart des descriptions vitruviennes, tout en apportant parfois quelques variantes.

A ce point de la discussion, il est difficile d'éluder l'épineux problème de l'avancement du progrès mécanique. C'est une question complexe qui demanderait en fait un exposé particulier, car elle doit être envisagée au moins selon trois approches: les rapports mécanique-économie, les rapports mécanique-société, les rapports mécanique-philosophie. Il y a un débat moderne sur le prétendu blocage des techniques dans l'Antiquité. Dans son livre sur *Les mécaniciens grecs*, B. Gille analyse lucidement les opinions en présence[75] et ses conclusions sont valables pour le domaine grec comme pour le domaine romain: il n'y a pas eu blocage; le progrès technique s'est arrêté dans l'Antiquité à un certain niveau comme cela s'est produit à différentes époques et dans différentes parties du monde. Toutes les techniques sont solidaires les unes des autres (la mécanique n'échappe pas à la règle) et l'ensemble de la technique est lui-

74 Jos. *BJ* 3, 242-248; 256.

75 B. Gille, *Les mécaniciens grecs* (Paris 1980).

même solidaire du progrès scientifique. Tant qu'un certain nombre de conditions ne sont pas réunies, aussi bien du point de vue matériel (capacités métallurgiques, sources d'énergie...) que du point de vue intellectuel (connaissance de principes, compréhension de lois naturelles, de réactions chimiques...), il ne peut y avoir avancée. Il n'est donc pas besoin de mettre en avant l'existence de l'esclavage ou un prétendu mépris du travail manuel: ce ne sont là que des paramètres sociaux, économiques et philosophiques, et ils interviennent parmi beaucoup d'autres. En ce qui concerne l'aspect économique et social, les travaux de Cl. Nicolet, particulièrement son recueil *Rendre à César*[76] et l'introduction historiographique qui le précède, éclaircissent largement le terrain. Sur l'aspect philosophique, plus particulièrement sur la conscience du «progrès» chez les Romains, les deux volumes d'A. Novara, *Les idées romaines sur le progrès*[77], font le point, au moins pour la période républicaine: sentiment d'avoir à assumer l'héritage de la Grèce, progrès considéré comme un devoir chez Cicéron, mais inquiétude aussi devant la *luxuria* et l'*ambitio*.

En ce qui concerne la mécanique elle-même, il s'agit d'un point de rencontre sensible dans le débat homme-nature. Nous rappelions en début d'exposé la définition de la mécanique par le Pseudo-Aristote: c'est la partie de la technique qui permet à l'homme de vaincre les difficultés naturelles. Grâce aux machines, l'homme lève des poids que sa force naturelle ne lui permettrait même pas de bouger, il force l'eau à monter alors que la nature la fait descendre, il envoie des projectiles plus loin que son bras ne lui permettrait de le faire, il produit des sons instrumentalement, etc. «Les premiers mortels et les fils des premiers mortels suivaient ingénument la nature», rappelle Sénèque dans sa *Lettre* 90 (§4). C'était l'âge d'or, la royauté

[76] Cl. NICOLET, *Rendre à César. Économie et société dans la Rome antique* (Paris 1988).

[77] A. NOVARA, *Les idées romaines sur le progrès, d'après les écrivains de la République* (Paris 1982).

était exercée par des sages. Mais la corruption fit que la monarchie se transforma en tyrannie et, première entrave à la nature, il fallut des lois. Jusque-là, Sénèque est d'accord avec Posidonius pour dire que ce fut une bonne chose, car ces lois furent conçues par des sages, des philosophes, mais il s'oppose à lui quand Posidonius considère que la philosophie a appris aux hommes à construire des maisons. Sénèque refuse à la philosophie la «gloire des inventions mécaniques» (*fabricae gloria*) et tout le débat est là: «De nos jours, à qui prêtes-tu, en fin de compte, le plus de sagesse?» demande Sénèque à Lucilius, «au mécanicien qui a inventé le moyen de faire jaillir l'eau safranée à une hauteur immense par des conduits secrets, qui remplit les euripes aussi brusquement qu'il les vide, qui assemble les soffites à panneaux mobiles des salles à manger de telle sorte qu'ils se transforment à volonté et que le plafond change avec chaque nouveau service? Ou au philosophe qui démontre aux autres et à lui-même que la nature s'est bien gardée de nous imposer rien de dur et de difficile, qu'on peut se loger sans marbrier et sans menuisier, qu'on peut être vêtu même si l'importation des soieries n'existe pas; qu'on peut avoir tout ce qui est nécessaire aux besoins de l'existence, en se contentant de ce que la terre offre à sa surface»(§15). Dans les écrits techniques eux-mêmes, le choix paraît clair: le progrès technique est une bonne chose et il faut continuer dans la voie du perfectionnement, pour le bonheur et (particulièrement dans le domaine militaire) pour la sécurité de l'homme: c'est sur ce thème que Héron d'Alexandrie, à peu près contemporain de Sénèque, commence ses *Belopoiica*, le traité sur les machines de jet[78], et il explique ensuite comment il lui paraît nécessaire de compléter les écrits de ses prédécesseurs sur le sujet. L'un d'eux est justement Philon de Byzance et lui aussi, au début de ses *Belopoiica*, insiste sur l'idée de progrès technique et sur les moyens d'y parvenir[79]. Il explique comment, «à l'époque ancienne», quelques-uns avaient découvert

[78] *Bel.* 72.
[79] *Bel.* 50-51.

que la base fondamentale et l'unité de mesure pour la construction des machines de jet était le diamètre du trou qui reçoit les ressorts. Mais la méthode de calcul précise ne put être trouvée que par une expérimentation méthodique menée par les ingénieurs alexandrins avec l'aide financière de l'État. Il s'agit donc de partir d'une base livresque qui donne l'idée, les principes élémentaires et, de là, on vise sans cesse l'amélioration en procédant à des essais. Vitruve est lui aussi dans la ligne de pensée de Posidonius: l'homme a d'abord vécu selon la nature, puis en observant cette même nature «il en a tiré des applications utiles à l'existence». Les machines, les instruments concourent au bonheur de l'homme et à sa sécurité[80].

*
* *

Quelle que fût l'ampleur du débat ancien sur la place devant être accordée à la mécanique, il y eut, à l'époque romaine, évolution technique dans le sens d'un progrès. C'est évident dans le domaine militaire, au moins jusqu'au Ier siècle *p.C.*, avec par exemple l'apparition de la baliste métallique (en revanche, l'onagre, le lanceur de pierres à un seul bras, qui apparaît dans les textes à partir du IVe siècle, est plutôt, à mon avis, une régression par rapport aux lanceurs à deux bras, régression peut-être due à la difficulté de trouver à cette époque des ingénieurs capables de régler les lanceurs à deux bras pour les lourdes charges). Dans le domaine agricole, on voit apparaître l'araire à avant-train (première avancée vers la charrue) et, au moins dans les régions du nord, un chariot à moissonner, le *uallus*; même si cet appareil ne correspond qu'à un type précis de céréale (l'épeautre), il représente un perfectionnement par rapport à la simple faucille[81]. La difficulté est de mesurer le rôle

[80] VITR. 10, 1, 4-5. Sur «l'éloge de la machine» par Vitruve, voir E. ROMANO, *La campanna e il tempio: Vitruvio o dell'architettura* (Palermo 1987), 200 sq.

[81] Sur cette question en particulier, voir F. SIGAUT, «L'évolution technique des agricultures européennes avant l'époque industrielle», in *Revue archéologique*

joué par la littérature technique dans ces avancées, mais nous aurons peine à croire que les *commentarii* mécaniques n'ont eu qu'un rôle d'enregistrement du progrès, un rôle purement descriptif. C'est probablement à partir des écrits des mécaniciens que les idées ont été prises et que l'évolution s'est faite. Si une tendance est observable, elle est orientée vers une plus grande utilité, une plus grande accessibilité des traités de mécanique: Héron d'Alexandrie dit que beaucoup d'auteurs ont écrit avant lui sur l'artillerie, mais en traitant des mesures et de la disposition à l'usage des experts, aucun, dit-il, n'a décrit convenablement la construction de ces engins et leur utilisation en détaillant les différentes parties, leur nomenclature, l'arrangement des pièces entre elles et leurs mesures propres[82]. De même Vitruve considère que le calcul du module d'une baliste n'est pas accessible à tous, mais seulement à «ceux qui ont une bonne connaissance du traitement géométrique des nombres et de leurs rapports». Aussi, pour que la chose soit accessible à un plus grand nombre et que, dans un péril de guerre, les techniciens ne soient pas arrêtés par les calculs, il donne des tables de calibrage indiquant en fonction du poids que l'on souhaite lancer le module correspondant. Nous avons probablement là ce qui fut une des caractéristiques de cette littérature mécanique romaine, aujourd'hui largement perdue: être directement utile[83].

*du centre de la France* 27, 1 (1988), 7-41; sur la question plus générale de l'économie rurale en Méditerranée occidentale, voir Ph. LEVEAU, P. SILLIERES et J.P. VALLAT, *Campagnes de la Méditerranée romaine* (Paris 1993), 73-117.

[82] HERO *bel.* 73-74.

[83] Pour la bibliographie antérieure à 1948, voir J. BEAUJEU, «La littérature technique des Grecs et des Latins», dans *Actes du Congrès de Grenoble de l'Association G. Budé* (1948) (Paris 1949), 21-79; pour la période 1969-1989: Ph. FLEURY, «Les textes techniques de l'Antiquité. Sources, études et perspectives», in *Euphrosyne* 18 (1990), 359-394. Plus récemment, le livre d'A. GARA, *Tecnica e tecnologia nelle società antiche* (Roma 1994), peut être une approche commode, mais la bibliographie n'est pas fiable (les chapitres 5 et 6 de la première partie: *I manuali tecnici* et *La trasmissione della cultura,* concernent particulièrement le sujet traité ici). Sur les problèmes de transmission de la littérature écrite, voir *Lo spazio letterario di Roma antica* (dir. par G. CAVALLO, P. FEDELI et A. GIARDINA), II: *La circolazione del testo* (Roma/Salerno 1989).

# DISCUSSION

*P. Gros*: Ph. Fleury a opportunément rappelé ce passage du livre 10 où Vitruve affirme écrire pour les préteurs et les édiles chargés de faire construire les tréteaux et les échafaudages temporaires des édifices de spectacle pour les *ludi*. Ce texte est important à deux points de vue: d'abord parce qu'il conforte l'hypothèse d'un Vitruve auxiliaire des magistrats, responsable des équipes techniques en tant qu'*apparitor*. Ensuite parce qu'il constitue un indice chronologique non négligeable sur la période de formation et de compilation de Vitruve lui-même: Vitruve apparaît ici (et dans beaucoup d'autres endroits) comme un architecte du milieu du 1er s. av. J. C., c'est-à-dire de la République, et non pas de l'époque augustéenne. Sa vision des choses est, en ce domaine au moins, antérieure à la mise en place des théâtres romains, même si les édifices temporaires, dont il nous dit ailleurs qu'ils étaient encore de son temps construits chaque année, ont survécu à l'apparition des édifices «en dur» (l'exemple toujours cité en pareil cas est celui des Jeux séculaires de 17 av. J.-C.).

*M. Lenoir*: Même si l'on donne une définition large au terme «mécanique», il me paraît difficile d'inclure Végèce parmi les mécaniciens: le développement consacré aux machines, essentiellement aux machines de siège, offensives et défensives, est à l'usage des utilisateurs de ces machines, non à celui de leurs constructeurs.

Les nouvelles lectures, plus détaillées et plus précises, du texte de Vitruve à propos des machines comme la catapulte et les découvertes archéologiques dans l'ensemble du monde romain plaident effectivement en faveur d'une «école de génie militaire», supposée par Ph. Fleury; il ne faut cependant pas étendre le champ d'activité de cette école à l'ensemble des activités techniques de l'armée romaine. La castramétation, en particulier, est hors du champ d'une transmission savante.

Se pose enfin la question de l'utilité de cette littérature technique: quel public vise-t-elle réellement? Même si, à l'évidence, la description du pressoir à levier et vis d'Héron d'Alexandrie n'est pas destinée aux paysans eux-mêmes, on est frappé par la faible diffusion de cette technique dans l'ensemble du monde romain: la description d'Héron n'est-elle pas une simple illustration des développements précédents, ne visant pas à une réelle utilité pratique?

*Ph. Fleury*: Je n'inclus pas Végèce parmi les mécaniciens. Je précise au contraire dans mon exposé que le seul traité de mécanique latin connu est celui de Vitruve, mais je range Végèce parmi les textes utilisables pour la connaissance de la mécanique romaine, en particulier pour la nomenclature des machines de guerre. Son témoignage est intéressant dans la mesure où il est lui aussi auteur technique: on peut donc supposer qu'il emploie un vocabulaire précis. Mais M. Lenoir a tout à fait raison de souligner qu'il ne s'adresse pas à des constructeurs de machines. J'ai eu tort d'employer l'expression «école de génie militaire» au singulier: il apparaît seulement qu'il dut y avoir (de façon peut-être discontinue dans le temps et à des endroits différents) des «pôles de formation», où officiaient des *praeceptores* comme ceux que mentionne Vitruve. Il est clair, comme le montre l'étude de M. Lenoir sur les camps romains, qu'il n'y eut pas uniformisation dans tous les domaines de la technique militaire. Quant à l'utilité de la littérature technique, elle ne fait pas de doute dans l'esprit d'un auteur tel que Vitruve, qui la revendique explicitement, à plusieurs reprises, tout au long de son traité. Seulement ce n'est pas une utilité «au premier degré»: Vitruve ne s'adresse pas à des constructeurs de machines, il s'adresse à des responsables (politiques ou privés) qui peuvent être confrontés à des problèmes de type mécanique (édiles devant faire construire des tribunes provisoires, architectes devant utiliser des machines de soulèvement, généraux confrontés à un siège). La confrontation avec Héron d'Alexandrie nous livre encore un autre type d'enseignement: prenons la description d'une machine similaire chez l'un et chez l'autre, la pompe à piston par exemple (Vitruve, 10, 7, 1-3 – Héron, *pneum.* 1, 28). La description d'Héron est plus précise et plus complète; en outre elle renvoie à un dessin avec des lettres, si bien que la machine est facile à construire à partir du texte, même si ce n'est peut-être pas là l'objectif principal. La description de Vitruve (sans dessin) est condensée et beaucoup plus orientée sur la compréhension du principe de fonctionnement que sur une présentation complète de l'appareil. Resterait à déterminer l'influence de ce type de littérature (Vitruve et Héron confondus) sur la diffusion des techniques. Il est clair qu'un certain nombre de techniques simples se sont répandues (et perfectionnées) sans l'aide d'aucun texte, simplement par transmission directe du savoir-faire. Pour des choses plus complexes, comme le pressoir à vis évoqué par M. Lenoir, il ne faut sûrement pas sous-estimer le rôle de la lecture (au moins comme source d'idées). Non pas, encore une fois, au niveau de l'exécutant direct, mais au niveau de celui qui fait exécuter.

*P. Gros*: Si l'on compare la démarche de Héron et celle de Vitruve, on mesure la différence de finalité entre les deux traités: Héron commence par de longs détours théoriques (arithmétiques, géométriques, «stéréotomiques»), avant d'en venir à la description des instruments et des machines. Vitruve commence, lui, par ces descriptions, visant l'efficacité beaucoup plus que la spéculation théorique. Pour lui les machines ne sont pas des applications plus ou moins étranges ou amusantes des lois de la mécanique, mais des objets utiles.

Cela dit, il faut s'entendre sur la notion d'utilité. Il ne s'agit pas d'une utilité au premier degré visant à fournir un mode de fabrication ou d'emploi à des artisans ou à des praticiens, mais d'un cadre plus général destiné à informer les responsables des principes de montage et du fonctionnement des engins de siège, de balistique, etc…

*J. Delaine*: The sections in Vitruvius on building materials and construction techniques (*De architectura* Book 2) clearly fulfill the same idea of usefulness. They do not seem intended to provide sufficient information for an architect or client to choose his own materials at source, let alone produce them (there is, for example, no equivalent in the discussion of lime for Cato's description of how to build a lime-kiln [*agr.* 38]). There is however much about how to judge the quality of materials (eg. *De arch.* 2, 3, 2 on briek & 2, 4 on sand). Which is the type of technical information required by those letting and contracts, or supervising private building, or assessing the quality of finished work in order to verify a building contract?

There is an interesting parallel for this type of literature, fulfilling exactly this kind of need, from the 18th century. At the time of the rapid expansion of London and Paris, town houses were built for the landed aristocracy and whole suburbs constructed for the middle classes. From this period we have the first of the manuals of building materials and techniques and their costs, designed to instruct the client and contractor, and, in particular, to help the client guard against any attempt by the contractor to chear, whether by providing second-rate materials, shoddy workmanship, or over-charging. I believe that the *De architectura* of Vitruvius could have played a similar role for those *patres familiarum* whom Vitruvius praises for building for themselves (*i.e.* not employing architects at all) *litteraturae fiducia confirmati* (*De arch.* 6, *praef.* 6).

*Ph. Fleury*: La comparaison faite par J. Delaine avec les manuels du XVIIIe siècle est tout à fait pertinente. Il s'agit bien là d'une des «utilités» du *De architectura*: aider le constructeur (*i.e.* le commanditaire, le maître d'ouvrage) dans sa communication avec l'exécutant (*i.e.* le maître d'œuvre).

*Cl. Nicolet*: Quel est, selon vous, le sens exact de *professores mechanicae* dans le texte de Symmaque que vous avez cité? S'agit-il de «mécaniciens déclarés», recrutés officiellement, ou bien de «professeurs» au sens moderne du mot? Dans l'inscription *ILS* 7754 (à laquelle vous faisiez allusion ce matin), il y a clairement, à côté des *calculatores* professionnels (mais qui peuvent écrire des *commentarii*, cf. *ILS* 7755), des *doctores artis calculatoriae.*

*A. Chastagnol*: Le mot *professor* est employé au IV^e^ siècle ap. J.-C. pour désigner un professeur titulaire d'une chaire des grandes universités de l'époque (Rome, Athènes, Alexandrie) et des écoles officielles municipales (Milan, Gaules,...). Ainsi la loi de Gratien sur les maîtres gaulois, du 23 mai 376, parle de l'élection des professeurs de ces chaires dans les cités: *nobilium professorum electio celebretur singulis urbibus* (COD. Theod. 13, 3, 11). Une ville comme Rome pouvait disposer éventuellement d'une chaire d'ingéniérie (*mechanicus*); à la rigueur peut-on interpréter de cette façon le témoignage cité de Symmaque à propos de la construction du pont de Théodose et de son architecte ingénieur *comes et mechanicus*: *rel.* 25-26; cf. A. Chastagnol, *La préfecture urbaine à Rome sous le Bas-Empire* (Paris 1960), 350-353; D. Vera, dans *Studi e documenti historiae et iuris* 44 (1978), 45-94; et *Commento storico alle Relationes di Quinto Aurelio Simmaco* (Pisa 1981), 183-198, spéc. 184 et 186-187.

*Ph. Fleury*: Le passage de Symmaque ne fait pas allusion à une activité d'enseignement. Il s'agit d'une querelle compliquée entre deux architectes de rang sénatorial, chargés successivement de la construction du «pont de Théodose» sur le Tibre. L'un d'eux, Auxentius, est toujours cité par Symmaque sans titre particulier. L'autre, Cyriades, est cité, la première fois avec le titre «*Comes et mechanicae professor*» (R.H. Barrow traduit «consultant engineer», *rel.* 25, 1), puis trois fois avec le titre «*Comes et mechanicus*» (*rel.* 25, 3; 26, 1; 26, 5). C'est l'association de cette référence avec celle de l'*Histoire Auguste* qui me fait penser que *professor* peut renvoyer ici à une activité d'enseignement, car l'auteur de la *Vie d'Alexandre Sévère* dit clairement (44, 4): «il instaura un salaire pour les rhéteurs, les grammairiens, les médecins, les haruspices, les astrologues, les ingénieurs (*mechanici*) et les architectes (*architecti*), leur fit attribuer des salles de cours et les obligea à prendre pour élèves, en pourvoyant à leur subsistance, des fils de familles pauvres, pourvu qu'ils fussent de naissance libre» (trad. A. Chastagnol).

III

Maurice Lenoir

# LA LITTÉRATURE *DE RE MILITARI*

Si mon titre reprend fidèlement celui de l'ouvrage de Vincenzo Giuffrè paru à Naples il y a désormais un peu plus de vingt ans[1], mon propos n'est évidemment pas, dans le cadre de notre entretien, de refaire — ce qui serait présomptueux — l'œuvre magistrale du savant italien; je voudrais tenter d'explorer quelques pistes de recherches alors négligées par lui sur les aspects techniques de l'art militaire à Rome.

En effet, au-delà de l'aspect proprement politique — le poids de l'armée dans la définition, l'exercice et les vicissitudes du pouvoir, de la république à l'empire —, V. Giuffrè distinguait «due punti di vista, dai quali osservare i problemi dell'esercito»[2]: celui de l'«art militaire» et celui de la «discipline». Le premier englobe non seulement la stratégie et la tactique dans la conduite d'une campagne, mais également, en amont, les éléments nécessaires à la formation d'une armée efficace, condition de la victoire: recrutement des soldats, entraînement physique et hygiène, entraînement au maniement des armes, aux manœuvres collectives, parmi lesquelles il convient de faire une place à part à la construction des camps retranchés — art que l'on considère généralement comme caractéristique de l'armée romaine[3] et que,

[1] V. Giuffre', *La letteratura «de re militari». Appunti per una storia degli ordinamenti militari* (Napoli 1974).

[2] V. Giuffre', *Letteratura* (*op. cit.* n. 1), 11-13.

[3] Construire des camps est une pratique qui semble courante dès la seconde moitié du second millénaire av. J.-C. au Moyen Orient et en Égypte. Son origine à Rome est des plus discutées.

depuis la Renaissance, nous nommons la «castramétation»[4]. Le second n'est pas sans lien avec le précédent; un soldat, en règle générale, ne sera efficace que s'il obéit aux ordres: il doit y avoir été habitué par l'entraînement quotidien, et la discipline est à la fois composante et résultante de cet entraînement. Mais, dans un sens plus large, elle doit envisager les règles de comportement des militaires, en particulier celles qui régissent les relations — droits et devoirs réciproques — des officiers et des soldats, définir les infractions et les peines correspondantes, mais aussi fixer les récompenses qui mettent en valeur la bonne conduite et le courage.

C'est essentiellement, quoique non exclusivement, sur cet aspect juridique que V. Giuffrè a fait porter son étude; elle cerne l'émergence puis l'affirmation d'un *ius militare* spécifique, à travers l'œuvre de L. Cincius, à la fin de la République et sous Auguste, celle de Tarruntenus Paternus[5] sous Marc Aurèle et, surtout, celles d'Arrius Menander et Aemilius Macer sous les Sévères. Même si les œuvres de ces juristes ont été perdues et nous sont donc inconnues dans leur totalité, certains glossateurs ou abréviateurs, les recueils juridiques plus tardifs, *Code théodosien* ou *Code justinien*, nous en ont cependant conservé certains passages, qui permettent d'entrevoir sinon l'organisation, du moins le contenu et l'esprit de ces ouvrages.

Il n'en va pas de même pour les textes les plus techniques, relevant du premier filon identifié par V. Giuffrè, sur lesquels j'insisterai aujourd'hui, dans l'esprit de l'entretien auquel nous a conviés Cl. Nicolet. La situation peut, en la matière, apparaître comme paradoxale. Nous possédons en effet deux textes se rapportant au sujet; l'un est conservé en entier: l'*Epitoma rei*

[4] Le bas latin chrétien, en particulier la Vulgate, connaît le verbe *castrametor, ari* (*TLL, s. v.*); d'après *Le grand Robert de la langue française* (Paris $^{2}$1985, *s. v.*), le mot «castramétation» apparaît pour la première fois en français en 1555, du latin médiéval *castrametatio*.

[5] Le nom de cet auteur nous a été transmis sous diverses formes. J'adopte celle de la *Realencyclopädie* (*RE* IV A 2, 1931, col. 2405-2407).

*militaris* de Végèce[6]; le second est presque complet, le *De munitionibus castrorum*[7], attribué à Hygin. Pourtant, l'un comme l'autre sont sinon méconnus, du moins font l'objet de la part des Modernes d'une suspicion fondamentale, et pour des raisons, me semble-t-il, diamétralement opposées: le premier ne serait qu'un pâle compilateur sans intelligence, embrassant une matière trop vaste et qu'il maîtrise mal; le second traite presque exclusivement de la castramétation, sujet qui apparaît comme limité et sans doute «trop» technique.

Il va sans dire que cette suspicion est à mes yeux largement imméritée; l'examen des deux textes, et surtout celui de Végèce, nous permettra de mieux apprécier les caractères de la littérature latine *de re militari*.

Il faut tout d'abord en souligner la rareté. Du IIe s. avant J.-C. à la fin du IVe s. après J.-C., nous ne connaissons que cinq auteurs, dont quatre sont cités et utilisés par Végèce. Ce dernier mentionne ses sources en deux passages qu'il convient de citer ici *in extenso*; tout d'abord en 1, 8:

> *Haec necessitas conpulit euolutis auctoribus ea me in hoc opusculo fidelissime dicere, quae Cato ille Censorius de disciplina militari scripsit, quae Cornelius Celsus, quae Frontinus perstringenda duxerunt, quae Paternus diligentissimus iuris militaris adsertor in libros redegit, quae Augusti et Traiani Hadrianique constitutionibus cauta sunt.*
>
> «Cette nécessité [d'étudier la science militaire du peuple romain] m'a poussé à lire les bons auteurs, puis à reproduire avec la plus grande fidélité dans ce petit ouvrage ce que l'illustre Caton le Censeur a écrit de la discipline militaire, ce que Cornelius Celsus et Frontin ont cru devoir en toucher, ce que Paternus, expert très attentif de droit militaire, a mis dans ses livres, les dispositions qui ont été prises dans les constitutions d'Auguste, de Trajan et d'Hadrien»[8].

[6] Voir la bibliographie générale.

[7] Nous ne possédons pas le début du texte, mais il est impossible d'évaluer l'étendue de la lacune. Voir la bibliographie générale.

[8] J'utilise ici et utiliserai dorénavant, parfois en la remaniant, une traduction provisoire de Végèce, naguère établie par le Groupe de recherches sur l'armée romaine et les provinces (ex-ER 207 du CNRS) (E. LENOIR, M. LENOIR, R. SABLAYROLLES), dactylographiée.

En 2, 3 seuls sont mentionnés Caton et Frontin:

> *Cato ille Maior [...] plus se reipublicae credidit profuturum, si disciplinam militarem conferret in litteras. Nam unius aetatis sunt quae fortiter fiunt; quae uero pro utilitate reipublicae scribuntur aeterna sunt. Idem fecerunt alii complures, sed praecipue Frontinus, diuo Traiano ab eiusmodi conprobatus industria.*
>
> «Le fameux Caton l'Ancien [...] pensa qu'il serait plus utile à l'état en rassemblant dans un ouvrage les règles de la discipline militaire. Car les exploits valeureux ne sont que d'une époque; en revanche, les ouvrages écrits pour le bien de l'état sont éternels. De nombreux autres personnages agirent de même, mais en particulier Frontin, qui reçut l'approbation du divin Trajan pour une activité de cette sorte».

Les *constitutiones* des trois empereurs cités dans le premier passage ne nous sont pas autrement connues; la profonde réorganisation de l'armée due au premier à l'issue des guerres civiles, l'intérêt manifesté pour des motifs et sous des formes divers par Trajan et Hadrien pour les choses de l'armée rendent vraisemblable l'existence de tels textes, même si nous ne pouvons préciser la forme exacte qu'ils ont revêtue et si leur contenu nous échappe largement. Végèce ne se réfère précisément qu'une seule fois (en 1, 23) à deux d'entre elles, celles d'Auguste et d'Hadrien, à propos de la fréquence des marches d'exercice à imposer aux soldats. Il s'agit manifestement de textes réglementaires, qui n'ont que peu à voir avec la littérature technique telle que nous l'envisageons aujourd'hui.

Les quatre autres personnages cités par Végèce nous sont connus par ailleurs comme auteurs de traités sur l'art militaire.

Pline l'Ancien mentionne Caton comme auteur d'un traité *de disciplina militari* (Plin. *nat. praef.* 30), dont il rappelle uniquement une phrase à propos des «chicaneurs», *uitiligatores*, toujours prêts à dénigrer un auteur lors de la sortie d'un ouvrage; Festus à plusieurs reprises (236, 29; 300, 2, 5; 400, 9; 466,30), Nonius (204, 32; 554, 25) et Priscianus (*gramm.* II 334, 16 Keil) connaissent également l'ouvrage, sous le titre *de re militari*.

Quintilien, qui n'a qu'une piètre estime de Cornelius Celsus, *mediocri uir ingenio*, nous apprend qu'il a consacré une partie de son encyclopédie à l'art militaire, *rei militaris et rusticae et medicinae praecepta [reliquit].*

Frontin présente lui-même ses *Strategemata* comme un complément à une œuvre antérieure (*strat.* 1, 1):

> *Cum ad instruendam rei militaris scientiam unus ex numero studiosorum eius accesserim eique destinato quantum cura nostra ualuit satisfecisse uisus sim, deberi adhuc institutae arbitror operae ut sollertia ducum facta, quae a Graecis una* στρατηγημάτων *appellatione comprehensa sunt, expeditis amplectar commentariis.*
>
> «Puisque, seul de tous ceux qui l'étudient, j'ai tenté de présenter de façon ordonnée la science militaire et que, semble-t-il, j'ai atteint mon but autant que le permettait le soin apporté à ma tâche, je crois devoir, pour compléter l'œuvre entreprise, former un recueil, en récits condensés, des ruses de guerre que les Grecs désignaient par le nom générique de στρατηγημάτων».

Divers extraits de Paternus, enfin, nous sont connus par le Digeste[9]; il est naturellement cité par Jean Lydus dans la liste des écrivains militaires latins[10]. Cette liste étant très probablement copiée de Végèce, le témoignage n'aurait que peu de valeur, si le même auteur ne mentionnait et citait Paternus dans un passage antérieur[11].

Si nous ne possédions pas le texte de Végèce, l'histoire de la littérature technique *de re militari* telle que nous pouvons la reconstituer à partir de ces témoignages d'époques et de nature fort différentes nous paraîtrait sans doute très lacunaire et nous soupçonnerions la tradition d'avoir provoqué des pertes importantes dans un corpus beaucoup plus vaste. La concordance des témoignages extérieurs et la liste des sources de Végèce montre au contraire que nous connaissons très probablement l'ensemble des auteurs qui ont traité de cette matière[12].

[9] Enumérés et cités pour la plupart par V. GIUFFRE', *Letteratura* (*op. cit.* n. 1), 61-65.

[10] LYD. *mag.* 1, 47.

[11] LYD. *mag.* 1, 9.

[12] S'inspirant de Végèce, Jean Lydus fournit la même liste en y ajoutant évidemment ce dernier, μεθ'οὓς καὶ Ῥενᾶτος, mais également un Catilina, «non pas le conspirateur, mais un autre», οὐχ ὁ συνωμότης ἀλλ' ἕτερος. L'existence

Deux des textes cités plus haut, celui de Végèce (en 2, 3) et celui de Frontin (*strat.* 1, 1: *unus ex numero studiosorum*) ne contredisent qu'en apparence cette affirmation. Dans le premier, la structure du paragraphe fait que l'expression *idem fecerunt alii complures* ne doit pas être comprise comme une allusion spécifique à des auteurs d'ouvrages militaires, mais plutôt, en général, aux auteurs qui ont mis par écrit leur expérience au service de l'état, *pro utilitate reipublicae*[13]. Peut-être même, si l'ouvrage a bien été écrit sous le règne de Théodose[14], ne faut-il y voir qu'une habileté rhétorique destinée à mettre en valeur l'importance de Frontin mais surtout celle de Trajan[15], auquel Théodose aimait à être comparé[16]. Frontin, quant à lui, se distingue des *studiosi* d'art militaire en ceci précisément qu'il est le seul, *unus*[17], à avoir tenté de mettre en ordre la matière, comprenons «à avoir tenté d'écrire un livre».

Les *studiosi* auxquels fait allusion Frontin sont certainement ceux qui, selon la formule de Végèce, vont «rechercher les usages des Anciens dans les historiens et les traités techniques»: *De historiis ergo uel libris nobis antiqua consuetudo repetenda est* (1, 8); la suite du texte montre que ces *libri*, «traités techniques», ont été écrits par des Grecs: *Lacedaemonii ... et Athenienses aliique Graecorum in libros rettulere.* Or ce texte fait très directement écho au discours que Salluste prête à Marius après son élection au consulat (*Iug.* 85, 12):

éventuelle de cet auteur, totalement inconnu par ailleurs, paraît sujette à caution (*mag.* 1, 47).

13 Comme le fait Végèce lui-même.

14 Pour la datation théodosienne, voir N.P. MILNER, *Vegetius: Epitome of Military Science* (traduction en anglais, annotée) (Liverpool 1993), XXVII-XXIX; cf. également A. CHASTAGNOL (éd.), *Histoire Auguste. Les empereurs romains des IIe et IIIe siècles* (Paris 1994), XCI-XCIII et l'intervention du même dans cet entretien.

15 On pense au passage du *Panégyrique de Trajan*: *laudandus quidem et ille [Frontinus] qui consulatum tertium meruit, sed magis sub quo meruit* (PLIN. *paneg.* 61, 5).

16 K.H. WATERS met en évidence comment se met en place l'équation «Trajan = prince idéal = Théodose»: «Trajan's Character in the Literary Tradition», dans *Polis and Imperium. Studies in Honour of Edward Toyo Salmon* (Toronto 1974), 233-252 (238-241).

17 Rien n'autorise à comprendre, comme le fait V. Giuffrè, qu'il se considère comme «le premier» (V. GIUFFRE', *Letteratura* [*op. cit.* n. 1], 47).

*Atque ego scio, Quirites, qui postquam consules facti sunt, et acta maiorum et Graecorum militaria praecepta legere coeperint, praeposteri homines.*

«J'en connais aussi, citoyens, qui, une fois élus consuls, se sont mis à lire et les actions de nos ancêtres et les préceptes des Grecs sur l'art militaire: gens qui font tout à rebours». (trad. A. Ernout)

Végèce connaît l'œuvre de Salluste, qu'il cite par deux fois[18] et l'on ne peut exclure un emprunt direct, que le texte de Frontin rend cependant improbable. Il nous faut bien admettre que les *exempla* tirés de l'histoire en général, mais surtout l'histoire des batailles et la littérature technique grecque ont constitué l'essentiel de la formation des généraux romains au cours des siècles. Et même s'il faut ajouter à Caton, Celse, Frontin et Paternus l'anonyme du *De munitionibus castrorum*, que Végèce connaît sans doute sans le citer expressément, comme je l'ai montré par ailleurs[19], force est de constater que les Romains ont peu écrit sur l'armée: cinq ouvrages en six siècles — et que ces ouvrages ne sont évidemment pas le fait de «spécialistes» au sens où nous l'entendons aujourd'hui[20]. Le peu que nous pouvons deviner de leurs œuvres révèle des finalités et partant des caractères différents, sinon disparates. Caton, Frontin et Paternus ont certes eu une activité militaire de haut rang, mais leur expérience tout comme leur œuvre est bien plus vaste; quant à Celse, sa personnalité comme sa carrière nous sont inconnues; il fait partie du courant encyclopédiste de la fin de la République et du début du Ier s. apr. J.-C. et ne semble pas avoir eu de compétences militaires particulières.

[18] A propos de l'âge du recrutement, en 1, 4, d'après SALL. *Catil.* 7, 4, et en 1, 9, après des qualités physiques de Pompée, d'après les *hist.* frg. 2, 19.

[19] A propos des proportions du camp; voir M. LENOIR, *Le camp romain. Etude d'architecture militaire. Proche-Orient et Afrique du Nord*, thèse de doctorat d'État soutenue en mai 1995, dactylographiée (en cours de publication), 15-17.

[20] Sur la conception antique et la perception moderne de l'«ouvrage technique», voir P. GROS, «*Munus non ingratum.* Le traité vitruvien et la notion de service», dans *Le projet de Vitruve. Objet, destinataires et réception du* De architectura, *Actes du colloque organisé par l'Ecole française de Rome, l'Institut de recherches sur l'architecture antique du CNRS et la Scuola normale superiore de Pise (Rome, 1993)*, Coll. EFR 192 (Rome 1994), 75-90, en particulier 75-76.

On se demande si l'ouvrage de Caton ne fait pas partie des manuels destinés à l'instruction de son fils; quoiqu'il en soit, il participe sans aucun doute de la «dominante familiale» de l'éducation du jeune Romain sous la République, bien mise en valeur par H.-I. Marrou[21], et ne représente qu'un élément de celle-ci.

Frontin est présenté par Végèce comme le principal auteur en la matière, en tout cas comme sa principale source, au même titre que Caton[22]; ses *Strategemata*, qui complétaient son œuvre militaire, nous sont heureusement parvenus. Mais nous le connaissons aussi comme curateur des eaux de Rome en 97 ap. J.-C. et lui devons à ce titre le *De aquaeductu Vrbis Romae*; il a également composé quatre traités d'arpentage[23]. Ses compétences sont donc multiples; le caractère technique des œuvres qui nous ont été conservées n'est pas niable et on peut en inférer celui du *de re militari* perdu. Frontin lui-même nous y invite: il caractérise son ouvrage *de aquaeductu* (2, 2) comme le fruit de son expérience, recueil ordonné, *in ordinem et uelut in corpus*, de la matière traitée «selon un usage que j'ai déjà suivi dans bien des fonctions», *more iam per multa mihi officia seruato* (trad. P. Grimal)[24].

Tarruntenus Paternus connut une brillante carrière millitaire: il fut préfet du prétoire de Marc Aurèle et, en 179, remporta en Scythie une victoire qui valut à l'empereur sa dixième salutation impériale (Dio Cass. 72, 33, 3-4). Végèce le qualifie de *diligentissimus iuris militaris adsertor* (1, 8) et Jean Lydus nous apprend qu'il avait écrit un ouvrage en plusieurs livres, intitulé *Tactica*, dont il cite ou prétend citer textuellement un passage[25]; nous pouvons déduire de ces diverses indications que ses

[21] H.-I. MARROU, *Histoire de l'éducation dans l'Antiquité. 2. Le monde romain* (Paris [7]1981), 15-21.

[22] Voir le passage en 2, 3, cité ci-dessus et mon commentaire.

[23] Sont attribués à Frontin dans le corpus des *Agrimensores* le *De agrorum qualitate*, le *De controuersiis*, le *De limitibus*, le *De controuersiis agrorum*.

[24] Voir, dans cet entretien, la communication de J. Delaine sur *Le* commentarius *de Frontin*.

[25] LYD. *mag.* 1, 9: Πάτερνος ὁ Ῥωμαῖος ἐν πρώτῃ τακτικῶν αὐτοῖς ῥήμασι καθ' ἑρμηνείαν ταῦτά φησιν...

ouvrages couvraient les deux filons, juridique et technique, identifiés par V. Giuffrè.

Rareté et variété caractérisent donc à nos yeux la littérature technique *de re militari*. Le *De munitionibus castrorum* ne traitant que d'un aspect de cette vaste matière, l'œuvre de Végèce en est le témoignage unique, qui n'en prend que plus de relief, si du moins celui-ci est de valeur.

L'œuvre et l'auteur ont été souvent décriés. A plusieurs reprise, Végèce a été comparé, ou mieux opposé, à un écrivain approximativement contemporain, l'auteur anonyme du *De rebus bellicis*, confronté lui aussi à une situation politique *grosso modo* identique, de crise générale plus ou moins aiguë[26]. L'auteur anonyme non seulement ferait preuve de lucidité dans l'analyse socio-politique et économique de l'empire, mais serait également un esprit éclairé, proposant des solutions innovantes, en particulier par le recours au machinisme, voire à l'automation. Le second ne serait qu'un pâle compilateur de traités anciens, de surcroît sans compétences et ne trouvant de remède à la crise que militaire et dans un retour aux temps anciens, *laudator temporis acti* indigne d'attention[27].

La question de l'originalité de l'ouvrage ne constitue pas un argument dirimant dans le cadre de notre entretien; au contraire, mieux vaudrait que nous disposions d'une copie fidèle de traités perdus plutôt que d'une œuvre parfaitement et totalement originale. Se pose donc en préalable à toute étude la question de la confiance que l'on est en droit d'accorder à Végèce, dont le corollaire est celui des sources de l'ouvrage.

[26] La date des deux textes a suscité une vaste littérature. La faveur des chercheurs semble pencher, pour l'anonyme *De rebus bellicis* vers le règne de Constance II, entre 355 et 360 (voir A. GIARDINA, *Le cose della guerra*, introduction, édition, traduction et commentaire [Roma 1989], XXXVII-LII), pour Végèce vers le règne de Théodose (379-395). Il n'entre pas dans mon propos de caractériser plus précisément la situation de l'empire dans la seconde moitié du IVe s.

[27] Cette opposition est particulièrement nette dans l'ouvrage de Fr. PASCHOUD, *Roma aeterna. Etudes sur le patriotisme romain dans l'Occident latin à l'époque des grandes invasions*, BHR 7 (Rome 1967), jusque dans le nombre de pages consacré respectivement aux deux auteurs.

Ecartons d'emblée un argument: celui de l'incompétence de l'auteur. Nous ne connaissons pratiquement rien de lui; diverses subscriptions des manuscrits lui donnent le titre de *illustris uir comes*[28]: il appartenait donc au corps des hauts fonctionnaires de l'empire, exclus de l'armée depuis les réformes de Gallien. L'ouvrage, de pure compilation, serait donc le fait d'un homme n'ayant aucune connaissance directe de son sujet et les nombreuses incertitudes ou erreurs qui y ont été relevées au fil de la recherche confirmeraient cette incompétence. Nous aurons à revenir plus loin sur les qualités d'historien de Végèce. Il faut cependant remarquer qu'il semble avoir été, du point de vue militaire, un observateur de son temps non dépourvu d'acuité.

Ainsi, l'importance accordée à l'infanterie dans le renouveau nécessaire de l'armée romaine est ambivalente: il s'agit bien d'un retour à l'*antiqua legio*, considérée comme un modèle, mais c'est en même temps une innovation profonde. La cavalerie a pris, depuis plus d'un siècle, une telle importance dans l'armée que prôner le retour à l'infanterie revient à proposer un changement réel dans la tactique et dans la stratégie de l'empire. L'argument est excellemment présenté et résumé par W. Goffart: «By the fifth century, the gap between past and present was so great that someone recommending the old-time legionary organization was, in effect, an innovator, proposing a sharp break with current military tradition and a new start in a different direction»[29].

On peut évidemment discuter de la portée réelle d'une telle réforme dans les conditions stratégiques qui prévalent alors. Mais on a moins remarqué que Végèce a parfaitement conscience de l'évolution qui s'est produite dans l'armée et qu'il est le premier à constater — sans le déplorer comme on le dit parfois — le développement de la cavalerie:

[28] Résumé des discussions sur la personnalité de l'auteur dans N.P. MILNER, *Vegetius* (trad. anglaise) (*op. cit.* n. 14), XXI-XXV.

[29] W. GOFFART, «The date and purpose of Vegetius' *De re militari*», dans *Traditio* 32 (1977), 65-100 (94-97; ma citation: 95). W. Goffart est partisan de la datation valentinienne (Valentinien III) de l'ouvrage (p. 69-88).

> *De equitatu multa sunt praecepta; sed cum haec pars militiae usu exercitii, armorum genere, equorum nobilitate, profecerit, ex libris nihil arbitror colligendum, cum praesens doctrina sufficiat.*
>
> «Pour la cavalerie, il existe de nombreux préceptes; mais comme ce corps a fait beaucoup de progrès grâce à la pratique de l'entraînement, au type d'armes, à la race des chevaux, je pense qu'il n'y a rien à tirer des livres, puisque la science actuelle suffit». (3, 26)

Une constatation du même ordre est faite, à la fin du livre 4, à propos des navires qui croisent sur le Danube:

> *De lusoriis, quae in Danubio agrarias cotidianis tutantur excubiis, reticendum puto, quia artis amplius in his frequentior usus inuenit quam uetus doctrina monstrauerat.*
>
> «Je pense devoir passer sous silence les croiseurs qui assurent quotidiennement par leurs patrouilles sur le Danube la sécurité des postes avancés; puisque leur usage répété a permis d'inventer une technique plus perfectionnée que ne l'enseignait la science des anciens». (4, 46)

Même si ses fonctions l'éloignaient de la pratique du commandement et des champs de bataille, Végèce connaît donc bien, c'est indéniable, l'armée de son temps, et il ne peut être taxé d'emblée d'incompétence militaire. Peut-on pour autant accorder confiance à son ouvrage, qu'il présente lui-même comme un résumé des auteurs anciens? Les deux passages cités plus haut (en 1, 8 et 2, 3) où il énumère ses sources se concluent l'un et l'autre par une phrase sans équivoque:

> *Nihil enim mihi auctoritatis adsumo, sed horum, quos supra rettuli, quae dispersa sunt, uelut in ordinem epitomata conscribo.*
>
> «Car je ne revendique nullement la paternité de ce que j'écris, mais me contente en quelque sorte d'abréger et de mettre en ordre une matière dispersée chez les auteurs que j'ai cités plus haut». (1, 8)
>
> *Horum instituta, horum praecepta, in quantum ualeo, strictim fideliter signabo.*
>
> «Je résumerai fidèlement leurs dispositions, leurs préceptes, autant que j'en sois capable». (2, 3)

Certains auteurs sont cités ponctuellement dans l'ouvrage: Salluste (1, 4; 1, 9), Virgile (1, 6; 1, 19; 2, 1; 4, 41), Varron (4, 41); d'autres ont été identifiés par la critique moderne: E. Sander voit en Varron l'inspirateur direct du passage en 4, 38 sur le nombre et le nom des vents; le même cherche à montrer que tout le début du livre 4 consacré à la poliorcétique (4, 1-30) doit beaucoup à Diodore, à Flavius Josèphe et à César[30]. Mais les chercheurs modernes se sont particulièrement attachés à déterminer ce qui, dans l'œuvre de Végèce, devait être attribué à l'un ou à l'autre des quatre auteurs cités comme sources principales. Les études les plus complètes, celles d'E. Sander et D. Schenk[31], aboutissent à une répartition des quatre livres qui peut se résumer ainsi: la source principale du livre 1 serait Celse, avec quelques emprunts à Caton et Paternus; le livre 2 combinerait les influences de Celse et de Paternus; les livres 3 et 4 seraient empruntés pour l'essentiel à Frontin, avec quelques notations renvoyant aux constitutions impériales citées en 1, 8 (au livre 3), à Caton (au livre 3) et à Varron (au livre 4).

Cette théorie a été présentée de façon systématique par Fr. Wille, essentiellement à partir de l'œuvre de D. Schenk[32]; les sources y sont précisées paragraphe par paragraphe, voire ligne à ligne. Ainsi, le paragraphe 13 du livre 1 (*Armaturam docendos tirones*, «il faut apprendre l'escrime aux recrues») comprendrait successivement un extrait de Celse (p. 16, l. 21-23)[33], un commentaire de Végèce (p. 16, l. 23 – p. 17, l. 4), un

[30] E. SANDER, «Zu Vegetius IV, 38, 41», dans *Philologische Wochenschrift* 43 (1928), 908-909; ID., «Die Quellen von IV, 1-30 der Epitome des Vegetius», dans *Philologische Wochenschrift* 51 (1931), 395-399.

[31] D. SCHENK, *Flavius Vegetius Renatus. Die Quellen der Epitoma Rei Militaris* (Leipzig 1930); E. SANDER, «Die Hauptquellen der Bücher I-III der *Epitoma Rei Militaris*», dans *Philologus* 87 (1932), 369-375.

[32] Fr. WILLE (Hrsg.), *Flavius Renatus Vegetius. Epitoma rei militaris. Das gesamte Kriegswesen* (Aarau, Frankfurt am Main, Salzburg 1986), *Anhang 1: Überblick auf die Verteilung des Werkes auf die einzelnen Autoren (nach D. Schenk)*, 353-355.

[33] Dans ce qui suit, les indications «p» (page) et «l» (ligne) renvoient à l'édition Teubner par C. LANG.

extrait combinant des indications de Celse et de Caton (p. 17, l. 4-11), un extrait de Celse (p. 17, l. 11-21). Le paragraphe 27 du même livre 1 (*Quantum spatium ire ac redire debeant uel quotiens in mense exerceri, cum educuntur milites ambulatum*, «Sur quelle distance, aller et retour, et combien de fois par mois les soldats doivent pratiquer la marche d'exercice») comprendrait un extrait de Paternus (p. 28, l. 8-12), un extrait de Celse (p. 28, l. 12-15), un extrait combinant des indications de Celse et de Caton (p. 28, l. 15 – p. 29, l. 2)[34].

Il n'est pas dans mon propos de refaire ici le procès à charge et à décharge de la «Quellenforschung», mais force est de constater que nous devons, une nouvelle fois, opérer un retour en arrière et accorder à Végèce une originalité qu'on lui dénie encore parfois. Les deux passages cités plus haut sont une illustration caricaturale de la méthode, qui va jusqu'à ignorer les indications du texte lui-même. Ainsi, le second passage (1, 27), attribué par la critique successivement à Paternus, Celse, Celse et Caton, reprend de façon explicite les indications des *constitutiones* d'Auguste et d'Hadrien:

> *Praeterea et uetus consuetudo permansit et diui Augusti atque Hadriani constitutionibus praecauetur, ut ter in mense tam equites quam pedites educantur ambulatum.*
>
> «En outre, la coutume des anciens, qui s'était maintenue, et les presciptions des divins Auguste et Hadrien voulaient que l'on menât trois fois par mois aussi bien les fantassins que les cavaliers à la marche d'exercice».

Plus caractéristique encore et peut-être plus absurde est le découpage proposé pour le passage consacré à l'importance de l'escrime en 1, 13: la partie médiane combinerait des indications de Celse et de Caton alors que la fin serait à attribuer à Celse seul; or, à la fin du passage, Végèce cite précisément comme source … Caton: *sicut ait Cato* (p. 17, l. 17).

[34] Les exemples sont nombreux; sont ainsi répartis entre plusieurs sources les paragraphes **1**, 12, 13, 20, 27; **2**, 5, 18; **3**, 9, 10, 11, 14, 18, 22, 23, 26; 4, 30, 31, 46.

Végèce ne précisant que rarement sa source, on ne peut multiplier les témoignages[35], mais ils viennent à propos pour nous rappeler qu'il est de bonne méthode de ne pas mettre en doute les indications d'un auteur. Or, la recherche trop précise d'une source unique pour tel ou tel passage non seulement ne permet pas de rendre compte de l'originalité et de la structure de l'œuvre, mais elle va à l'encontre de ce que Végèce nous apprend de la composition de son ouvrage.

La préface générale[36], dont nous n'avons aucune raison de penser qu'elle n'est pas de Végèce lui-même, veut donner l'image d'une œuvre cohérente, organisée en quatre livres complémentaires, consacrés respectivement au recrutement, à l'organisation de l'armée, à la guerre sur terre, à la poliorcétique et à la guerre sur mer. On a déjà fait remarquer que cette cohérence n'était que relative et que l'ouvrage comportait de nombreuses redites, d'ampleur différente: la castramétation est traitée en 1, 21-25 et en 3, 8, l'organisation des lignes de bataille en 1, 26 et en 3, 20, l'entraînement des cavaliers en 1, 27 et en 3, 2; l'efficacité du *pilum* qui, bien manié, peut transpercer une cuirasse est soulignée en 1, 20 et en 2, 15. Ces répétitions, loin de témoigner de l'utilisation obtuse de sources successives[37], sont dues à l'élaboration singulière de l'ouvrage: le premier livre, consacré au recrutement, résulte d'une initiative de l'auteur qui souhaite apporter sa contribution au redressement de l'empire; les livres suivants sont une commande de l'empereur. La préface du livre 2 ne laisse planer aucun doute:

> *Nam libellum de dilectu atque exercitatione tironum dudum tamquam famulus obtuli; non tamen culpatus abscessi. Nec formido iussus adgredi opus, quod spontaneum cessit impune.*

[35] Citons encore le paragraphe du livre 1 consacré à la formation des archers (1, 15), attribué par la critique à Celse alors que Végèce insiste sur l'importance attribuée à cette arme par Caton: *Cato in libris de disciplina militari euidenter ostendit*.

[36] Citée *in extenso* en annexe.

[37] Fr. Paschoud insiste sur «l'impuissance de Végèce à se dégager de ses sources, dont il se borne à répéter platement les indications» (Fr. PASCHOUD, *Roma aeterna* [*op. cit.* n. 27], 114).

«J'ai en effet présenté naguère, comme un serviteur, un petit traité sur la levée et l'entraînement des recrues et je ne suis pas pour cela reparti blâmé. Je ne crains donc pas, maintenant que j'en ai reçu l'ordre, d'aborder l'entreprise [d'écrire un livre sur la pratique et la théorie de la guerre, *aliquid de usu ac disciplina insinuare bellorum* (*ibidem*)], puisque, quand je l'ai fait de moi-même, cela ne m'a pas valu de blâme».

Végèce ayant donc composé son ouvrage en deux étapes[38], les redondances, surtout manifestes entre le livre 1 et les livres suivants, trouvent leur explication dans la nature du premier, consacré à «la levée et l'entraînement des recrues». Faut-il rappeler l'évidence: que l'entraînement des soldats a, de tout temps, pour but de rendre l'armée en campagne apte à exécuter le plus efficacement possible toutes les tâches et les mouvements nécessaires? Traiter — ou prétendre traiter — de ce seul aspect est probablement un biais pour embrasser l'ensemble de la *res militaris* — ce qui est sans doute, dès l'origine, le but caché de Végèce. L'empereur ayant réservé un accueil favorable à l'ouvrage et souhaité son développement, la matière même entraînait des redites dans les livres suivants, même si l'auteur a alors tenté de bâtir un ouvrage cohérent[39].

Cette composition en deux temps permet d'apprécier de façon toute différente l'influence des sources dans l'œuvre. Végèce, je l'ai rappelé plus haut, énumère ses sources en deux passages, au début du livre 1 (1, 8) et au début du livre 2 (2, 3). Deux faits cependant n'ont peut-être pas été suffisamment pris en compte par la recherche philologique: l'énumération au début du livre 2 ne comporte que deux noms, Caton et Frontin[40], alors que la première est plus complète; c'est également dans le livre 1 que se trouvent les citations précises les plus nombreuses: Caton par deux fois (1, 13; 15), les deux constitutions

[38] L'indication de la commande impériale est répétée dans la préface du livre 3: *quae...mediocritatem meam abbreuiare iussisti*.

[39] Il est significatif à cet égard que le choix des recrues, *dilectus*, ne donne lieu à aucune répétition entre le premier livre et les suivants.

[40] Sur les raisons possibles de la mention de Frontin, voir ci-dessus.

d'Auguste et d'Hadrien (1, 27), mais aussi des citations de Salluste, par deux fois (1, 4; 9) et de Virgile (1, 6; 9). Les trois derniers livres ne comportent aucune citation d'auteurs militaires et seulement deux allusions à des passages de Virgile (2, 1; 4, 41), à un passage de Varron (4, 41) et à une pensée de Scipion l'Africain (en 3, 21), cette dernière étant peut-être empruntée aux *Strategemata* de Frontin (*strat.* 4, 7, 16).

Il est donc vain de vouloir attribuer le premier livre à l'influence d'un auteur, le second à un autre auteur et ainsi de suite et de faire de l'ouvrage une mosaïque d'extraits; nous avons toute raison de considérer que Végèce a utilisé, dès le premier livre mais également dans les livres suivants, l'ensemble des sources qu'il cite; la conclusion du livre 1, que rien n'autorise à considérer comme extrapolée[41], résume parfaitement et la méthode suivie et le caractère du livre:

> *Haec ..., imperator inuicte, de uniuersis auctoribus, qui rei militaris disciplinam litteris mandauerunt, in hunc libellum enucleata congessi,*
>
> «Voilà ..., empereur invincible, la substantifique moelle[42] que j'ai retirée chez tous les auteurs qui ont confié aux lettres la science des armes et que j'ai rassemblée dans ce petit livre». (1, 28)

L'*Epitoma rei militaris* porte bien son titre et nous restitue l'image des quelques traités d'art militaire écrits en latin. Ceux-ci nous étant plus que largement inconnus, devons-nous, en raison même de la volonté expresse de l'auteur d'abréger diverses sources, considérer que cette image est fortement déformée ou pouvons-nous lui accorder quelque crédit?

La critique, nous l'avons déjà souligné, attache généralement peu de prix à l'ouvrage, jugé confus, répétitif, mal informé, écrit par un homme «peu cultivé et étroit»[43]. Il est vrai que certains

[41] Contrairement à l'opinion de C. LANG (éd. Teubner).

[42] L'image latine est évidemment à l'inverse de celle que j'emprunte à Rabelais: il s'agit d'enlever aux fruits leur noyau, considéré comme inutile (*enucleare*), pour ne garder que la pulpe.

[43] Fr. PASCHOUD, *Roma aeterna* (*op. cit.* n. 27), 113.

passages de l'œuvre laissent le lecteur perplexe. Dès le XVI^e^ s. Juste Lipse accusait Végèce de confondre les institutions des diverses époques de l'empire[44] et la description au livre 2 de la légion, qualifiée d'*antiqua ordinatio legionis*, a suscité une importante littérature, cherchant à identifier à quelle époque appartient la légion décrite[45]. Certains ont considéré qu'il s'agissait de la légion entre la réforme de Gallien et Dioclétien, soit entre 260 et 290 *ca*[46], d'autres que la description combinerait des indications relatives à cette période et d'autres relatives à une période postérieure[47]. N.P. Milner fait remarquer que cette *antiqua legio* comprend des *principes*, *hastati*, *triarii*, *uelites*, ce qui renvoie le lecteur à une organisation ancienne de l'armée romaine, que l'on peut considérer comme contemporaine de Caton; en même temps, elle comporte également des grades et des titres tels que *supernumerarii*, *decani*, *praefectus legionis*, *praefectus fabrum*, qui appartiennent à l'armée de l'Empire, à différentes périodes[48]. Il est clair que Végèce a tenté de présenter de façon unitaire des réalités fort différentes et chronologiquement fort éloignées; sa vision stratégique face aux menaces qui pèsent sur l'empire repose, nous l'avons dit, sur la nécessité de rebâtir une infanterie: Végèce ne veut pas ici faire œuvre d'historien scrupuleux de l'armée romaine, il propose de bâtir une armée nouvelle pour son temps.

Dans d'autres passages, le témoignage de Végèce paraît, en revanche, beaucoup plus sûr et digne de foi. A titre d'exemple, les développements sur les fonctions du *praefectus castrorum* (2, 10), sur celles du *praefectus fabrum* (2, 11), sur l'obligation faite aux soldats de déposer la moitié des gratifications impériales

[44] Juste Lipse, *De militia Romana* (Anvers 1596), cité par R. SABLAYROLLES, «Bibliographie sur l'*epitoma rei militaris* de Végèce», dans *CGRAR* 3 (1984), 139-146.

[45] Cf. R. SABLAYROLLES, «Bibliographie» (*op. cit.* n. 44), 143.

[46] H.M.D. PARKER, «The *antiqua legio* of Vegetius», dans *CQ* 26 (1932), 137-149.

[47] E. SANDER, «Die *antiqua ordinatio legionis* des Vegetius», dans *Klio* 32 (1939), 382-391.

[48] N.P. MILNER, *Vegetius* (trad. anglaise) (*op. cit.* n. 14), XVII-XVIII.

*apud signa* et le rôle de trésorier attribué en conséquence au *signifer* (2, 20) sont — mais peut-être faut-il écrire: «devraient être» — nos meilleures sources d'information sur ces points précis.

La disparition des autres textes militaires utilisés par Végèce ne permettrait cependant pas d'aller au-delà de la simple présomption de fiabilité, si nous n'avions, grâce au pseudo-Hygin, un témoignage précis de cette dernière, il est vrai sur un point mineur de doctrine de la castramétation, à savoir la description des positions à éviter lors de l'implantation d'un camp. Les deux textes valent d'être cités, car le parallélisme des deux passages est trop évident pour qu'on s'attarde à leur analyse:

> Pseudo-Hygin, *mun. castr.* 57.
> *Iniqua loca, quae a prioribus nouercae appellantur, omni modo uitari debent: ne mons castris immineat, per quem superuenire hostes aut prospicere possint quid in castris agatur; ne silua celatura hostes adiaceat neue fossa <uel> ualles per quas obrepi castris occulte possit; ne uicini fluminis torrentis subita tempestate inundata intereant.*
>
> «Les positions défavorables, appelées «marâtres» par les Anciens, doivent être évitées à tout prix: qu'aucune montagne ne domine le camp, montagne que les ennemis puissent utiliser pour attaquer par en haut ou voir de loin ce qui se passe dans le camp; qu'il n'y ait pas à proximité une forêt qui puisse cacher les ennemis ni une ravine ou des vallons par lesquels on puisse s'approcher du camp sans être vu; qu'il n'y ait pas tout près un torrent dont la crue subite pourrait inonder et anéantir le camp.»

> Végèce, 3, 8.
> *... ne subitis tempestatibus campus, in quo manendum est, soleat inundari, ne sit in abruptis ac deuiis et circumsedentibus aduersariis difficilis praestetur egressus, ne ex superioribus locis missa ab hostibus in eum perueniant.*
>
> «... il faut éviter de choisir pour s'arrêter une place soumise d'ordinaire à des crues lors de tempêtes subites, située dans une région escarpée et détournée et d'où, si un ennemi vous cerne, il est difficile de sortir, exposée qu'elle est à des traits lancés par l'ennemi depuis des hauteurs».

Eviter de tels emplacements pour implanter un camp peut apparaître comme le b a ba de la tactique et on peut naturellement ne voir là que des «truismes connus du premier sous-officier venu»[49]. L'existence d'un développement identique sur le même sujet à la fois chez Végèce et chez Hygin montre cependant qu'il s'agit bien d'un *topos* qu'un ouvrage sur l'art militaire ne pouvait et ne devait ignorer. Du reste, Hygin n'en traite que rapidement, à la fin de son ouvrage, parmi les points que «de nombreux auteurs ont déjà traités», *quae plures auctores scripserunt* (*mun.castr.* 48) et sur lesquels lui-même considère n'apporter que peu ou pas de nouveautés.

Il faut conclure. Comme on l'a déjà à plusieurs reprises souligné, Végèce n'est pas et ne veut pas être un historien de l'armée romaine[50]; il faut ajouter qu'il n'entend pas non plus intervenir dans la politique générale, qu'elle soit, selon nos catégories modernes, fiscale, économique ou sociale: son but n'est pas de décrire et d'identifier les maux dont souffre l'empire, ni de proposer des remèdes généraux à la situation. Sa visée est d'ordre strictement militaire; il faut bien dès lors admettre que son ouvrage nous restitue, malgré des approximations et des lacunes, parfois volontaires, une assez fidèle image des quelques traités d'art militaire écrits en latin.

Le sommaire de l'ouvrage que l'on trouvera en annexe[51] et auquel je renvoie suffit, je l'espère, à suggérer le contenu de tels traités. Je ne souhaite souligner ici, dans l'optique de notre entretien, que deux points, à propos de leur variété et de leurs destinataires.

La matière traitée est en effet de plusieurs ordres: stratégique — les préparatifs et précautions d'intendance avant les campagnes, la conduite de celles-ci; tactique — l'implantation des camps, les lignes de bataille; psychologique — rôle du général en chef pour maintenir le moral des soldats. La pratique quotidienne n'est pas oubliée; sont ainsi détaillés le maniement des

[49] Fr. PASCHOUD, *Roma aeterna* (*op. cit.* n. 27), 114.
[50] Cf. R. SABLAYROLLES, «Bibliographie» (*op. cit.* n. 44), 142; N.P. MILNER, *Vegetius* (trad. anglaise) (*op. cit.* n. 149), XVIII.
[51] Voir annexe 1.

boucliers, l'usage des pieux d'exercice pour l'escrime, la nécessité pour les fantassins de frapper de taille et non d'estoc, la manière de tenir l'arc.

Mais ces passages très techniques, s'ils ne sont pas absents, sont rares. L'ouvrage en effet ne s'adresse en aucune façon aux sous-officiers instructeurs de l'armée, mais bien à son chef. Il est naturellement offert à l'empereur, mais son destinataire réel est en réalité le chef de l'armée, le *dux*, dont la mission est exaltée (3, 10):

> *Dux ergo, cui tantae potestatis insignia tribuuntur, cuius fidei ac uirtuti possessorum fortunae, tutela urbium, salus militum, reipublicae creditur gloria...*
>
> «Donc le général à qui l'on confère les insignes d'une telle puissance, à la loyauté et à la valeur de qui on confie les fortunes des propriétaires, la sauvegarde des villes, le salut des soldats et la gloire de l'Etat...»

Que l'ouvrage ait atteint son but, son incroyable succès posthume en atteste. C. Lang dénombrait déjà, pour l'édition Teubner, plus de 140 manuscrits et la liste s'en est accrue par la suite[52]. Il a été traduit dès le XIII<sup>e</sup> s. en italien et en français, traduit ou adapté par Jean de Vignay, Jean de Meung, Christine de Pisan, Jean de Salisbury, Machiavel[53]. Il demeure jusqu'au début du XIX<sup>e</sup> s. le livre de chevet des grands capitaines. Les exemples sont nombreux au fil des siècles, mais ne peuvent être ici multipliés. A la fin du XIII<sup>e</sup> s. (1275-1278 *ca*), la majeure partie du *De regimine principum* de Gilles de Rome est une réflexion personnelle d'inspiration clairement artistotélicienne et thomiste sur la nature de l'état et la pratique du gouvernement, mais la dernière partie du livre 3, consacrée au gouvernement en temps de guerre, démarque Végèce dans le langage de la scholastique; or, l'ouvrage est dédié au futur

[52] C.R. SCHRADER, «A handlist of extant manuscripts containing the De re militari of Flavius Renatus Vegetius», dans *Scriptorium* 33 (1979), 280-305.

[53] La bibliographie sur l'influence de l'œuvre de Végèce a été rassemblée par R. SABLAYROLLES, «Bibliographie» (*op. cit.* n. 44), 142.

Philippe le Bel, dont l'auteur est alors le précepteur[54]. Deux siècles plus tard, un exemplaire de Végèce aurait été pris dans les bagages de Charles de Téméraire après la déroute de l'armée bourguignonne à Nancy[55]. Au début du XIX$^{e}$ s. encore, le prince de Ligne affirme[56]: «C'est un livre d'or ... Un dieu, dit Végèce, inspira la légion; et moi je trouve qu'un dieu inspira Végèce».

Je traiterai plus rapidement du second auteur[57] dont l'œuvre nous a été conservée: après un oubli de près d'un siècle, le *De munitionibus castrorum* a assez récemment fait l'objet de deux éditions successives et de nombreux commentaires d'ordre divers[58]. Je ne présenterai ici que quelques réflexions sur la nature de l'ouvrage, en particulier sur son caractère «technique» et l'existence de manuels pratiques dans l'armée romaine.

L'ouvrage traite de l'établissement du camp, de la place à réserver à chaque service et à chaque unité selon son rang hiérarchique dans l'armée romaine et proportionnellement à son effectif.

Est-ce l'œuvre d'un technicien de la castramétation? L'auteur s'affirme en effet lui-même comme un *tiro* (*pro tirocinio meo*: *mun.castr.* 45) et on s'est jadis demandé s'il se considérait comme

[54] U. MARIANI, *Il «De regimine principum» e le teorie politiche di Egidio Romano* (Firenze 1926), 11; G.Fr. GALEANI NAPIONE DI COCCONATO, *Della scienza militare di E. Colonna*, dans *Memorie Acc. Sc. Torino* 27, p. 1824.

[55] Au témoignage de Fr. REYNIERS, dans *l'Avant-propos* à la traduction de Végèce parue dans la collection «Les classiques de l'art militaire» (Paris 1948), XLVII. Mais ce témoignage n'est pas corroboré par l'inventaire établi par Fl. DEUCHLER, *Die Burgunderbeute. Inventar der Beutestücke aus der Schlachten von Grandson, Murten und Nancy, 1476/1477* (Bern 1963).

[56] Témoignage oral de Maximilien Jähns, rapporté par C. LANG (édition Teubner), p.v.

[57] Bien que le manuscrit principal, l'*Arcerianus*, attribue l'ouvrage à un Hyginus gromaticus, l'auteur ne peut être confondu avec les deux autres écrivains gromatiques connus sous ce nom; voir: Pseudo-Hygin, *Des fortifications du camp*, texte établi, traduit et commenté par M. LENOIR (*CUF*, Paris 1979), VII-VIII. Par commodité, nous le nommerons parfois «Hygin».

[58] Voir la bibliographie générale.

«novice» dans l'arpentage militaire ou dans l'art d'écrire[59]. La question semble désormais tranchée. Malgré quelques incertitudes, comme l'emploi de *striga* et *scamnum* qu'Hygin n'utilise pas selon la stricte orthodoxie des arpenteurs[60], les études sur le texte montrent en effet qu'Hygin utilise un vocabulaire particulier. Ce dernier comporte quelques hapax comme *hemistrigium* (moitié d'une *striga*, demi-bande), *retentura* (partie postérieure du camp), *uia sagularis* (voie suivant le périmètre du camp entre les cohortes légionnaires et les autres troupes), *uia uicinaria* (voie secondaire). D'autres termes sont connus par ailleurs, mais sont employés par Hygin dans un sens particulier: *clauicula* (ouvrage de fortification et non pas petite clé), *praetentura* (partie antérieure du camp et non pas frontière), *titulum* (fossé devant la porte du camp et non pas enseigne ou borne)[61]. Ces termes témoignent d'un usage manifestement spécifique aux arpenteurs militaires, *sermo gromaticus militaris*.

Mais il ne s'agit pas pour autant d'un ouvrage purement descriptif. L'auteur insiste à plusieurs reprises sur sa nouveauté par rapport aussi bien aux auteurs précédents (*mun.castr.* 45) qu'à la pratique habituelle des arpenteurs militaires (*mun.castr.* 47):

> *Nam quod ad legiones dispositas et diuiduos numeros pertinet, quod et peritis compositione difficultates ostendet, methodum metationis a me inquisitam ad numerum legionum pertinentem intento ingenio elaboraui, ut [...] nouitatem metationis ad magnitudinem tuam*

[59] Hygin novice dans l'arpentage militaire: A. OXÉ, «Zu Hygins Lagerbeschreibung», dans *Saalburg Jahrbuch* 9 (1939) = *Festchrift für H. Jacobi* (Frankfurt 1939), 65-72; novice dans l'art d'écrire: A. VON DOMASZEWSKI, édition du *De munitionibus castrorum* (Leipzig 1887), 40.

[60] Pour Hygin, *striga* désigne une bande de terrain recevant tout ou partie d'une unité et *scamnum* l'emplacement des légats et des tribuns des cohortes prétoriennes; ces deux bandes de terrains sont de même orientation, alors que chez les arpenteurs, les deux mots désignent des bandes de terrain d'orientation perpendiculaire. Cf. le *Corpus agrimensorum, passim.*

[61] Sur le lexique d'Hygin, voir M. LENOIR (*op. cit.* n. 57), XIV-XVI et l'étude d'A. GRILLONE, «Sul *De metatione castrorum* dello ps.-Igino: il linguaggio di un geometra del III secolo», dans *Philologus* 126 (1982), 247-264 (259-262).

*primus adferam, quae tibi, spero, placebit si primum cottidianam metationem tractabis.*

«Car en ce qui concerne la disposition des légions et la répartition des unités, point qui créera des difficultés même à des gens experts dans l'organisation <des camps>, j'ai recherché et élaboré avec toute l'application possible une méthode de mesure se rapportant au nombre des légions: aussi [...] je serai le premier à avoir proposé à ta grandeur cette nouvelle façon de mesurer qui, je l'espère, t'agréera si tu examines d'abord la façon habituelle de mesurer». (*mun.castr.* 47)

Cette nouveauté tient à la nature même de l'ouvrage, que l'on peut qualifier de spéculation pratique: tout en restant très proche des exigences du terrain, l'auteur tente de systématiser et rationaliser cette *cottidiana metatio*:

*sub rationem omnia [circa compositionem castrorum aestiualium] declaraui*:

«j'ai fait rentrer tout [ce qui concerne l'organisation des camps d'été] dans un système logique.» (*mun.castr.* 45)

Ce caractère théorique a été souvent mal perçu et a provoqué de nombreux contresens dans l'interprétation de l'œuvre.

Les archéologues de la seconde moitié du XIXe s. ont ainsi tenté de l'utiliser pour rendre compte des camps alors découverts en grand nombre aussi bien en Grande-Bretagne et en Allemagne qu'en Afrique du Nord: on cherchait à voir si ces camps correspondaient aux «préceptes», «Vorschriften», de l'auteur. R. Cagnat s'étonnait ainsi de ne pas retrouver dans le grand camp de Lambèse «les règles à suivre pour le tracé des voies et [...] les mesures à donner à chacune d'elles» telles qu'elles avaient été «prescrites» par Hygin[62].

D'autres ont cru trouver dans des éléments particuliers de l'ouvrage des indices décisifs pour établir la date du texte. Pour A. Jung, le fait qu'Hygin consacre un court développement au

[62] R. CAGNAT, *L'armée romaine d'Afrique* (Paris ²1912), 460-461. Sur cette utilisation des textes antiques sur la castramétation et en particulier d'Hygin, voir M. LENOIR, *Le camp romain* (*op. cit.* n. 19), IV-VII.

campement des chameaux et de leurs conducteurs (*mun.castr.* 29) est la preuve que l'auteur a en vue une campagne devant se dérouler en Orient: le texte doit donc se rapporter à une période où ont lieu de nombreux combats contre les Perses, c'est-à-dire au début du III^e^ s., sous Septime Sévère ou ses successeurs[63]. L'armée proposée en exemple par Hygin (*mun.castr.* 30) pour illustrer l'organisation, *compositio*, d'un camp selon sa méthode rationnelle comporte quatre ailes milliaires: E. Birley, considérant ce chiffre et la répartition connue des garnisons d'ailes milliaires sous l'empire, en déduit que le texte a été écrit «dans la septième décade du II^e^ s.», lorsque Marc-Aurèle fait campagne dans les pays du Danube[64].

Aucun des deux arguments n'est recevable, car il est clair que l'ouvrage n'est pas de circonstance. Contre A. Jung, il faut objecter que dans la première partie de l'ouvrage — où sont mentionnés les chameaux —, Hygin envisage la manière de camper de tous les corps existant alors dans l'armée romaine, considérés suivant un ordre hiérarchique. De même, l'armée qui doit occuper le camp-type (*mun.castr.* 30)[65] est manifestement un échantillonnage des unités les plus représentatives, à un moment, de l'armée considérée dans son ensemble[66]. Il n'est pas jusqu'aux *numeri*, ces corps les plus irréguliers de l'armée, qui ne soient choisis pour représenter l'ensemble de l'*orbis Romanus* autour de la Méditerranée[67]; cette armée comme le camp qu'elle doit occuper est bien un «Idealtypus» et non pas une armée réelle.

[63] A. JUNG, «Die Lagerbeschreibung des sog. Hygin und die Provinzialmilizen», dans *WS* 11 (1889), 153-160.

[64] Pour le détail de l'argumentation, voir E. BIRLEY, «Alae and cohortes milliariae», dans *Corolla memoriae Erich Swoboda dedicata*, Römische Forschungen in Niederösterreich 5 (Graz-Köln 1966), 54-67.

[65] Voir annexe 2.

[66] Sur ces questions de méthode pour la datation du texte, et sur la date du *De munitionibus castrorum* (sous Trajan), voir M. LENOIR (*op. cit.* n. 57), 111-133 et ci-dessous la bibliographie générale.

[67] Si toutefois on accepte la correction *Getuli* pour le fautif *Getati* des manuscrits.

## Manuels et *disciplina militaris.*

L'ouvrage que nous possédons n'est donc pas un manuel de castramétation, qui aurait été destiné aux *mensores* de l'armée. De tels manuels ont-ils existé?

Un passage de Polybe l'a fait supposer. En effet, après avoir décrit en détail l'implantation et l'organisation d'un camp abritant deux légions, Polybe clôt brusquement le développement en indiquant que cette description concerne seulement «la moitié du campement d'une armée double, comprenant quatre légions, et que, si l'armée comprend deux légions seulement, le schéma diffère dans une partie fondamentale», à savoir l'implantation de la place, ἀγορά, du quartier du questeur et du quartier général[68]. La formulation quelque peu abrupte a paru suspecte à nombre de commentateurs et quelques savants ont pensé résoudre cette «aporie» en considérant que Polybe avait utilisé, «directement ou non, une sorte de vade-mecum», «un prontuario di *formae*» selon P. Fraccaro[69]. Le recours à un recueil de plans, voire à un manuel militaire ne s'impose cependant pas pour rendre compte d'une exposition en deux temps — le premier détaillé, le second apportant, de façon parfois raccourcie, des nuances — qui paraît caractéristique de la méthode de Polybe[70].

On ne saurait également appeler à l'appui de cette thèse le passage d'Hygin où celui-ci déclare avoir «suivi brièvement tous les bons auteurs en la matière», *in breui omnes auctores sum persecutus* (*mun.castr.* 45). La castramétation était un des chapitres obligés de tout traité *de re militari*, comme je l'ai montré à propos du texte de Végèce et rien ne permet de penser que les

[68] PLB. 6, 32. Notre citation est tirée de la *Notice* introductive à l'édition du livre 6 de Polybe dans la Collection des Universités de France, par R. WEIL, p. 39. Pour ce qui suit à propos du texte de Polybe, nous renvoyons à cette étude (p. 39-40).

[69] P. FRACCARO, «Polibio e l'accampamento romano», dans *Athenaeum*, n.s. 12 (1934), 154-161.

[70] P. PÉDECH, *La méthode historique de Polybe* (Paris 1964); R. WEIL, *op. cit.* (n. 68), 28, 40-41.

ouvrages des *auctores* auxquels fait allusion Hygin soient précisément des manuels techniques.

L'archéologie nous invite de plus à beaucoup de prudence. L'étude que j'ai effectuée sur quatre-vingts camps romains d'Afrique du Nord et du Proche-Orient[71] m'a permis d'établir un classement typologique en six classes, témoins d'une certaine diversité mais surtout de la permanence sur plusieurs siècles de la forme architecturale. Selon les principes de la classification, ces catégories sont fondées sur la présence conjointe dans chaque camp étudié d'un ou, si possible, plusieurs caractères «choisis pour leur puissance de regroupement» dans l'ensemble du corpus étudié[72]; à l'intérieur de chaque classe, des différences subsistent entre les divers éléments. Les séries les plus cohérentes, regroupant un grand nombre de caractères communs, sont toujours très localisées dans le temps et l'espace: les camps pourvus de tours d'angle en éventail, de tours intermédiaires et de tours de porte en U ne se rencontrent qu'au Proche-Orient, à la fin du III^e^ s. et au début du IV^e^ s.; des camps carrés, de petite taille, avec tours d'angle carrées et entrée en baïonnette ont été construits uniquement dans le Sud tunisien, probablement au II^e^ s. En Afrique du Nord, certains camps occupés par la III^e^ légion Auguste présentent des portes protégées par des tours à pan coupé, toutes construites ou remaniées au début du III^e^ s. Les exemples pourraient être naturellement augmentés. Ces séries cohérentes témoignent de programmes de construction décidés peut-être dans le cadre d'un projet stratégique plus vaste, mais réalisés à l'échelle d'une province ou d'un groupe de provinces.

De façon peut-être plus inattendue, l'étude met en lumière l'existence de traditions provinciales diachroniques. Ainsi, le rempart des camps de Tingitane présente toujours, à une exception près, une épaisseur inférieure à un mètre et ce quels que soient leur type et la date de leur construction.

[71] M. Lenoir, *Le camp romain* (*op. cit.* n. 19).
[72] P. Tassy, *L'arbre à remonter le temps* (Paris 1991), 25.

Il n'existe donc pas, en matière d'architecture militaire, de codification générale qui serait valable pour tout l'empire, mais des traditions provinciales. E. Fabricius l'avait bien vu, dès 1926, en étudiant la superficie des camps d'aile et de cohorte[73]. Comme la ville romaine, «le camp romain répond certes à un modèle théorique, mais celui-ci est un acquis de la tradition et non pas un schéma strict impliquant des règles rigides et appliqué partout dans l'empire; il est toujours adapté en fonction des conditions locales, des habitudes de tel ou tel corps technique, voire d'initiatives individuelles»[74].

L'existence de manuels de castramétation en particulier, de manuels techniques en général, me paraît sujette à caution; dans le cadre d'une tradition éventuellement fondée ou appuyée sur des recherches théoriques étaient appliquées des recettes empiriques, et il est probable que la transmission de cette tradition et du savoir empirique lié à elle était faite essentiellement par l'exemple. C'est encore Végèce qui nous en donne la meilleure des confirmations, lorsqu'il décrit les fonctions du préfet du camp, personnage hiérarchiquement inférieur au préfet de légion, mais néanmoins «chargé de tâches non négligeables et de qui dépendaient la mise en place du camp, l'évaluation des dimensions du rempart et du fossé»; le développement se conclut ainsi (2, 10):

> *Is post longam probatamque militiam peritissimus omnium legebatur, ut recte doceret alios quod ipse cum laude fecisset.*
>
> «On choisissait <pour cette charge> un homme ayant accompli un service long et méritant, le plus expérimenté de tous, pour qu'il enseignât à d'autres dans les règles ce que lui-même avait accompli avec succès».

[73] E. Fabricius, notice *Limes*, dans *RE* XIII 2 (1926), col. 572-671 (col. 577-578). La correspondance entre superficie du camp et effectif en garnison a fait l'objet de bien des recherches et débats; les études les plus récentes, menées avec le soutien de l'informatique (J. Bennett, «Fort Sizes as a Guide to Garrison Type: A Preliminary Study of Selected Forts in the European Provinces», dans *Studien zu den Militärgrenzen Roms* III. *13. Internationaler Limeskongress, Aalen 1983, Vorträge* [Stuttgart 1986], 707-716), ont confirmé la thèse de Fabricius. Voir M. Lenoir, *Le camp romain* (*op. cit.* n. 19), 584-600.

[74] M. Lenoir, *Le camp romain* (*op. cit.* n. 19), 647.

# ANNEXE 1

Végèce
*Epitoma rei militaris*

Plan

Préface générale.

*Primus liber electionem edocet iuniorum, ex quibus locis uel quales milites probandi sint aut quibus armorum exercitiis imbuendi. Secundus liber ueteris militiae continet morem, ad quem pedestris institui possit exercitus. Tertius liber omnia artium genera, quae terrestri proelio necessaria uidentur, exponit. Quartus liber uniuersas machinas, quibus uel obpugnantur ciuitates uel defenduntur, enumerat; naualis quoque belli praecepta subnectit.*

«Le premier livre enseigne comment choisir les recrues, l'origine et les qualités requises chez ceux qu'on examine pour être soldats et par quels exercices militaires il faut les former. Le second livre contient les usages de l'ancienne organisation militaire, qui peut servir de modèle pour créer une armée d'infanterie. Le troisième livre expose toutes les sortes de connaissances qui paraissent indispensables au combat sur terre. Le quatrième livre énumère l'ensemble des machines qui permettent d'attaquer les villes ou les défendre; il contient aussi en appendice des préceptes pour la guerre sur mer».

## Livre I. Recrutement et formation des soldats.

* Préface
* Recrutement (§1-8).
* Formation
  – exercices de base: entraînement physique et maniement des armes (§9-20).
  – manière de construire les camps (§21-25).
  – exercices tactiques; diverses formations de combat (§26-28).

**Livre II. Organisation de la légion.**

* Préface
* Organisation de l'armée (§1-3).
* Organisation de la légion
  – les troupes légionnaires (§4-6).
  – grades et fonctions dans la légion (§7-14).
* Les ordres de bataille (§15-18).
* Fonctionnement de la légion (§19-25).

**Livre III. Le combat. Techniques de guerre sur terre.**

* Préface
* Généralités sur l'armée: effectif, intendance, discipline, castramétation (§1-8).
* Conduite d'une campagne (§9-13).
* Lignes de bataille et stratégie (§14-26).

**Livre IV. Fortifications. Marine.**

* Préface
* Poliorcétique
  – les techniques de fortification (§1-6).
  – préparatifs pour supporter un siège (§7-11).
  – machines offensives et défensives (§12-24).
  – ruses diverses (§25-30).
* Guerre navale
  – formation de la marine (§31-33).
  – construction des navires (§34-37).
  – art de la navigation (§38-43).
  – le combat naval (§44-46).

## ANNEXE 2

L'armée-type du *De munitionibus castrorum*
(*mun. castr.* 30)

| | |
|---|---|
| 3 | légions |
| 1600 | vexillaires (*uexillarii*) |
| 4 | cohortes prétoriennes |
| 400 | cavaliers prétoriens (*equites praetoriani*) |
| 450 | cavaliers d'élite de l'empereur (*equites singulares imperatoris*) |
| 4 | ailes milliaires |
| 5 | ailes quingénaires |
| 600 | cavaliers maures |
| 800 | chasseurs pannoniens (*Pannonii ueredarii*) |
| 500 | soldats de la flotte de Misène (*classici*) |
| 800 | soldats de la flotte de Ravenne (*classici*) |
| 200 | éclaireurs (*exploratores*) |
| 2 | cohortes montées (*cohortes equitatae*) milliaires |
| 4 | cohortes montées quingénaires |
| 3 | cohortes à pied (*cohortes peditatae*) milliaires |
| 3 | cohortes à pied quingénaires |
| 500 | Palmyréniens |
| 900 | Gétules |
| 700 | Daces |
| 500 | Brittons |
| 700 | Cantabres |
| 2 | centuries de gendarmes (*centuriae statorum*) |

# BIBLIOGRAPHIE

L'ouvrage de base est l'ouvrage de V. Giuffrè, *La letteratura «de re militari». Appunti per una storia degli ordinamenti militari* (Napoli 1974).

## Végèce

Editions et traductions.

L'édition de référence demeure celle de C. Lang, dans la collection Teubner (2ème éd. Leipzig 1885; réimpriméee en 1967). Il faut y ajouter désormais celle de L.F. Stelten, *Flauius Vegetius Renatus. Epitoma rei militaris* (New York, Bern, Frankfurt am Main, Paris 1990), qui amende sur certains points le texte de C. Lang et propose une traduction en anglais.

Récemment est parue une traduction allemande, avec texte latin en regard, quelques annotations et un rapide commentaire, dans une collection intitulée «Klassiker der Militärgeschichte»: Fr. Wille, *Flauius Renatus Vegetius. Epitoma rei militaris. Das gesamte Kriegswesen* (Aarau, Frankfurt am Main, Salzburg 1986). Plus récente et beaucoup plus utile, car pourvue d'une bonne introduction et d'une abondante annotation infrapaginale, est la traduction anglaise (sans le texte) de N.P. Milner, *Vegetius: Epitome of Military Science*, dans la collection «Translated Texts for Historians» de l'université de Liverpool (1993). Toutes deux sont basées sur le texte de C. Lang.

L'unique traduction française moderne est celle de D. Nisard (1878), qui elle-même reprend et contamine deux traductions du XVIIIe s., de Bourdon de Sigrais et du chevalier de Bongars. Elle a été réimprimée dans la collection «Les classiques de l'art militaire», avec une introduction de Fr. Reyniers (Paris 1948).

Commentaires. Date du texte.

On trouvera dans les éditions et traductions citées ci-dessus, en particulier dans l'ouvrage de N.P. Milner, les (relativement rares) études récentes sur Végèce. Pour la bibliographie antérieure, un bilan critique a été fourni par R. Sablayrolles, «Bibliographie sur l'*epitoma rei militaris* de Végèce», dans *CGRAR* 3 (1984), 139-146.

La date du texte a fait l'objet d'âpres controverses, la grande majorité des savants se partageant entre le règne de Théodose I et celui de Valentinien III. On trouvera les arguments en faveur du second dans l'article de W. Goffart, «The date and purpose of Vegetius' "De re militari"», dans *Traditio* 32 (1977), 65-100; la datation théodosienne semble désormais avoir la faveur des chercheurs, comme N.P. Milner dans l'introduction de son ouvrage (XXV-XXIX). C'est à cette dernière que se rallie A. Chastagnol (voir ci-dessus note 9).

**Pseudo-Hygin.**

Editions et traductions.

Après un long oubli, le texte a connu récemment deux éditions successives, par A. Grillone dans la collection Teubner, sous le titre *De metatione castrorum* (Leipzig 1977) et par moi-même dans la Collection des Universités de France (collection Budé), sous le titre traditionnellement adopté *De munitionibus castrorum* (Paris 1979), avec une traduction française.

On peut toujours consulter avec profit l'édition avec traduction allemande d'A. von Domaszewski, parue à Leipzig en 1887, qui a longtemps fait autorité.

Commentaires. Date du texte.

L'édition que j'ai procurée dans la CUF est pourvue d'un commentaire. A. Grillone a complété la sienne par divers articles, souvent pointillistes, parmi lesquels on peut retenir «Sul *de metatione castrorum* dello ps.-Igino: il linguaggio tecnico di un geometra del III secolo», dans *Philologus* 126 (1982), 247-264 et «Problemi tecnici e datazione del *De metatione castrorum* dello ps.-Igino», dans *Latomus* 46 (1987), 399-412.

Dans cet article, A. Grillone critique mes arguments pour une datation haute du traité et penche, sans preuves décisives, pour une datation dans la première décennie du III^e^ s., avant la *Constitutio Antoniniana.* Mais sa critique, souvent biaisée, dénote la plupart du temps une réelle incompréhension de la nature de mes arguments. Le raisonnement que ceux-ci sous-tendent demeure donc à mes yeux parfaitement valide: le *De munitionibus castrorum* a bien été écrit sous le règne de Trajan (voir mon commentaire à l'édition Budé p. 111-133).

# DISCUSSION

*A. Chastagnol*: La communication de M. Lenoir est très utile et remarquable par ses analyses de l'ouvrage de Végèce et son identification des sources; elle fait heureusement la part de l'originalité d'un auteur qui n'a eu nullement l'intention de présenter une histoire générale de l'armée romaine.

La date à laquelle Végèce a écrit son livre n'est pas indifférente. Il est impossible en effet qu'il l'ait rédigé, comme croyait Seeck, au milieu du V^e^ siècle, entre 430 et 450. Car il affirme lui-même, en 1, 20, qu'il opère après la mort de Gratien (383) et à la suite d'un désastre romain dû à une invasion des Goths, des Huns et des Alains; or ces trois ennemis barbares sont cités ensemble seulement, en outre, par Ammien Marcellin, le panégyriste Pacatus et le poète Claudien, se référant tous trois à la campagne qui a abouti à la fameuse bataille d'Andrinople, en 378, dans laquelle l'empereur Valens a trouvé la mort. Végèce déclare alors qu'il écrit son ouvrage pour permettre à l'armée romaine de refaire ses forces et de devenir capable de vaincre ces mêmes Barbares. Il s'adresse à ce moment à un jeune *imperator* qui doit être Théodose, ou, si l'on veut, Valentinien II, en 389-391, années où les deux princes sont réunis à Milan. Sur cette identification, qui n'est pas nouvelle, je renvoie en particulier à la thèse d'Etat, soutenue depuis plusieurs années mais non encore publiée, d'Alain Chauvot, qui paraîtra à Strasbourg. Le *dux* auquel s'adresse finalement Végèce doit être le commandant en chef de l'armée qui sera appelée à mener la campagne, que celui-ci soit l'empereur lui-même ou l'un de ses généraux.

*Cl. Nicolet*: J'aimerais poser le problème du rapport entre la dédicace (le «dédicataire») et le ou les destinataires du livre. Il faut bien évidemment distinguer «l'hommage» au Prince, ou à un personnage important (un exemple parmi d'autres: la *Préface* de Pline l'Ancien §§1-4) et le public visé, les lecteurs espérés (on aura sans doute à revenir, à propos de nos textes sur la signification réelle du mot «publication»). M. Lenoir a, de façon très convaincante, retracé l'histoire interne, la genèse et les étapes successives, de l'œuvre de Végèce, et bien montré le destinataire visé, le «commandant en chef», en général celui qui doit avoir connaissances synthétiques et vision d'ensemble. Mais, à propos du dédicataire même, il faut distinguer selon les cas: il peut y avoir incitation vague, ou commande précise (comme pour les *Géorgiques*, je crois); c'est bien, semble-t-il, le cas de Végèce?

*M. Lenoir*: Les manuscrits de Végèce s'accordent pour lui donner le titre de *uir inlustris comes*. Certains portent la mention *comes sacrum*, ce que Schöner considère comme une corruption de *comes sacrarum* [*largitionum*], comte des largesses sacrées, responsable de l'une des trois branches de l'administration financière. Végèce étant également connu comme auteur du *Mulomedicina*, traité sur l'élevage et les diverses races de chevaux, d'autres (Goffart, Milner) préfèrent voir en lui le *comes stabuli*, ou le *comes sacri* [*stabuli*]. Son titre de *uir inlustris* le place en tout cas parmi les plus hauts personnages de l'État.

La dédicace du premier livre à l'empereur (*tamquam famulus obtuli:* livre 2, *praef.*), la commande par celui-ci d'un complément (livres 2, 3, 4: dans la préface au livre 2, Végèce rappelle qu'il écrit sur ordre: *iussus*) fait de l'empereur le destinataire principal de l'ouvrage, puisque c'est de lui que procédera l'engagement de toute réforme. Mais Végèce écrit également *pro utilitate Romana* (livre 1, *praef.*) et s'adresse au *dux*, à qui «on confère les insignes d'une telle puissance (*tantae potestatis insignia*: 3, 10): en l'occurrence, le *dux* peut être l'empereur en personne, mais il s'agit en fait d'un terme générique désignant le général en chef, qui par ses victoires ou ses défaites détient le sort de l'État.

*Ph. Fleury*: La lecture de Végèce par M. Lenoir est particulièrement intéressante et éclairante. En ce qui concerne la fin du livre 4, le passage sur la marine, doit-on en faire un texte à part (un cinquième livre, comme certains éditeurs)? C'est, parmi les ouvrages militaires, un extrait original.

*M. Lenoir*: L'ouvrage a été composé en deux fois, mais apparaît comme un ensemble unique malgré quelques répétitions. La division en cinq livres est due à certains modernes qui suspectent l'authenticité de la préface générale. Nous n'avons aucune raison de douter de l'antiquité et de l'authenticité de cette dernière: l'ouvrage y apparaît divisé en quatre livres, le développement sur la marine étant une annexe au dernier livre (*praecepta subnectit*).

*Ph. Fleury*: Lorsque l'on compare les traditions littéraires grecque et romaine dans le domaine militaire (en laissant de côté le genre des stratagèmes), un déséquilibre apparaît. Chez les Grecs les textes se répartissent entre tacticiens-stratégistes d'un côté (Énée le Tacticien, Asclépiodote, Onasandre, Élien, Arrien) et mécaniciens de l'autre, avec une sous-division entre machines de jet et machines de siège (Philon, Biton, Héron, Athénée, Apollodore). Chez les Romains, outre la rareté des textes conservés, seule la partie tacticiens-stratégistes semble avoir été vraiment représentée avec Végèce et les sources qu'il mentionne: Caton, Celse, Frontin et Paternus (le cas d'Hygin et de la castramétation est un peu à part), Vitruve n'offrant en fait qu'un condensé de mécanique militaire.

*M. Lenoir*: Le développement sur les machines de guerre (4, 13-25) concerne l'utilisation de ces machines, sans doute parce que leur conception ne paraît plus appartenir, aux yeux de Végèce et, sans doute, déjà de ses sources, à la *res militaris*, mais à une technique particulière ne relevant peut-être pas directement du *dux*.

*P. Gros*: Les observations faites par M. Lenoir sur la diversité des camps légionnaires pourraient être transposées aux villes, et plus particulièrement aux fondations coloniales. Même les créations les plus proches, chronologiquement et géographiquement, Timgad et Djemila, par exemple, présentent de nombreuses divergences, non pas seulement de détail mais de structure. Quel pourrait être, à vrai dire, le bagage théorique d'un fondateur de colonie? Songeons à Munatius Plancus au moment de la création de Lyon, par exemple. Il est clair que Rome n'avait prévu de règles strictes que dans deux domaines: la possession de la terre et sa répartition, d'une part; les limites de l'autonomie locale, de l'autre. Pour le reste, le pouvoir central n'avait apparemment, que des exigences limitées, et les nécessaires adaptations au terrain, au contexte ethnique, etc..., faisaient le reste. Ce n'est pas «faire du primitivisme» qu'affirmer cela, mais au contraire souligner la souplesse d'une administration intelligente.

*M. Crawford*: Il convient de rappeler l'uniformité relative des villes romaines en comparaison avec les villes grecques.

*P. Gros*: Ce qui apparaît dans les cas les mieux connus, d'Avenches à Carthage, c'est la présence d'une trame orthogonale, d'un quadrillage de base, qui en général résiste à l'usure: le cas de Carthage est particulièrement éclairant puisque le réseau viaire, mis en place au moment de la fondation augustéenne, a été respecté jusqu'à la fin.

*Cl. Nicolet*: Je suis parfaitement d'accord avec ce qu'a dit M. Lenoir, à propos des camps, sur l'importance des «traditions d'ateliers», si l'on peut dire, et sur l'absence presque sûre de «manuels», voire «d'instructions» écrites, sur ces affaires. Néanmoins, quand on constate, dans un contexte donné, à un moment donné, des changements caractérisés, comment les expliquer? Ne faut-il pas supposer, à un moment, une décision (locale, ou venue d'en haut) avec des dispositions, des règlements nouveaux, écrits sans route?

Dans le même ordre d'idées, quand nous trouvons, dans la *Notitia dignitatum*, la liste des *fabricae* sous la responsabilité du maître des offices, avec leurs «spécialités», faut-il croire qu'il n'y avait pas, dans les bureaux, des instructions, au moins schématiques et sommaires, qui donnaient les indications pour «l'uniformisation» des équipements et de l'armement, que confirme, apparemment, l'archéologie. Invoquant toujours, d'ailleurs, la procédure des contrats publics pour les commandes d'armement (attestée, par exemple, dans le cas du père de L. Pison, cos 58, qui avait été *praefectus armis faciendis* pendant la Guerre Sociale, Cic. *Pis.* 87), je suggère que, là encore, les cahiers des charges (*leges locationis*) devaient comporter des descriptifs précis.

*M. Lenoir*: L'intervention de l'empereur ou de l'état-major impérial dont nous devons supposer l'existence est d'abord dans la définition de la stratégie — ou mieux: du dispositif stratégique. Les exemples sont nombreux: la décision de pénétrer profondément dans le désert libyen au début du IIIe siècle n'a pu être prise qu'à Rome. On voit également clairement comment Dioclétien a modifié le dispositif stratégique en Syrie (construction des forts de la *strata diocletiana*): la décision d'établir un contrôle régulier de la route Damas-Palmyre entraîne une dispersion des unités, donc la création de forts plus petits. Mais l'état-major impérial n'intervient pas directement dans la forme du camp ou dans ses dispositifs de défense. Nous avons en revanche des témoignages de l'intervention probable du gouverneur de la province.

*Cl. Nicolet*: J'ai noté avec intérêt que vous ne niez pas l'existence de «traités», de «manuels», de «règlements» (quels que soient les noms qu'on leur donne ou la forme qu'on leur prête), qui couvraient toutes les activités et les sujets abordés par Végèce. N'en aurait-on aucune trace? D'abord, est-on bien sûr qu'on ait vraiment cherché toutes les mentions, même fugitives, de livres de cette sorte qui seraient faites dans l'ensemble de nos sources?

*M. Lenoir*: Philippe Fleury nous a bien montré hier que les machines de jet de l'armée romaine correspondaient à des normes techniques que l'on trouve exposées chez Vitruve et qui ont ultérieurement évolué. Il en va certainement de même pour l'équipement offensif et défensif des soldats, équipement dont la fabrication a pu effectivement donner lieu à des contrats publics sous la République et a été, à partir de Dioclétien, regroupée dans les *fabricae* impériales. Mais n'oublions pas, en même temps, que chaque légion fabrique ses armes, au témoignage de Végèce (2, 11: les fonctions du *praefectus fabrorum*): *Habet praeterea legio ... artifices ... praeparatos qui arma, uehicula ceteraque genera tormentorum uel noua facerent uel quassata repararent.*

De même, certains domaines de la technique militaire — escrime, lancement d'armes, exercices divers — ont pu être codifiés dans des manuels, dont certains développements de Végèce sont peut-être l'écho indirect.

En revanche, d'autres domaines ont échappé à la codification/normalisation. C'est le cas des camps. Leur structure relève plus de la tradition urbanistique que d'une normalisation. Les différences de province à province, pour des camps contemporains, sont en effet telles qu'il ne peut être question d'une norme à l'échelle de l'Empire. Ces différences peuvent porter sur des points en apparence secondaires (épaisseur du rempart, fortification des angles ou des portes); elles concernent aussi la superficie attribuée à tel ou tel type d'unité, comme l'avait bien vu dès 1926 Fabricius, dans l'article *limes* de la *Realencyclopädie*: il faut bien admettre l'existence de traditions provinciales, y compris pour les *mensores* militaires.

*Cl. Nicolet*: Je rappelle qu'on a au moins un exemple (à ma connaissance) d'un traité spécialisé: Pline signale lui-même (*nat.* 8, 162) avoir écrit un *liber de iaculatione equestri.* Il a été — on le sait par son neveu (*epist.* 3, 5, 3-4) —, *praefectus alae* en Germanie. Quels étaient le statut, la nature, de ce texte?

*M. Crawford*: Je doute pour ma part que cet opuscule de Pline ait été vraiment publié ou écoulé.

*P. Gros*: Quand on lit Pline, *Correspondance*, livre 10, on est frappé par le manque de référence dont souffre ce haut responsable provincial dans tous les domaines: juridique, technique, urbanistique, religieux, etc. Visiblement la *lex provinciae*, si tant est qu'il puisse en disposer, le laisse démuni dans la plupart des cas qui lui sont soumis et ses constants appels à Trajan ne relèvent pas seulement, comme on l'a dit parfois, d'un excès de scrupule.

En ce qui concerne les aspects professionnels et artisanaux de la transmission du savoir, on ne doit pas sous-estimer le rôle des *scholae*; le double (ou triple) sens du mot est suggestif.

*Ph. Fleury*: Il faut probablement distinguer deux niveaux dans l'acquisition des compétences techniques militaires. Des magistrats comme Pompée ou César s'informaient d'une part par leur expérience du *cursus honorum* et d'autre part par la lecture de livres du genre de celui que l'on sait avoir été écrit par Caton. Leurs ingénieurs-techniciens (*architecti-mecanici*), leurs *apparitores* devaient eux suivre des formations, écouter des *praeceptores* dans des écoles, voire dans des ateliers.

IV

JANET DELAINE

# "DE AQUIS SUIS"?: THE "COMMENTARIUS" OF FRONTINUS

In the preface to the *de aquae ductu urbis Romae* (hereafter *de aquis*) Frontinus defines his work as a *commentarius* in which he has gathered previously dispersed facts to provide a *formula administrationis*, hopefully of use to his successors, yet initially for his own instruction and guidance in his role as *curator aquarum* (*aq.* 2). It is as a *commentarius*, and under the heading of "traités de type administratif" that the *de aquis* finds its place in the Entretiens, an interpretation very much in keeping with a growing trend to see the hydraulics of the *de aquis* as merely the subject matter of a type of literature which has been called "the administrative handbook" or "the administrative manual"[1]. I am thus going to say very little indeed about the technicalities of water supply, or about how much of it Frontinus did or did not understand; this is an area already well covered by experts in the field of ancient

[1] This is the basic assumption of the two most recent monographs on Frontinus, Ch. BRUUN, *The Water Supply of Ancient Rome. A study of Roman Imperial Administration* (Helsinki 1991) and H.B. EVANS, *Water Distribution in Ancient Rome. The Evidence of Frontinus* (Ann Arbor 1994), and cf. for example, R.H. RODGERS, "An administrator's hydraulics: Frontinus *Aq.* 35-36.2", in A.T. HODGE, *Future Currents in Aqueduct Studies* (Leeds 1991), 15-20. There are, of course, still those who insist on a straightforward interpretation; an extreme example is F.R.D. GOODYEAR, "Technical Writing", in *The Cambridge History of Classical Literature,* II. *Latin Literature*, ed. by E.J. KENNEY and W.V. CLAUSEN (Cambridge 1983), 672, who states firmly that "The *De aquis* is exactly what it claims to be, a systematic account of the water-supply of Rome".

technology[2]. Rather, what I intend to do in this paper is to try to identify the extent to which the term "*commentarius*" really describes the *de aquis*, in part by identifying what **else** the *de aquis* is.

What is a *commentarius*? The general consensus seems to be that it is a set of instructions or the text accompanying a thing to be used: that is, in essence, a written aid to those engaged in practical occupations, whether magistrates or architects[3], so that "administrative handbook" is a reasonable translation for any *commentarius* which serves a public office or concerns a public facility. In that case, there is no question but that the parts of the *de aquis* describing the individual lines, at least, read like a technical *commentarius* on the maps Frontinus tells us he prepared (*aq.* 17), modelled on the *commentarii* of Agrippa (*aq.* 99), as Evans has pointed out[4]. Much of the rest, particularly the legal codes plus commentary which occupy *aq.* 124-130, read like an administrative *commentarius* or handbook. Indeed, for Bruun the *de aquis* is predominantly an administrative *commentarius* but of a rather different kind, a "how to be a Roman administrator" rather than "how to be a *curator aquarum*", in the sense that Varro is a manual on "how to be a gentleman farmer".

In this sense he finds the *de aquis* lacking in completeness — for him, it does not work as a manual which would answer all the questions concerning the administration of Rome's water supply, and it leaves many aspects of the task of a *curator aquarum* unclear[5]. Although Eck has previously explained

[2] See especially A.T. HODGE, *Roman Aqueducts and Water Supply* (London 1992), and bibliography.

[3] For a full discussion see F. BÖMER, "Der *commentarius*", in *Hermes* 81 (1953), 210-50. GOODYEAR 1983 (see note 1 above), 672 briefly discusses the term as applied to Frontinus, but is largely concerned with literary technique (or lack of it). Cl. NICOLET, *Space, Geography, and Politics in the Early Roman Empire* (Ann Arbor 1991), 101 provides a succinct treatment in the context of Agrippa's map.

[4] EVANS 1994 (note 1 above), 56-63. Indeed Evans argues that Frontinus took Agrippa as a model in other aspects of his curatorship as well.

[5] BRUUN 1991 (note 1 above), 16-18. But note that when assessing the *de aquis* as a technical handbook, Bruun (p. 15) is attune to the possibility that ancient handbooks may have worked differently to modern equivalents.

away its failings in this respect by suggesting that Frontinus was pioneering the genre "administrative handbook"[6], Bruun compares it to works like the *Gnomon of the Idios Logos*, which he thinks of a "real" administrative handbook, probably part of a tradition going back to Augustus, and concludes that Frontinus must have known and used such "real" administrative handbooks and thus had, as it were, no excuse for not getting it right. Now, to my mind it is unreasonable to expect ancient technical or administrative manuals to meet our exacting and thoroughly 19th or 20th century specifications for such works, and indeed our sense of discomfort at the failings of the *de aquis* might be rather less if we realised how far even **real** modern examples of technical handbooks fall below the standard we somehow expect of Frontinus and others; anyone who has tried to use a computer manual is only too well aware of this problem. Indeed, to return to the *Gnomon of the Idios Logos*, the preface specifically says that it is a synopsis of the relevant laws, and even then only of the main part of it, leaving the recipient "to supply from memory the missing parts of this version"[7]. Hardly a model of completeness! But we should remember also that the ancient world had a much more restricted access to information than we do, and thus perhaps a different view of the completeness which Frontinus claims in his introduction.

If, then, the lack of completeness which has troubled commentators can be dismissed as an anachronism, nevertheless a sense of discomfort remains about the *de aquis* as a straightforward work of any kind, even as a technical *commentarius* or an "administrative handbook". "There is", to quote Evans, "really no clear parallel to Frontinus' treatise in the body of extant Roman literature" — and that is true even if we include texts like the *Gnomon*[8]. Attempts to explain the difficulties have been

[6] W. ECK, "Die Gestalt Frontins in ihrer politischen und sozialen Umwelt", in Frontinus-Gesellschaft (ed.), *Wasserversorgung im antiken Rom* (München 1982), 56-57.

[7] S. RICCOBONO, *Il Gnomon dell'Idios Logos* (Palermo 1950).

[8] EVANS 1994 (note 1 above), 53.

many. Grimal's explicit discussion of the *de aquis* as a political work in praise of the emperor Trajan, in the introduction to the Budé edition of 1944, led scholars to look increasingly for the hidden political agenda which might explain the perceived failings of the *de aquis* on a technical level[9]. To this has more recently been added a view of the *de aquis* as a piece of self-glorification on Frontinus' part[10]. Bruun has also suggested that it functioned as a kind of "*Scientific American*" style introduction to a technically difficult subject for the general educated reader, in the manner of Pliny's *Natural History* — an encyclopedia entry under the heading: Rome, city, aqueducts[11].

Still, none of these interpretations entirely account for the many intrinsic peculiarities of the text as we have it, for example the difficulty in places of deciding which emperor — Nerva or Trajan — Frontinus is talking about at any given point[12]. One possible explanation is that discrepancies could have arisen if Frontinus revised his original *commentarius* for wider circulation, a point made long since by Grimal but taken up again more recently[13]. By considering this as a work in two stages, we can accept that some at least of the technical and factual content was, as Frontinus says, gathered together to help him understand his new office, both from existing written

[9] P. GRIMAL (ed.), *Frontin. Les aqueducs de la ville de Rome* (Paris 1944), XV-XVI. The idea had, however, already been suggested by T. ASHBY, *The Aqueducts of Ancient Rome* (Oxford 1935), 26-27.

[10] BRUUN 1991 (note 1 above), 178-79, 186-87, 370; EVANS 1994 (note 1 above), 63.

[11] BRUUN 1991 (note 1 above), 18-19.

[12] I am not concerned here with textual problems, but with the content as we understand it. At *aq.* 93, 4 the emperor is clearly Trajan, and at 102, 17 Nerva, which means that *aq.* 1, 1 is Nerva also; *aq.* 102, 4 and 118, 3 refer to Divus Nerva. *Aq.* 88, 1 ought to be Trajan because this starts the lists of reforms that end with 93, 4, but it is also possible that these started under Nerva; *aq.* 64, 1 and 87, 1 could be either. Not all scholars are in agreement; HODGE 1992 (above note 2), 16-17 appears to think that Trajan is meant except where Nerva is referred to as Divus.

[13] GRIMAL 1944 (note 9 above), IX; R.H. RODGERS, "*Copia aquarum*: Frontinus' measurements and the perspective of capacity", in *TAPhA* 116 (1986), 353; EVANS 1994 (note 1 above), 56.

sources — the *commentarii* of Agrippa, the other imperial *commentarii* mentioned frequently in *aq.* 64-74, the legal enactments which occupy much of *aq.* 96-130 — and from his own investigations in the field. This still, however, brings us to the crux of the matter: explaining the nature and context of the text as we have it, and the degree and way it differed from a straightforward *commentarius*. In this sense it is the political context which has received most attention; but before I turn to a re-evaluation of this aspect, I want to look at that element of the text which surely must have distinguished the notes of Frontinus' *commentarius* from the extant version of the *de aquis*: its style.

Even to mention "style" and "Frontinus" together in the same breath, unless in the strongest negatives, is, it seems, to take a radical, if not revolutionary, stance. Goodyear is perhaps typical of those who discuss Frontinus as a writer at all; he describes it as "in general unaffected, though one finds occasional embellishments", precisely in the plain or unpolished style of the *commentarius*[14]. Hodge is more directly scathing: the "*De aquaeductu* (he says) must qualify as one of the driest [sc. manuals] ever written, and is wholly devoid of literary pretensions or elegance whatever"[15]. Only Grimal notes "le ton solennel" of the introduction, without going into further analysis[16]. While I have no intention of enroling Frontinus among the great Latin authors, I could not disagree more with this denial of any stylistic sophistication in the *de aquis*. For what were Frontinus' audience, indeed what are we, to make of a work which, after a short preface itself divided into a rhetorical *exordium* and *partitio*, begins "*Ab urbe condita...*"?

The first 16 chapters, the potted histories of the aqueducts themselves, are usually accepted as somehow having a natural place in the work as a whole, if often confused and insufficient

[14] GOODYEAR 1983 (note 1 above), 672.
[15] HODGE 1992 (note 2 above), 16.
[16] GRIMAL 1944 (note 9 above), XVI.

in factual content; Grimal assumed that Frontinus had to turn to annalistic historians to fill the gaps in the official records[17]. Each chapter gives the date of the aqueduct, names the person or persons responsible for it, comments on the attendant circumstances, and then briefly describes its source, the nature and length of the construction, and its course. Thus we have for each aqueduct a history and a physical description of the monument, and both of these parts belong to quite recognisable literary genres.

The histories are in fact composed, although not very well, in the highest tradition of prose literature, annalistic history. The means of dating alone give the tone. Frontinus uses the era dates — from the founding of the city — seven times in 10 chapters[18]. Despite "*ab urbe condita*" being so familiar to us as the title of Livy's great work, Livy himself usually dates by consuls, the normal Roman way of dating an event, and as far as we know uses AUC dates only at the beginning of sets of books — e.g. Book 6, the start of the first decade — where they identify the significant event of the period to be covered, and for events of particular importance: the foundation of the Roman Republic, the start of the First and the Third Punic Wars[19]. The portentous tone of "*ab urbe condita*" dates is clear in later historians, too; Tacitus, for example, uses it only at the very beginning of the *Histories* (*hist.* 1, 1)[20]. Indeed, there are very

[17] GRIMAL 1944 (note 9 above), X-XI. EVANS 1994 (note 1 above), 56, dismisses the histories as "sketchy and statistical".

[18] The era dates were a later practice and one on which there was no consensus until, probably, the Augustan Fasti where each tenth consular year has a date AUC appended. See A.E. SAMUEL, *Greek and Roman Chronology. Calendars and Years in Classical Antiquity* (München 1972), 249-52.

[19] The only surviving examples of actual dates AUC are Livy 1, 60, 3; 6, 1, 1; 31, 5, 1; 47, 1, 20; 49, 1, 2 and 1, 19. Otherwise Livy uses "*ab urbe condita*" or "*post urbem conditam*" as a general indication of time, e.g. 7, 32, 8 (used as a very large number); 8, 25, 2 (5th *lectisternium* since the city was founded).

[20] Velleius Paterculus uses it only three times, for the eruption of civil war, for Octavian's first consulship, and for the adoption of Tiberius (VELL. 2, 49, 1; 65, 2; 103, 3); Florus only at the end of his *Epitome* when Augustus closes the gates of Janus for only the third time in 700 years (*epit.* 2, 34).

few other places in extant Latin literature which use AUC for specific dates[21].

Not that Frontinus uses AUC dates alone to give an annalistic feel to his work. For the Aqua Appia and the Anio Novus he relates the construction to important events in Rome's history — the beginning of the Samnite War (*aq.* 5, 1), and the war with Pyrrhus (*aq.* 6, 1) respectively[22]. The section on the Aqua Marcia cites a relatively obscure source — the antiquarian and annalistic historian Fenestella — for the cost of construction (*aq.* 7, 4), and tells the story of how water was brought to the Capitol despite the injunctions of the *Sybilline books*, even giving an alternative reading — the waters of the Anio rather than the Marcia — based on the most common tradition[23]. There is even an etymological aside, on the origin of the name of the Aqua Virgo (*aq.* 10, 3), yet another technique used in historical writing.

As is fitting in a work of annalistic history, nearly all of the histories of the individual aqueducts dwell on the invariably great and famous men, holding the highest offices of the state, who were responsible for, or had their names associated with, the building of the various aqueducts; and that this reflects a concern in assigning *gloria* (Frontinus uses this precise word) is

[21] Two are in Pliny's *Naturalis historia* (18, 107, 2; 35, 22, 5), and these are the only ones that seem at all parallel to Frontinus' use in terms of context; the first is similar to *aq.* 4, giving the length of time before there were professional bakers in the city, while the second dates an event of great significance in Pliny's history of painting, the first painting to be publicly displayed at Rome, celebrating a major Republican victory. The other occurrences of *ab urbe condita* or more often *post urbem conditam* all are equivalent of "extremely old" or "in all our history". Thus, for example, CIC. *dom.* 50, 11; SALL. *Catil.* 18, 8, 3; PLIN. *nat.* 1, 16a, 142; TAC. *hist.* 3, 72, 1.

[22] For the difficulties of reconciling Frontinus' AUC and consular dates, and possible reasons for this, see GRIMAL 1944 (note 9 above), 66-67, note 4.

[23] See R.H. RODGERS, "What the Sibyl said: Frontinus *Aq.* 7.5", in *CQ* N.S. 32 (1982), 174-77, for the most recent discussion of this passage, and the possibility that Livy was at least one source of the alternative reading. GRIMAL 1944 (note 9 above), X and XI note 4, identifies the annalistic basis and Frontinus' attempts at source criticism, but does not recognise this as a deliberate stylistic choice on the part of Frontinus.

made explicit in the case of the Anio Vetus (*aq.* 6, 4). The building of the aqueducts is treated like a war of conquest, a point which *aq.* 18, 4-5 tends to reinforce; the underground channels of the older aqueducts reflecting the frequent state of war in Republican Italy are replaced with arches above ground, so that the development of the aqueducts parallels Roman territorial expansion in Italy.

The second part — the physical description of the individual lines — also contributes to this identification of the aqueducts as the empire. The concept of the physical entity of Rome as the greatest wonder in the world took hold in the Augustan age, and appears in various forms among several writers of the period and beyond. One recurrent version, found first in Dionysius of Halicarnassus (3, 67, 5) and Strabo (5, 3, 8), is particularly germane to my argument here, and I quote from Dionysius:

> "Indeed in my opinion the three most magnificent works of Rome, in which the greatness of the empire is best seen, are the aqueducts, the paved roads and the construction of sewers".

The whole historical section of the *de aquis*, of course, ends with perhaps its most famous passage:

> *Tot aquarum tam multis necessariis molibus pyramidas uidelicet otiosas compares aut cetera inertia sed fama celebrata opera Graecorum.*
>
> "So many aqueducts on so many necessary and massive constructions! Take the pyramids — clearly idle — in comparison, or those other things, lifeless but — in common opinion — celebrated, the works of the Greeks."

I have translated this rather more literally than is normal and with an eye to the Latin word order, in order to bring out the rhetorical nature of the passage and its supercilious tone. The passage is worth a closer examination that it usually receives. Comparison with the pyramids is perhaps natural, as they were, after all, the archetype of wondrously large structures, indeed one of the canonical seven wonders of the world. But I think we can be more specific than that. Frontinus had clearly been reading Book 36 of Pliny's *Natural History*, where the pyramids are not just a superfluous display of wealth but are specifically *otiosa* (*nat.* 36, 16, 75), and where much is said about the reputation (*fama* is the recurrent word) of Greek sculptors in marble (*nat.* 36, 4, 9-43).

More important, it is Pliny who gives the most developed expression to the idea that the monuments of the city of Rome are the greatest wonders of the world, even greater than the other things described in that Book, wonders through which the world has been conquered (*nat.* 36, 24, 101); and the culmination of his account, the true miracles, are the aqueducts *nil magis mirandum fuisse in toto orbe terrarum*, "nothing more remarkable than which has ever existed in the whole world" (*nat.* 36, 24, 123). Many of the elements in Pliny's brief description reappear in Frontinus: the historical setting and the famous men (Quintus Marcius Rex, Agrippa and Claudius), the sources of water and the cost of bringing it to the city, the amount of water and the physical achievement of conquering nature (*nat.* 36, 24, 121-122). So that in the rhetorical flourish with which Frontinus closes this introduction to the aqueducts, he underlines their exalted position in the discourse on Rome itself, both as empire and as capital of empire. Placed in this context, Frontinus' next statement, on the importance of the *curator aquarum* in maintaining the aqueducts (*aq.* 17) anticipates the explicit affirmation of *aq.* 119; the maintenance of the aqueducts is *rem enixiore cura dignam, cum magnitudinis Romani imperii uel praecipuum sit indicium*, "worthy of more special care, as it gives the best testimony to the greatness of the Roman empire".

Frontinus explains how he went about this particular duty, by detailed examination and having plans made, *ut rem statim ueluti in conspectu habere possimus et deliberare tamquam adsistentes*, "in order to have the thing immediately before one's eyes, as it were, and think about it as if standing in front of them" (*aq.* 17). Here, following the history and the panegyric of the empire, is the geography. It is a geography of Rome, first tracing the lines of the aqueducts within the city and its proximate *suburbium*, and locating them with respect to topographical features whose names are redolent of Rome's history — Porta Capena, via Latina, Spes Vetus, Horti Luculli, etc. (*aq*. 18-22). While Evans has linked this to the mapmaking of Agrippa, Agrippa's most famous map was a map of the world, not of Rome. That there was an Agrippan map of the aqueduct system can be deduced from Frontinus' own evidence, but it may be possible to put Frontinus' geography of the aqueducts also in the context of another public map, the *Forma Vrbis* of the Flavian period.

After the history and geography, the next 44 chapters mark a change. They are the most technical — in the sense of technological — of all, and probably the ones which have received most comment by the hydraulicists; they deal, of course, with the sizes of pipes and the measurement of water. Rather than look at this technical content, I want again to look at how this section is written. Here we enter the world of mathematics, or at least that part of it which can be applied in everyday life and therefore useful for the practical man to understand if not actually use himself. The tone is didactic, and the exegesis starts from first principles, defining inches and digits (*aq*. 24), explaining the origin and nature of the *quinaria* and the measures derived from it. For good measure, there is a patently philosophical statement on the immutability of measurement[24].

The closest parallel to this section comes from Columella, where at the start of Book 5 he inserts an explanation of simple land measurement techniques, starting with the definition of his units of measurement (5, 1, 4-13), but under protest that this is really the field of the specialist geometrician or surveyor, not of country farmers (*rustici* ) (5, 1, 1-3). On a more general

[24] *Aq*. 34, 3: *Omnia autem quae mensura continentur, certa et immobilia congruere sibi debent; ita enim uniuersitati ratio constabit.*

level, Frontinus' mathematics are like those of Vitruvius — who after all contributed to the system of water measurement and is cited by Frontinus — that is they are practically orientated; any more specific and detailed interest is for the mathematician[25]. And Frontinus makes it clear that he only includes even this much mathematics because it serves a specific purpose, to explain the detection of fraud, a leitmotif of the *de aquis* (23, 2, cf. 32-34). This is strengthened in the next section where is a comparable use of figures to identify discrepancies between the capacity of the individual aqueducts according to the imperial records and according to Frontinus' findings (*aq.* 64-76); here too the value of applying mathematics — doing the sums — is in real situations.

Nor does the concern with numbers stop here, but flows on into the next 10 chapters. These are, however, statistics rather than calculations, those ordered lists which constitute the "potent statistics" that Purcell believes contribute to a "conceptual geography", and the ones indeed which take us back to Pliny's account of the aqueducts — the amount of water distributed from each aqueduct to the different regions of the city and the different types of functions and buildings[26]. The abstruseness of this type of material, which to borrow another phrase from Purcell constitutes a "rhetoric of obscure information", is indeed recognised by Frontinus himself (*aq.* 77) at the start of the list; "I know very well that such an enumeration will appear not only dry but also complicated; but I will make it as short as possible…those who are happy just to know the totals can skip the details".

While the numbers in both these sections have been mined by commentators looking for useful factual information, the implications for the reader of the text have not, to my knowledge, ever been taken into consideration. Under normal conditions

[25] See P. GROS, "Vitruve: l'architecture et sa théorie", in *Aufstieg und Niedergang der römischen Welt* II 30, 1 (Berlin 1982), 671.
[26] N. PURCELL, "Maps, lists, money, order and power", in *JRS* 80 (1990), 180.

of reading, these numbers were heard rather than just seen. The list of fistula sizes has a particularly somnolent effect when read out loud, but more importantly, how comprehensible were the figures? Were the Romans any better than we are at understanding multiple fractions or of retaining more than two or three complex numbers out of a series? In a real administrative handbook the numbers would have had force (even if some of the sizes were according to Frontinus no longer in use), but in a literary composition for any wider audience they can only have had one aim, to impress the reader with the author's learning, and to manufacture an air of mystery around the subject; a rhetorical device, in fact. Rhetorical too is the short (8 chapters) panegyric on the care of the emperor for the city, the theme of which is purification, of the water and thus of the whole city itself (*aq.* 87-93, especially 88-89); it concludes with the solemn recital of the emperor's titles (*aq.* 93).

History, geography, philosophy, obscure and encyclopedic knowledge, rhetoric — all components of the complete Roman education, the kind of education outlined by Vitruvius for his ideal architect, or by Cicero for his complete man[27]. Only law is missing, and it is to law that the *de aquis* turns in its last 36 chapters. This is the section most treasured by those who see the *de aquis* as an administrative treatise. Its legalistic flavour is indeed very strong, as is its obvious dependence on earlier written accounts of the water administration, especially those made by Agrippa which Frontinus refers to specifically (*aq.* 99). Here the legal interests of Frontinus himself can be detected; after all, one of Pliny the Younger's anecdotes shows Frontinus as a respected legal expert (*epist.* 5, 1,1-6), and the *de controuersiis* shows this legal ability applied in the area of land surveying. His spell of duty as proconsul of Asia must also have added to his legal standing[28]. If Frontinus' intent was in part to show off his legal knowledge, the citing of these rulings *uerbatim* and the

[27] VITR. 1, 1; CIC. *de orat.* 3, 32-33, 126-136.
[28] See ECK 1982 (see note 6 above), 55 for this aspect of Frontinus' career.

inclusion of the apparently out-dated *senatus consultum* at *aq.* 104 would gain some point.

I have tried in this analysis to take the text very much in the order it would have been read, in order to emphasise the cumulative impression made on the reader, rather than dipping into it as the seekers of technical information are particularly inclined to do. As the *de aquis* progresses, then, it reveals a Frontinus familiar with rhetoric, history, geography, philosophy, oratory, law and administration, a man of encyclopedic learning but also of practical experience, in fact the complete Roman senator of the austere school, plain in speech but well-educated, a later Cato or Agrippa. In the Preface to the *de aquis* Frontinus sets himself firmly in the long line of eminent men, the *principes uiri,* the leaders of the state, who had in the past been his predecessors in the post, and these men are finally identified towards the end of the work (*aq.* 102). They include the jurists Ateius Capito and Cocceius Nerva (the emperor's grandfather), and orators such as Messala Corvinus and Domitius Afer, and of course Agrippa himself. By presenting the aqueducts as one of the wonders of Rome, indeed as one of the wonders of the world, Frontinus shows that the post of *curator aquarum* is one of paramount importance, and that in maintaining Rome's water supply not only is the city of Rome, the "queen and mistress of the world", restored to health (*aq.* 88), but by implication, so is the empire itself, as we have seen Frontinus himself makes explicit (*aq.* 119). Some of the glory goes, of course, to the emperor, but the overall effect of the *de aquis* is to show that most of it goes to the *curator*. Frontinus could not make his contribution to the empire by building his own aqueduct, as Agrippa and the Republican magistrates had, but having the care of them is represented as equally, if not more, important.

In his role as *curator aquarum*, Frontinus is, then, in a way, acting for, if not as, the emperor himself. This is made explicit in the opening sentence of the whole work, not just by the statement that the post itself was a charge from Nerva, but by

Frontinus' choice of language; he is roused *non ad diligentiam modo uerum ad amorem* when entrusted with a task, while the Nerva in the next line is described as *nescio diligentiore an amantiore rei publicae imperatore* — in other words having the same virtues and attitudes as Frontinus, only more so. Now, Frontinus has a reputation among modern commentators as a modest man, a sentiment derived largely from his own words as reported by Pliny: *Impensa monumenti superuacua est; memoria nostri durabit, si uita meruimus* — "There is no need to spend money on a large tomb; my memory will endure, if my life has deserved it" (*epist.* 9, 19, 6). Pliny, we should not forget, did not think this modest at all, on the grounds that Frontinus published this saying throughout the world — one would love to know where Pliny had heard it. It is not in the *de aquis*, but the whole of this work conveys the same message, the *diligentia* of Frontinus never being long absent from the narrative. Indeed, if we want a motive for the transformation of Frontinus' *commentarius* into our text, for its greatly elaborated form and its wider dissemination, then this display of the value of his life may give it to us. As has been noted by others, but generally without extensive argument, the *de aquis* is — part at least — of Frontinus' *monumentum*[29]. The natural corollary to this is that the technical details in the *de aquis* have little importance **for themselves**.

It would be harder to argue this point were it not for our knowledge of the rest of Frontinus' oeuvre, the works of surveying preserved in the *Corpus Agrimensorum Romanorum* and the military writings, the *Strategemata* and the major work on the art of war used by Vegetius. These were clearly still current in an abridged (or even extended) form in late antiquity and cited as sources by later authors[30]. The *de aquis* is different from these, as it is different from most of the surviving literary

[29] See note 10 above.

[30] The lost work on military science was noted by Aelian (*De instruendis aciebus, Praef.*) and cited as one of his main sources by Vegetius (*mil.* 1,8).

works with which it has been compared, in that there are virtually no references to it in later Latin and Greek literature, either directly or indirectly. While there is always a problem arguing *ex silentio*, contrast the other of Frontinus' works and Vitruvius, whose work forms the basis of the two later building manuals, Faventinus and Palladius[31]. Nor is there much sign of Frontinus being used as a source of information on the aqueducts of Rome, unless the mention of Claudius bringing water *Simbruinis collibus* in Tacitus (*ann.* 11, 13) was inspired by *aq.* 15 on the Anio Novus. The one possible exception, where something of the content and the flavour of the *de aquis* seem to be reflected however briefly, is in the *Formula Comitiuae Formarum Vrbis* of Cassiodorus (*uar.* 7, 6), but close verbal echoes are insufficient to make a clear case.

This lack of later reference together with the style of the *de aquis* suggests to me that the value in antiquity of the work we have was tied closely to the specific circumstances under which it was created. But what were these circumstances? Grimal placed the publication of the *de aquis* in March of AD 98, or at the latest before the summer of that year, on the grounds that Frontinus would not have continued to act as *curator aquarum* while holding his consulship[32]. It was certainly after the death of Nerva, but not long after, as the confusion over which emperor Frontinus is referring to on occasions reveals. Let us consider the crucial period for a moment. Domitian had been assassinated in September of 96 and Nerva had taken over the reigns of the state immediately at the express wish of the senate. Change was in the air, change which seemed to give the senate renewed powers. Two of Nerva's early reforms affected Frontinus directly: the setting up of an economy commission

[31] See H. PLOMMER, *Vitruvius and Later Building Manuals* (Cambridge 1973).

[32] GRIMAL 1944 (note 9 above), IX, as had already been suggested by R. SYME, "Imperial Finances under Domitian, Nerva and Trajan", in *JRS* 20 (1930), 57. For a more cautious dare, see BRUUN 1991 (note 1 above), 10 (around AD 100).

of which Frontinus was a member, probably in late 96[33]; and a resuscitation of the senatorial post of *curator aquarum* in 97, which Bruun thinks may possibly have been in desuetude in the later years under Domitian[34]. By mid 97 or a little later, the praetorians were in revolt and Nerva had been forced to accept the execution of the Domitian's assassins; his response was formally to adopt Trajan in October 97, ending the vain hope that control of the empire really had returned to the senate. Trajan was consul for the second time on 1 January with Nerva, but before the end of the month Nerva was dead. Trajan, although consul, was out of Rome, so that for the rest of the year the senate was ruled by the suffect consuls, all older men, the contemporaries and supporters of Nerva, including, of course, Frontinus himself[35]. Trajan returned to Rome in AD 99, but held the consulship for the third time only the next year, when Frontinus was *ordinarius* with him and also consul for the third time — a very rare honour indeed, as several scholars have noted[36]. Frontinus had thus gone in very quick succession from *curator aquarum* to cos II to cos III, both consulships with Trajan as colleague and when Trajan was holding the consulship for the same number of times, long unheard of for someone outside the imperial family. What wonder, in a period in which a senator has been elected emperor and the senate seemed to be regaining its lost powers, that Frontinus might just portray himself as the emperor's equal?

This I think brings us closer to the specific circumstances, and to the real context of the *de aquis*. The two occasions when Frontinus really was the virtual equal of the emperor were his

[33] PLIN. *paneg.* 62.

[34] BRUUN 1991 (see note 5 above), 179.

[35] See F. ZEVI, "Un frammento dei *fasti Ostienses* e i consolati dei primi anni di Traiano", in *La Parola del Passato* 34 (1979), 185 note 20 and 189-91.

[36] W. ECK, "Beförderungskriterien innerhalb der senatorischen Laufbahn, dargestellt an der Zeit von 69 bis 138 n. Chr.", in *Aufstieg und Niedergang der römischen Welt* II 1 (Berlin 1974), 222-23; ZEVI 1979, 191-92; ECK 1982 (note 6 above), 60.

two consulships, either of which might have formed a suitable occasion for a piece of self-praise that was itself a praise of Rome and a recognition of the new importance of a senate which needed recalling to its duty by example. I would like to be greedy and have both, since I think a case can be made for there having been three versions of the *de aquis*, not two. Between the original *commentarius* and the work as we have it was, I suggest, a speech to the senate either just before or during his second consulship, perhaps indeed to present the results of his curatorship, but certainly in Trajan's absence to judge from the second place played by the emperor and the mildness of the panegyric it does contain — we only have to look at Pliny's speech on taking up his consulship to see what a real panegyric looked like[37].

Much of the *de aquis* in fact reads like a speech, with frequent use of the first person and rhetorical flourishes; even the length is not inappropriate[38]. This could, of course, merely be due to the rhetorical nature of most Latin literature and the practice of public recitation of works before circulation of the written text, but taking the text as a speech solves some problems. One is the omission of all reference to Domitian (except once in a pejorative context, *aq.* 118) and any *curatores* or events of his reign, which would have been uncomfortable to mention in front of the Senate given the very recent difficulties between Nerva and the praetorians. There is also the curious passage in which, after listing the distribution of water in the city, Frontinus points to the work recently initiated by the

[37] I cannot agree with GRIMAL 1944 (note 9 above), XV, that the *de aquis* is an official manifesto in which Frontinus is acting as the emperor's mouthpiece, and that it is thus in the same class as Pliny's *Panegyricus*. The fact that it is sometimes not clear which emperor is intended (see p. 120 n. 12 above) seems proof enough of this, particularly given the relatively small role played by the emperor. In addition to the *Panegyricus*, Vitruvius' prefaces with their direct address to Augustus provide a contrast.

[38] The length is similar to some of Cicero's forensic speeches, e.g. the *pro Roscio Amerino*, and to the second *de lege agraria*. Notably, it is little more than half the length of the near contemporary *Panegyricus* of Pliny the Younger.

emperor to improve this, and adds "I know I should give the details of the new arrangement, but I will add this when ready; you must realise that no account should be made until they are finished" (*aq.* 88) — more reasonable if Frontinus intended giving a further account to the Senate at a later date than adding an appendix to a text already put into public circulation.

It makes particular sense also of the end of the *de aquis* (*aq.* 130), in which Frontinus explains — rather condescendingly — that he has tried to let those who have transgressed the law protecting the aqueducts go unidentified, and that those who sought the emperor's pardon ought to thank Frontinus for his indulgence; he then finishes with a warning that, although he hopes in future no action will be needed under the law, it will be taken if necessary. This suggests a specific audience, present there before him, in which were a number of guilty parties, presumably known to some but studiously ignored by all. Given what we know of the owners of both private water pipes and the land on which the aqueducts ran, the specific audience is most likely to be the Senate. After all, the model Frontinus himself cites for the treatment of other aspects of water fraud was itself a speech, given by Cicero's friend Caelius Rufus as aedile and entitled "*de aquis* " (*aq.* 76). Finally, I wonder if Frontinus' quip about those who are satisfied with knowing just the totals of water distributed being allowed to skip the details indicates the place at which, in the speech, those in the back row of the senate started to nod off to sleep!

I have dwelled rather at length on the aspects of the *de aquis* which do **not** act like technical literature partly to show the difficulties created by assigning works modern labels, but also to allow us to characterise the technical elements and to try to identify their function in the *de aquis* as we have it. The first point I want to make depends to some extent on accepting that there was both a *commentarius* and a speech. The *commentarius* of Frontinus, as I have said, was based in part on earlier *commentarii*, and in part corrects them; that is, in civil service peak, one of Frontinus' activities as *curator aquarum* was "updating the records". This is clearest in the long list of the supposed capacity of each aqueduct and what Frontinus found they actually provided (*aq.* 64-73). I am not interested here in how Frontinus tries to explain the discrepancies, but in the act of renewing statistics. This activity of updating records is also understood in *aq.* 88, where Frontinus says he should give the new figures for the distribution of water in the city, but will wait until the work is finished.

Frontinus was clearly not the first to have updated the records since the original *commentarii* of Agrippa, since he has figures for the Aqua Claudia and Anio Novus. When Frontinus (*aq.* 97) cites Ateius Capito for an anomalous regulation giving the aediles and censors control over the watering of the Circus Maximus even after the introduction of *curatores aquarum*, he is perhaps giving evidence of similar activity, but this on the legal rather than statistical side. Capito was of course *curator aquarum* under Tiberius, and a notable jurist (*aq.* 97), as were other *curatores* like Cocceius Nerva, and I do not think that this was accidental. Legal matters occupy most of the last 30 chapters of the *de aquis*, and were clearly a major factor in the administration of the aqueducts. It strikes me as important that most of the laws Frontinus cites were established in 11 BC, after the death of Agrippa and at the time the *curatores aquarum* were created, and that they seem to have been formulated at least in part by Augustus on the basis of Agrippa's *commentarii* — at least that is how I interpret *aq.* 99-100. One function of administrative *commentarii* would then be to provide the data which informed the legislative process; and Frontinus has chosen to make his *commentarius* more palatable by putting it in a literary form, leavened with a dose of political rhetoric and seasoned to the right degree of political correctness, in this case a return to senatorial power and to the good old days, with Frontinus playing Agrippa to Trajan's Augustus. Sadly, without a later Frontinus for comparison, we have no way of knowing whether the intention was simply to strengthen and reiterate the existing legislation in the light of the recent changes to the water system, or to pave the way for entirely new legislation.

Why then was our *de aquis* composed, and what was its audience? That it was actually written as a guide to Frontinus' successor(s) as *curator aquarum* is highly unlikely given the literary and rhetorical flourishes; that document would surely have been the *commentarius* proper. One possibility is that the putative speech was revised, or the work itself created, specifically as a *monumentum* to Frontinus' extraordinary political achievement of a third consulship. Since a work to celebrate a third consulship held with Trajan would have, perforce, to have concentrated more on the emperor than on Frontinus himself in the manner of Pliny's panegyric, a "*de aquis suis*", concentrating as we have seen on the importance of the *curator aquarum* in maintaining one of the wonders of Rome and her empire and on the tradition of service to the state by her great men, seems more logical than a Ciceronian "*de consulato*".

Such a work, proclaiming the glory still obtainable through service to the state, must have been highly attractive to a senate returned, or so it seemed, to its former power, under an emperor who was no longer *dominus* but *princeps*. If Frontinus was to be a model for his successors, it was perhaps not in his role of *curator aquarum* but as *princeps senatus*, a replacement for Verginius Rufus, *consul ordinarius* for the third time with Nerva in 97 and dead in the same year, the archetypal self-effacing senator of the old school, who might have been emperor, but put country before personal ambition. That the *de aquis* also makes a nice parable about the state of the *res publica* and the role of the *princeps* and the senate in it, is perhaps no surprise.

It is surely no surprise either that the majority of references to Frontinus himself in other literature belongs, as far as we can tell, precisely to the years 98-104 AD or just after, when his personal impact could still be felt: the poems in Book 10 of Martial's *Epigrams*, the second version of which dates to AD

98[39]; Tacitus' *Agricola*, in which he gives a very flattering vignette of Frontinus — *uir magnus* he calls him — as governor of Britain, again published in AD 98[40]; and almost certainly the equally flattering reference in Aelian's *Tactics*[41]. The three references in Pliny's *Letters* are particularly revealing, as we see his adulation start to wane a little as Frontinus' influence passes after his death in 103 or 104. The first must date to just that time, as Pliny is granted the position of augur vacated by Frontinus' recent death; Frontinus is *princeps uir*, and Pliny succeeding him is represented as a reason for congratulation in itself (*epist.* 4, 8). This is followed (perhaps soon after) by the story of Curianus, part of which relates an inheritance case conducted by Pliny, seated between Corellius and Frontinus, *duos quos tunc ciuitas nostra spectatissimos habuit* — "the two most respected citizens **of the time**", but clearly, we are left to complete, not of the present (*epist.* 5, 1, 1-6). Finally, there is the discussion of the relative merits of Verginius Rufus and Frontinus, and their attitudes to *monumenta*, in which, as we have seen, although not actually denigrated, Frontinus clearly comes off the worse in Pliny's eyes (*epist.* 9, 19).

If the *de aquis* enjoyed wide circulation — and there is no indication that it did other than the very fact of its survival — it presumably did so because of the pre-eminent position of the author at that time, a must for the senatorial bookshelf, read selectively and much quoted in parts, but not really ever read in its entirety. Certainly it contained much useful information on the rights and wrongs of private water supply for those members of the elite who had to contract out their connection to the system, in the same way that Vitruvius provided useful information on construction for those dispensing with

[39] MART. 10, 48, 20 and 58, 1. For the date of the second edition see D.R. SHACKLETON BAILEY (ed.), *Martial. Epigrams* I (Cambridge, Mass. and London 1993), 3-4.

[40] TAC. *Agr.* 17, 3, 3.

[41] K.K. MÜLLER, "Aelianus", in *RE* I 1 (1894), 482-86.

architects; it also gave a glowing account, replete with obscure detail, of one of the wonders of Rome and of the world, for general edification in the manner of Pliny's *Natural History*; there was also a certain amount of arcane history and law of interest to the governing class. But its disappearance from the record suggests that it may not have been popular for long, in contrast to other of Frontinus' works. The political importance of the man was forgotten, the operation of the water supply changed, the statistics were out-of-date, and the great imperial *thermae* superseded the aqueducts as the aquatic wonders of Rome.

## Conclusions

I have dealt at some length in this paper with both the literary nature of the *de aquaeductu urbis Romae*, and on the political context of its author, in order to underline the difficulties of trying to categorise this particular example of ancient literature with a technical content as belonging to some recognised genre called "technical literature". The *de aquis* is unique, as the conditions under which it was created were unique. At the same time, the *de aquis* can provide some general suggestions about the reception of technical information in elite society and the different roles it played at different levels of presentation.

Firstly, the *de aquis* provides ample evidence for the existence of official public records concerning the water supply of Rome, which contained at the very least statistics on water distribution, standards for sizes of water pipes, maps of aqueduct routes, lists of water grants, and a compilation of relevant legislation; it also shows that these records were actively up-dated, at least in connection with major changes to the system if not more frequently, although probably not on a regular basis or as a matter of routine. If I read Frontinus' preface correctly, as a general rule the first stage of assimilation of this disparate raw data was usually made by the permanent staff, perhaps here the *procuratores* we hear of under Claudius and later, in order to make it accessible for the *curatores*; and this can surely be called a *commentarius*. Frontinus presents himself as being unusual in having both the will and the capacity to look at the actual records and the physical plant himself and write his own *commentarius*; and there is no real reason to doubt him in this he clearly **was** an exceptional man.

At the next level, the *commentarius* formed the basis for action, whether formulating new rulings or practices, or checking abuses of the existing system. If the matter had to be brought before the Senate, an educated audience but one not necessarily interested in or familiar with the technicalities, the recalcitrant facts of the *commentarius* could be varnished with rhetoric or cloaked in learning. There seems to be no expectation that all the technical and numerical detail would be understood or absorbed, except perhaps when it came to citing and expounding the law, a field by necessity familiar to all this select group. Any general publication beyond this level — and this is the most likely context in which the *de aquis* was preserved — takes us even further from an expectation of technical understanding. The lists and statistics, which modern scholars glean for scraps of technical detail or administrative know-how, serve rather a different end, that of generating wonder and confirming power. In the particular case of the *de aquis*, the technical detail substantiates the claim of the aqueducts of Rome to be the empire's paramount marvel, and thereby the claim of Frontinus, their *curator*, to be one of the empire's paramount sons.

# BIBLIOGRAPHY

Texts, translations, and commentaries:

R. LANCIANI, *I commentarii di Frontino intorno le acque e gli acquedotti*, *AttiAccLinc* ser. 3, 4 (1880), 213-616.

C. HERSCHEL, *The Two Books on the Water Supply of the City of Rome* (Boston 1899; repr. 1973).

C.E. BENNETT, *Frontinus. The Strategems and the Aqueducts of Rome*, The Loeb Classical Library (London and Cambridge, Mass. 1925).

P. GRIMAL, *Frontin. Les aqueducs de la ville de Rome* (*CUF*, Paris 1944).

C. KUNDEREWICZ, *Sex. Iulii Frontini De aquaeductu urbis Romae* (Leipzig 1973).

G. KÜHNE, "Die Wasserversorgung der antiken Stadt Rom" (Übersetzung der Schrift von Sextus Iulius Frontinus), in Frontinus-Gesellschaft (ed.), *Wasserversorung im antiken Rom* I (München 1982), 79-128.

M. HAINZMANN, *Sextus Iulius Frontinus. Wasser für Rom. Die Wasserversorgung durch Aquädukte*, Lebendige Antike (Zürich and München 1979).

P. PACE, *Gli acquedotti di Roma e il "De Aquaeductu" di Frontino.* Contesto critico, versione, e commento (Roma 1983).

T. GONZÁLEZ ROLÁN, *Frontino. De aquaeductu Urbis Romae* (Madrid 1985).

J. COSTAS RODRÍGUEZ, *Frontini Index* (Hildesheim 1985).

Manuscript tradition:

H. BLOCH, "The Hersfeld manuscript of Frontinus' *De aquaeductu Urbis Romae*", in *AJPh* 69 (1948), 74-79.

L. RUBIO, "Frontino: de aquaeductu urbis Romae. Tradicion manuscrita", in *Emerita* 31 (1963), 21-41.

R.H. RODGERS, "The textual tradition of Frontinus' *De Aquaeductu Urbis Romae.* Preliminary remarks", in *BICS* 25 (1978), 101-105.

M.D. REEVE, "Frontinus", in L.D. REYNOLDS (ed.), *Texts and Transmission. A Survey of the Latin Classics* (Oxford 1983), 166-70.

General background on Frontinus:

A. KAPPELMACHER, "Sex. Iulius (Frontinus)", in *RE* X 1 (1918), 591-606.

W. ECK, "Die Gestalt Frontins in ihrer politischen und sozialen Umwelt", in Frontinus-Gesellschaft (ed.), *Wasserversorgung im antiken Rom* I (München 1982), 47-62.

Frontinus and the aqueducts of Rome:

Th. ASHBY, *The Aqueducts of Ancient Rome*, ed. I.A. RICHMOND (Oxford 1935).

Christer BRUUN, *The Water Supply of Ancient Rome: A study in Roman Imperial Administration,* Commentationes Humanarum Litterarum 93 (Helsinki 1991).

Harry B. EVANS, *Water Distribution in Ancient Rome. The Evidence of Frontinus* (Ann Arbor 1994).

M. REINHOLD, "The imperial *commentarii aquarum*", in *Classical Weekly* 28 (1935), 92-93.

Commentary on individual passages:

R.H. RODGERS, "*Curatores Aquarum*", in *HSCP* 86 (1982), 171-180.

—, "What the Sibyl said: Frontinus *Aq.* 7.5", in *CQ* N.S. 32 (1982), 174-77.

—, "Frontinus on aqueducts. Textual temptations", in *BICS* 30 (1983), 131-36.

—, "*Copia Aquarum*: Frontinus' Measurements and the Perspective of Capacity", in *TAPhA* 116 (1986), 353-60.

—, "An administrator's hydraulics: Frontinus *Aq.* 35-36.2", in A.T. HODGE (ed.), *Future Currents in Aqueduct Studies* (Leeds 1991), 15-20.

M.G. MORGAN, "The Introduction of the Aqua Marcia into Rome, 144-140 BC", in *Philologus* 122 (1978), 25-58.

A.E. ASTIN, "Water to the Capitol: a Note on Frontinus *De Aquis* 1, 7, 5", in *Latomus* 20 (1961), 541-48.

L. VIDMAN, "Ad Frontinum, De aq. 102", in *Listy Filologické* 96 (1973), 16-19.

## DISCUSSION

*Cl. Nicolet*: Je remercie et félicite vivement J. Delaine, qui a présenté une interprétation vigoureuse et nouvelle du *De aquaeductu*, avec de jolies formules suggestives: le texte destiné à la publication (?), à la fin du processus qu'elle a décrit (et qui suppose un discours au Sénat), qui serait comme un *monumentum*, un livre sur des aqueducs qui en somme compenserait le fait de n'avoir pas pu en donner un à Rome et lui donner son nom. Le rapprochement avec le *Gnomon de l'Idiologue* m'a paru également ingénieux.

*M. Crawford*: J'aimerais souligner la difficulté d'accès aux livres pendant l'Antiquité: ce qui est plutôt remarquable, c'est ce que Frontin a pu rassembler, et non pas ce qu'il a omis.

*J. Delaine*: M. Crawford's suggestion — rather exaggerated — that there might only ever have been *one* copy of the *de aquis* is interesting, but I do not find it very likely. The elaboration of the text, the self-presentation of Frontinus himself, the instruction to those who do not want the detail to skip it, all suggest that a wider audience was intended. I imagine that the text was passed around and copied by a fairly small senatorial circle, but also perhaps that a copy was placed in the public libraries of Rome. I do not imagine it had much circulation after Frontinus' death, once his influence had waned. M. Crawford's other suggestion, that since the citation at length of *Senatus consulta* is unknown in other texts, including senatorial speeches, this is evidence for the *de aquis* being precisely what it says it is — a technical work — I cannot agree with either. The parallel is the citing at length of statistics on the water supply, where Frontinus, as I have said, draws attention to the difficulty of such material for his audience or suggests that they might like to skip the detail.

Frontinus is clearly *not* a great writer (the *Strategemata* are sufficient evidence for this), and does tend to quote his sources at length as a substitute for original composition, but also, surely, in order to give authority to his work. Notice that in the Preface (*aq.* 3, 1) he makes a point of the completeness of the account he is going to present.

*P. Brennan*: How did *commentarius* pass through into the hands of Cassiodorus? Was it the extant version or the administrative *commentarius* imbedded within it?

*J. Delaine*: If Cassiodorus *uar.* 7, 6 really does reflect the *de aquis* it ought to be the form in which we have it, not the administrative *commentarius*. The points in common are partly the rhetorical ones — the context of the aqueducts being one of the architectural wonders of Rome noted for their usefulness; the emphasis on the feats of construction and the dominance over nature — but also partly those which reflect Frontinus' view of the role of the *curator aquarum* — the need for diligence, the necessity to avoid fraud in water distribution, the importance of the past. The other details which may reflect the *de aquis* are the mention of earth contaminating springs after rain, and the damage by trees. But it is also possible, and perhaps in the end more likely, that all the details of the nature of the *Comitiua Formarum Vrbis* simply reflect the situation at the time of Cassiodorus, that is to say the same concerns about the water supply operated at the time of Frontinus and at the time of Cassiodorus, any similarity between the texts is a result of this. We cannot tell. Still, this is the only even slightly comparable document which we have.

*P. Brennan*: Frontinus hoped it would serve as a model (administrative rather than technical) for his successors just as he had used and updated earlier *commentarii*. Does this point to a continuing process of updating manuals in an administrative office or is it just a literary artifact?

*J. Delaine*: This question was really already answered in the paper.

*Cl. Nicolet*: Quel rapport peut-il y avoir entre un texte tout de même "fonctionnel" comme celui de Frontin, et les traités du type *de officio praefectus praetorio*, etc., connus par le *Digeste* (avec pourtant, notons-le, d'éventuelles surprises épigraphiques, comme le *de officio proconsulis* révélé naguère par une inscription d'Afrique)?

Je voudrais revenir sur le terme *commentarius* (dont la polysémie, comme celle de ὑπομνήματα est de toute manière évidente). Il y a les "traités", "manuels", aide-mémoire privés, comme ceux dont le jeune *calculator Melior* était l'auteur (*ILS* 7755). Il y avait aussi, à époque ancienne, sous la République, des *commentarii* de certains collèges de magistrats (mentionnés par Varron ou Festus); il y aura, bien sûr, les *commentarii* des diverses administrations impériales à la tête desquelles sont le *a commentariis*. Tout cela, bien sûr, mériterait la qualification générique "d'aide-mémoire". Il serait peut-être utile de reprendre l'inventaire des mentions de tous ces types de documents ou de textes, en cherchant par exemple à distinguer ce qui était ou pouvait être document officiel, tralatice (entre les mains sans doute des scribes, ou les *praecones*), et documents apparemment dûs à une initiative individuelle, comme le texte de Frontin.

*M. Crawford*: Je doute que le *commentarius* ait vraiment été "publié" et crois plus volontiers à une évolution très restreinte.

*J. Delaine*: Frontinus clearly uses the term *commentarius* mainly for the actual statistical records of Agrippa (*aq.* 98, 3) and the imperial records in general which he cites for the quantity of water each aqueduct was expected to give. But this is not to say that he was using the word in exactly the same way when he called his *de aqua* a *commentarius* (*aq*. 2, 2).

*A. Chastagnol*: Je crois me souvenir que Frontin lui-même a utilisé le terme de *commentarius* au début des *Stratagèmes*.

*M. Crawford*: C'est parfaitement vrai. Voici le texte: *ut sollertia ducum facta, quae a Graecis una* στρατηγημάτων *appellatione comprehensa sunt, expeditis amplectar commentariis*.

*Ph. Fleury*: Vitruve emploie le mot *commentarius (ium)* principalement dans ses préfaces (huit fois sur douze). Il lui sert à désigner le travail écrit en général (1, 1, 4; 6, *pr*. 4; 7 *pr*. 1 et 2 par exemple), des travaux écrits dans tel ou tel domaine: architecture prise dans son ensemble, construction des murs, machines (2, 8, 8; 4, *pr*. 1; 7, *pr*. 17 par exemple), l'œuvre (ou les œuvres) de tel auteur: Pythéas (1, 1, 12), Agatharchos (7, *pr*. 11), Démocrite (9, *pr*. 14), Ctésibios le Mécanicien (10, 7, 5).

*Cl. Nicolet*: Les *commentarii* de César n'étaient sûrement pas une exception: tous les généraux, comme plus tard les Princes, en faisaient tenir pendant leurs campagnes, et s'en servaient pour les rapports (sous forme de lettres) qu'ils devaient envoyer au Sénat. Carnets, éphémérides, memorandum, résumés, toute une paperasserie existait à coup sûr, qui accompagnait le déroulement d'opérations militaires. Un exemple frappant en est offert par la lettre de Vérus à Fronton (*ad Frontonem* 2, 3, p. 131 Naber; II p. 195 Haines), où le Prince énumère précisément tous ces genres de documents (y compris des *picturae*, le texte de ses *allocutiones*, de ses *orationes* au Sénat — c'étaient des lettres — et les comptes rendus des "palabres" [*sermones*] avec les ennemis).

V

PETER BRENNAN

# THE *NOTITIA DIGNITATUM*

The extant *Notitia Dignitatum* comprises two separate *Notitiae*, one labelled *in partibus Orientis*, the other *in partibus Occidentis*[1]. They clearly derive from the two lists which the *Notitia* itself notes as existing in the bureau of each *primicerius notariorum*; in the east it is called *Omnis dignitatum et amministrationum notitia tam ciuilium quam militarium*, in the west *Notitia omnium dignitatum et amministrationum tam militarium quam ciuilium* — the small differences in wording warns against imposing mindless symmetry on the two lists[2]. The only other ancient reference to these *notitiae* comes in Claudian's description, in a poem written 396/404 A.D. (probably c. 399), of the competence of the anonymous western *primicerius notariorum*, who was Celerina's father[3]. Since Claudian was himself a *notarius* and since his words *tractat numeros* repeat the very words used of the duties of the eastern *primicerius* in the *Notitia* (or. 18, 4), he is clearly writing from knowledge of an actual *Notitia*. It is not the western list of the extant *Notitia*, which no longer includes these words.

The extant *Notitia* is not, however, the simple combining of contemporary eastern and western lists, for the two lists date

[1] NOT. dign. or. 1, 1; occ. 1, 1; all references to the NOT. dign. are to the edition of O. SEECK, *Notitia Dignitatum* (Berlin 1876).

[2] NOT. dign. or. 18, 4; occ. 16, 5.

[3] *Epithalamium dictum Palladio u.c. tribuno et notario et Celerinae* (*Carm. min.* 25) 82-91.

from different times, with the western list at a later stage in the evolution of the separate *notitiae.* The extant, composite *Notitia* is thus a new product for a new purpose. It first appears in fifteenth century copies of a manuscript in the *Codex Spirensis*, but was almost certainly known at the Carolingian court of Charlemagne[4]. The text has come into prominence in modern times, in the somewhat tendentious form recreated by Otto Seeck, as a proof text whose stratified deposits have been dug over to reveal details of administrative and resource history, a quarrying often undertaken without due regard to its precise nature and history and to its limitations as a document of record.

This paper first seeks to establish the nature and a little of the history of the lists that underlie the extant *Notitia*. It then considers the *Notitia* as an artifact of its political culture, encoding in its lists the creation and the dissolution of authority in the late Roman Empire. The original lists represent in their structure the reformulation of the oikoumene in bureaucratic terms, a major facet of the restructuring of authority in the Roman world after the disintegration of public authority in the third century. But the western list in particular represents the dissolution of this authority in the early fifth century. The composite list represents, among other things, a denial, at least ideologically, of that dissolution and an attempt to reclaim the past. Its resurrection in Carolingian times may represent a claim to the restoration of the authority of a unified Roman empire at the court of Charlemagne.

The two lists of the *Notitia* have common characteristics which allow us to define a basic form of what we might call the *Notitia* archetype. Each has first a consolidated list of *dignitates*, and then more extensive, separate entries (commonly called chapters) for most of these *dignitates.* The initial list may

[4] M.D. Reeve, "*Notitia Dignitatum*", in *Texts and Transmission*, ed. by L.D. Reynolds (Oxford 1983), 253-257; an excellent review of the manuscript tradition.

correspond to the *dignitates,* the chapters to the *administrationes,* in the full title of the *Notitiae.*

The initial list seems to be a list of *dignitates* with independent jurisdictions. It is not a list of all *dignitates,* despite its title. It does not include subordinate *dignitates* of equivalent high status to those listed (such as the *secundicerius primiceriorum*), nor titular *dignitates* nor *uacantes* (i.e. officials without specific portfolios). Although *dignitates* are listed in status order, actual status is not indicated and the fact that several officials are of equal status is not determinable from this list; thus precise status is not a characteristic of it. What it gives is a selection of *dignitates* who form the skeletal elements of the administrative structure. This list is often called in modern times the "index". It does not, however, always reflect the order or the material in the rest of the document (which should not be altered to fit it, as Seeck tended to do in his edition). This initial list may always have had a separate purpose and history from that of the following chapters.

These chapters each have a similar structure, with each entry containing material divided into one or more of the following sections. First there is an illustration, with a caption reading *insignia* of the *dignitas* down to the *comes rerum priuatarum* (or. 14, 1; occ. 12, 1) and a caption simply naming the *dignitas* thereafter, in both East and West. This should indicate that the captions existed already before the *comites domesticorum,* the only *uiri illustres* without the caption *insignia,* had attained that superior status[5]. Other considerations, given later, also indicate that the illustrations were an integral part of the original lists. The illustrations include objects lying on a table (probably appointment documents), specific insignia of particular *dignitates,* and items representing the administrative functions or the military units under the jurisdiction of these *dignitates.* The

[5] NOT. dign. or. 15, 1 & 5; occ. 13, 1 & 5; the date of their raised status is unknown, but since they are not linked with the other *comites consistoriani* in 372 (COD. Theod. 6, 9, 1), it was probably later than that date.

second section, headed *sub dispositione*, gives the status of the *dignitas* and lists functions of the office and/or officials or military units under his authority. The third section gives his *officium*. In the East, but not in the West, there is also a statement about the rights of each *dignitas* to *euectiones* (postal warrants). What these chapters give, in both visual and textual form, is the skeleton of the administration under each *dignitas*.

These being the elements of the *Notitia* archetype, what was its purpose? The key lies in the text of Claudian, according to whom the *primicerius* was responsible for appointment documents, *cunctorum tabulas adsignat honorum*[6]. Though this is an exaggeration, similar to the claim of the *Notitia* itself to list all *dignitates*, the *primicerius* does seem to have provided appointment documents to all those listed on the *laterculum maius*. Indeed, since the insignial illustration of the chapter on the *primicerius* (or. 18, 2: occ. 16, 3) depicts and labels the *laterculum maius*, but not the *Notitia*, the two must be closely related. It is likely that the initial list (the "index") is the *laterculum maius,* or rather, since many military officials recorded on this register in the chapters are not included in the "index", a truncated version of it made for the final edition. The chapters are something more than the *laterculum maius*, since they include military officials registered on the *laterculum minus*. Bury saw these chapters as models of the appointment documents which the *primicerius* drew up for each of the *dignitates* on the *laterculum maius* and whose model covers are illustrated in the cupboards in the extant *Notitia* placed between eastern and western *notitiae* (or. 45)[7]. This remains far the best explanation and certain abbreviated or model entries support it. The form of the information on postal warrants for all *dignitates* except the praetorian prefect of the east (the first listed *dignitas*) is only

[6] *Epithalamium dictum Palladio et Celerinae* 85.

[7] J.B. Bury, "The Notitia Dignitatum", in *JRS* 10 (1920), 131-133; G. Clemente, *La "Notitia Dignitatum"* (Cagliari 1968), 366.

intelligible by reference back to his entry[8]. In the case of civil governors, there is only a specific entry for one governor of each type, concluding with the statement that all other governors of that type have an *officium* on the pattern of his[9]. The original text of these model chapters may have been, at least partly, in the shorthand, (*notae*) used by the *notarii*. If the *siglum* at NOT. dign. occ. 36, 8 is the shorthand *nota* for *supra*, it may be a relic of *notae* which were expanded in the final edition. The enigmatic *sigla* on several scrolls may also be *notae*[10].

Thus the *Notitia* archetype consisted of the *laterculum maius* and model chapters of appointment documents for those registered on it. The material contained on this appointment document defined the place of the *dignitas* in the governing system. It reiterated to each new *dignitas*, and visually enhanced, his status and his jurisdiction. It delineated for each *dignitas* the linkages between his jurisdiction and that of other *dignitates*, especially in the central administration. It also gave him an alternative source of information to that provided by local bureaucratic memory, the bane of any centralising governmental system.

These chapters were primarily directed to the *dignitates*, but the *Notitia* as a whole had another, different role in the bureau of the *primicerius*. His lists provided information on the distribution of resources, especially military resources, in the empire. Claudian alludes to this role for his western *primicerius*, who not only distributed appointment documents, but also recorded the *cuneos* (military units in general rather than in its technical sense of cavalry units) distributed around the frontiers of the western empire, and, in sum, confined into one place the scattered resources of the empire: *constringit in unum sparsas*

[8] For example, *proconsul Achaiae 7* (NOT. dign. or. 21, 15) is only intelligible by reference to *praefectura praefecti euectiones annuales non habet, sed ipse emittit* (NOT. dign. or. 2, 2).

[9] NOT. dign. or. 43, 14; 44, 15; occ. 43, 14; 44, 15; 45, 15.

[10] É. CHATELAIN, *Introduction à la lecture des notes tironiennes* (Paris 1900), 44; W. SCHMITZ, *Commentarii Notarum Tironianarum* (Leipzig 1893).

*imperii uires*[11]. Both *notitiae* in the extant *Notitia Dignitatum,* but especially the western one, are readily able to serve such a pseudo-administrative, but really ideological, purpose. The information was not particularly useful for the administrative use of these resources. It was not like the *breuiarium* left by Augustus, which recorded the number of soldiers on active service everywhere and the amount of money in the treasuries[12]. Nor was it like the *breues* supposedly read by Alexander Severus in his bedchamber, which likewise recorded numerical and other service details of soldiers[13]. For information of this type one went to the relevant bureau. The *Notitia* was, however, one place, perhaps the only one now, where an overview of resources could be found. In a failing empire it would sustain a self image of the greatness of that empire.

Such being the nature of the *Notitia* archetype, it was less a manual than a representation of the structure and the ideology of the new bureaucratic order. This was as much part of the reconstruction of authority, and as alien to the classical Graeco-Roman world, as the emergence of holiness in the lexicon of late Roman power. Neither bureaucracy nor holiness was a new phenomenon in the fourth century A.D., but to call the *Notitia* "that most Roman of documents", as does one of the most sensitive scholars of late Roman political life, is to miss a qualitative change in the label "Roman"[14]. Government, we are often told, was the particular art of the Roman. *Tu regere imperio populos, Romane, memento.* So Vergil (*Aen.* 6, 851-2), but the Roman art of government was to take a very different form in the fourth century.

The creation of a political culture based on a structured and demarcated bureaucratic system, such as is epitomised in this list of dignitaries and their administrations, was a massive conceptual

[11] *Epithalamium dictum Palladio et Celerinae* 86-91.
[12] SUET. *Aug.* 101, 4.
[13] HIST. AUG. *Alex.* 21, 6.
[14] J. MATTHEWS, *The Roman Empire of Ammianus* (London 1989), 467.

reordering of Roman government. The centre had lost control of the parts of its empire and been unable to project its authority over a fragmenting world. Public historians, from antiquity onwards, have found their scapegoat in the military, but the military role now, as in the late Republic, developed in the space left vacant by the failure of the political system and contributed more to the solution than to the problem. The real problem lay in the final dissolution of the *polis* based Roman political system, particularly of those bonds which had evolved within that living political organism to link the far-flung parts of a disparate empire to the centre — the public withdrawal of the imperial aristocracy and the lesser aristocracy of the cities and all that was involved in civic fugitivism; the weakening of romanisation and other centripetal forces; above all the loss of Rome as a cultural, political and administrative centre.

The essence of the old world order is well captured in the Roman oration of Aelius Aristides[15]. Its running musical metaphor pictures the world as an orchestra playing in harmony under its conductor-emperor. The old idea of the harmony of a mixed constitution has been extended to show each player from the emperor to the poor (governors, aristocrats, soldiers, rich and poor, and, above all, the beneficiaries of a widely spreading Roman citizenship) knowing and freely accepting his role in the playing of a perfect symphony. It was a world governed neither by force nor by external structures, but by consent and intrinsic adherence to the governing ethos and traditions of Rome. The centerpiece of this artistic masterpiece, physically and ideologically, was the city of Rome. Like all panegyrics, this one reflects an ideal and a programme, and does not recognise the signs of disintegration in the mid second century Roman empire so apparent to modern observers, but it is a topical, not a generic, ideal. The symphony, however, was an unfinished one and before it was finished the orchestra fell apart.

[15] ARISTID. *or.* 26 (*On Rome*), especially 29 & 66.

In seeking to put the Roman world together again and to reduce it to order, Diocletian and his colleagues and successors no longer had available to them the invisible social and political forces which had bound together the earlier world by consent and they chose not to restore Rome to its earlier political and administrative place. Their solution was to take up the parts into which the empire had broken and glue them together with strongly articulated structures and an ethos of compulsion, both of which were integral to the military life that had been the moulding experience of the lives of these emperors. In the world of Aelius Aristides it was only the soldier who was in any way compelled: "Every day the soldier lives in discipline and no one ever leaves the post assigned to him, but as in some permanent chorus he knows and keeps his position and the subordinate does not on that account envy him who has a higher rank, but he himself rules with precision those whose superior he is"[16]. In the new empire government service was conceived as *militia*: all were to be imbued with this ethos of military service to tie the structure together.

Let me give you a parable. The story goes that the so-called Mathematical Bridge at Queens College Cambridge was put together by Isaac Newton with no visible signs of the invisible forces which held it together, only the consent and harmony, as it were, of its mathematical principles. One night some barbarians dismantled it, but they could not put it together again and had to resort to nails. The nails with which Diocletian put together the Roman empire, not only dismantled but also broken into further fragments by internal and external barbarians in the third century, were a bureaucratic structure which sought to fix the fragments of the system to one another and to the centre, and a stream of laws and status protocols which sought to fix the appropriate place of each piece in the structure, from the emperor in his palace to the *colonus* or the *laetus* on his farm.

[16] *Ibid.*, 87; as translated, J.H. OLIVER, *The Ruling Power*, *TAPhS* N.S. 43, 4 (1953), 904.

The *Notitia* represents this new mode of constructing power, a new way to create, encode and maintain a hierarchy of dominance and deference. It represents, above all else, a new structure for a new body politic. The emperor, the puppet master who pulled the strings, is a largely unseen, but occasionally visible, presence above and outside the structure. To place him within it, even at its head, would be to limit his powers by defining them.

The structure, now more complex, was more important than its constantly changing details. It was composed of a multiplicity of units, both at its co-ordinating head and in its provincial limbs; many more than before the time of Diocletian, as Lactantius (*mort. pers.* 7) lamented, from the viewpoint of those who paid for it, and each was much smaller in its jurisdiction. New regional units (dioceses) were formed to create purely institutional links between the centre and the periphery in civil, military and financial government and to marginalise such non-institutional links as remained. Despite frequent changes in the boundaries of civil and military provinces, of dioceses and of prefectures, in response to both central and local political pressures, the basic administrative structure remained the same, a sign of stability and control.

The *Notitia* also encodes the authority asserted by the centre over the structure in the appointment not only of the major *dignitates*, but also, in many cases, of the *principes officii* in their bureaux. Though many heads of local bureaux still rose to the post through their local *officia*, more came from various central bureaux (those of praetorian prefects, masters of the infantry and cavalry, master of the offices); the origin of the *principes* in central bureaux is, significantly, ignored[17]. The history of these processes and the precise origin of any *princeps* was the resolution of conflict between different elements in the

[17] A.H.M. Jones, *The Later Roman Empire, 284-602* (Oxford 1964), I 128-9, 406; III 168 n. 36; W.G. Sinnigen, *The Officium of the Urban Prefecture during the later Roman Empire*, Papers and Monographs of the Amer. Acad. in Rome 17 (Rome 1957), 14f.

bureaucracy, each seeking to assert its own control and patronage over such appointments. This dispersal of power at the centre, like the collegial consulship of earlier times, and the creation of conflicting jurisdictions among several *dignitates* within the *Notitia*, were mechanisms of control by the political system and its puppet master.

The *Notitia*, again paralleled by the laws[18], also encodes the authority asserted by the centre over travel in the empire. Power is again dispersed at the centre and formulated as a set of rules. Only the praetorian prefects and the *magister officiorum* (apart from the unseen emperor), have the right to issue postal warrants on their own recognisance. The financial counts have the right to as many as they need, but cannot themselves issue them. Others (military masters, proconsuls, vicars, military *comites* and *duces*) are given a specified number. Central officials without direct subordinates elsewhere and civil governors are given none by right, though the latter had been given three by right in the time of Julian[19]. The attempt, both in the *Notitia* and in the laws, to regulate the use of the public post was fruitless, but the attempt to assert central authority through institutions and rules itself has significance. The failure to record this information in the western *notitia* represents a serious failing in the strategies used to construct power; the fact that the rules continued to exist merely highlights the failure.

The *Notitia* also defines in its lists the place of each official in the structure. At the top were the higher officials, the place of each established by his rank, by his carefully graded insignia[20] and by his jurisdiction. The place of the officials in the *officium* is fixed by their order. The place of the *principes officii* is delineated by noting the position and rank from which they had progressed and, in some cases, though only in the eastern *notitia*, the length of their service (two years in the

[18] V. COD.Theod. 8, 5 (many titles).

[19] COD.Theod. 8, 5, 12.

[20] R. GRIGG, "Portrait-bearing Codicils in the Illustrations of the *Notitia Dignitatum*?", in *JRS* 69 (1979), 118-124.

post) and their honorific retirement as *protectores*[21]. At the lowest level, the prohibition on *cohortalini* transferring to another form of public service without imperial authority stakes out limits to their movement in the structure[22].

Overall, the *Notitia* represents in essence the new, institutional political culture of the late Roman empire. It may even refer to the ethos of *militia*, which was meant to underpin that culture. The word *militia/militat* occurs occasionally to indicate service, but there may be a grander allusion to it in the virtues depicted in the cupboards holding appointment documents and presumably symbolising the spirit pervading the administration[23]. One cupboard is framed by five medallions, with *Diuina Prouidentia* pictured at the centre top, flanked by winged victories, and with busts of *Virtus, Scientia Rei Militaris, Felicitas* and *Auctoritas* at the corners. This particular collocation of virtues had long been associated with the military aspects of leadership. Cicero had found them in Pompey in judging him the best military leader for Rome[24]. Three of them reappear (*Virtus* was replaced by *Liberalitas*) in the secondary virtues which Ammianus Marcellinus (25, 4, 1) found in the emperor Julian, alongside the cardinal virtues. A second cupboard, showing *Diuina Electio*, flanked by winged victories, with the four seasons pictured in the corner medallions, represents the eternity of the structure. This chapter with the cupboards is most likely a creation of the final edition and not of an earlier *notitia*, but it may well represent the ethos sustaining the earlier bureaucratic structure.

This is a discourse of power. Like the laws. Or the panegyrics. And like them it was a dreamworld. In the everyday world, things were different, but dreams have a reality and a significance of their own. The dreamworld of the *Notitia Dignitatum* takes its place, in the construction of order and

21 E.g. Not. dign. or. 35, 27 (for the fullest form).
22 Not. dign. or. 43, 3; 44, 14; occ. 43, 13; 44, 14; 45, 14.
23 Not. dign. or. 45.
24 Cic. *Manil.* 28.

authority, alongside other late antique artifacts which seek to impose meaning on a larger no longer controllable whole. There are the chronicles and epitomes, which select and create a usable past. There are the compilations and codifications of imperial law, beginning with Gregorius and Hermogenianus at the end of the third century, which select and create a usable law. There are the maps, such as the prototype of the *Tabula Peutingeriana,* which select and create a usable space. There are the *Notitia* analogues in the other *notitiae* and *latercula,* which select and create a usable structure. Several of the latter appear, together with the *Notitia Dignitatum*, in the *Codex Spirensis*. Not serendipitously. All served to create a sense of order, stability and permanence in an ever changing and fragmenting world.

There is one thing missing from the world of the *Notitia,* which at first sight seems surprising. There is virtually no sign, either in its illustrations or in its text, of Christianity, a significant feature of other aspects of late Roman public life. The message is clear. *Militia Caesaris* remained in essence distinct from *militia Christi*. Even if the latter had now been folded into government and borrowed much of the secular administrative structure, State and Church, ever wary of each other, remained separate arms of government. Christianity did not contribute its symbols or its rhetoric to the Roman bureaucracy, even at a superficial level. The political culture was more religiously neutral at its core than is sometimes allowed. That made it easier for non-Christians to continue to provide the human flesh for the secular administrative skeleton, as they did in large numbers throughout the lifetime of the *Notitia.*

So far the *Notitia* archetype has been shown as a representation of the construction of authority in the late Roman Empire, but the evolving history of its lists shows just as well the dissolution of that authority. Discrepancies between interrelated lists and simple clerical errors can be found in any bureaucracy, without indicating more than the poor quality of sedulous clerks, but here they are so overwhelming, especially in the western lists, as to represent the loss even at the top level of the will to control and retain the structure itself. Simple departures from the overall schema point in the same direction; for example, the failure to group western military officials under regional subheadings, such as those which structure the eastern "index"[25]; the failure in the West to record the information controlling postal warrants; the failure in the West to record the division into a *maius* and a *minus laterculum*. The most telling examples, however, of the loss of care, and even of will, are the failure to preserve integrated illustrations and to preserve proper model chapters.

The illustrations had been a vital and integral part of the original lists. When one sets iconographic material from the late Roman empire alongside the second set of illustrations in the Munich manuscript, made from a tracing of the illustrations in the *Codex Spirensis* and agreed to be the closest copy of them, it is clear that these illustrations derived from the late fourth or early fifth century and were not medieval additions[26].

Further, they were not the invention of the illustrator of the final edition, although his hand is probably to be seen in certain stylistic features spread over the whole document. For one thing, differences of detail between eastern and western illustrations seem to preserve the memory of different originals in eastern and western lists[27]. For another, the complex patterns of codicillar diptychs, similar in both East and West and reflecting a meticulous gradation in the status of their *dignitates*, could not be patterns imposed by a late illustrator[28]. Nor would an editorial illustrator have come easily to the present arrangement in the two provinces of Syria and Armenia, which dispose their units in two columns, reflecting a separation into

[25] Compare NOT. dign. or. 1, 38-56 with occ. 1, 37-49.

[26] J.J.G. ALEXANDER, "The illustrated manuscripts of the Notitia Dignitatum", in *Aspects of the Notitia Dignitatum*, ed. by R. GOODBURN & P. BARTHOLOMEW (Oxford 1976), 11-50; P. BERGER, *The Insignia of the Notitia Dignitatum* (Garland 1981).

[27] P. BERGER, *op.cit.* (n. 26), 142ff.

[28] R. GRIGG, *art.cit.* (n. 20), 118-124.

the civil divisions within these military commands[29]. Indeed, if the columns reflect an origin in a papyrus roll, which often used such columnar divisions for illustrations, that may point to a local prototype.

Furthermore, some patterns in the omission of illustrations, even where the explanation of the pattern eludes us, cannot be random or due to omissions in the transmission process or, in all cases, choices by a late illustrator. For instance the fact that there are no illustrations for any of the four chapters relating to the *dignitates* of the *sacrum cubiculum*, i.e. four entries spread over different parts of both *Notitiae*, must be deliberate choice, though this choice could have been made as late as the final edition[30]. The illustration of shields and of forts associated with military units also provide non-random patterns. The shields representing military units in all five entries for the eastern *magistri militum* ignore all the first-listed cavalry units[31]. The forts representing military units in the eastern provincial armies were clearly meant to reflect those units on the *laterculum maius* and to omit those on the *laterculum minus*; those in the Danubian armies from Scythia to Pannonia I were meant to reflect only the first-listed cavalry units and omit all the rest[32]. This contrasts with the other western military commands which generally list all sites, except the Wall sites in Britain. Whatever the explanation for these patterns, it would seem the illustrator was choosing which military units to illustrate with some specific purpose in mind; that rules out the scenario of an illustrator mechanically representing all the units listed in a pre-existing text.

The spread of this pattern over the Danubian ducates, spanning both eastern and western lists, suggests that the illustrations already existed before the division of 395 which for the last time separated the eastern ducates from the western ones.

[29] Not. dign. or. 33 & 38.

[30] Not. dign. or. 10; 16; occ. 8; 14.

[31] Not. dign. or. 5-9.

[32] There are only six exceptions, in seventeen military commands, to this pattern: Not. dign. or. 36, 10; 39, 2; 41, 10; occ. 32, 20; 33, 44-45.

These illustrations should have been created or remodelled at a time when this whole area was within the area of one *primicerius* or one military jurisdiction. History does not readily divulge such a time, but it should date to the period of frequent and unclear changes to the administrative arrangements in the area broadly described as Illyricum in the tumultuous period 379-395 A.D.

The illustrations were also realistic and symbolic, not merely decorative, representations of the objects which they depicted. The actual insignial objects are paralleled in late Roman iconography[33]. Some of the shields, too, are paralleled by shields represented in other late Roman media. The shield for *Cornuti*, similar in both or. 6, 9 and occ. 5, 14, is similar to a shield on the Arch of Constantine, which has long been seen as that of *Cornuti* (although the Arch shield may belong to one of the other Celtic/Germanic *auxilia* with similar horn-shaped emblems in the *Notitia* lists — to find similar shields for these associated *auxilia* is not surprising)[34]. The shield for *Moesiaci* in occ. 7, 7, especially in the second Munich set of illustrations, is similar to the shield depicted on a sepulchral monument at Aquileia of a soldier serving in this unit[35].

Grigg, on the other hand, argues that the shield emblems were essentially the inventions of a late illustrator without official models[36]. He finds some emblems, such as the eagle for *Herculiani* in both *Notitiae* (or. 5, 4; occ. 5, 3), inappropriate and thus not actual emblems, but the eagle emblem for this unit and for its paired unit, *Iouiani* (or. 5, 3; occ. 5, 2), may allude to the imperial renaming of these units under Diocletian or even be the emblem of the original units. Grigg's wider

[33] P. BERGER, *op.cit.* (n. 26), XIX, 32, 169, 186ff. *et alibi.*

[34] R. GRIGG, *art.cit.* (n. 20), 109; A. ALFÖLDI, "Ein spätrömisches Schildzeichen keltischer oder germanischer Herkunft", in *Germania* 19 (1935), 324-328.

[35] M.P. SPEIDEL, "The army at Aquileia, the Moesiaci legion, and the shield emblems in the Notitia Dignitatum", in *Saalburg-Jahrbuch* 45 (1990), 69-72.

[36] R. GRIGG, "Inconsistency and lassitude. The shield emblems of the *Notitia Dignitatum* ", in *JRS* 73 (1983), 132-142.

argument is that the very repetitive and impoverished forms of the later shields in both *Notitiae*, but particularly in the west, is due to the flagging invention of a late illustrator. Perhaps, however, the impoverishment and lassitude, which is incontrovertable, was that of those who created the shield emblems for Roman units in Theodosian and post-Theodosian times; for the names of the units show the same impoverishment and repetitiveness as the emblems. Where the illustrator did not know the emblem, he had another option — to leave the shield unillustrated. In two cases he took that option (or. 6, 24-25). Lassitude there certainly was, but it was the hallmark of late Roman administration, not of a particular illustrator.

It is part of that same lassitude that the shields of central army units, especially those later in the lists, no longer always correspond to the units represented in the attached labels, but that is not because the shields are invented, but because there was no care to coordinate the *dispositio* lists and the shield illustrations. Perhaps the lists were updated, but the illustrations were not. One can occasionally see that the shields and their proper units are just slightly out of kilter; such is the case with the *Mattiaci seniores* and *iuniores* and the *Ascarii seniores* and *iuniores* (occ. 5, 20-23 with 5, 164-167). This is the generally held view[37].

The labels, whenever they were attached, were a perfunctory exercise. Some can only be based on an uncomprehending and uninterested use of the text. It is a tired but explicable error to label the site for the *Equites Scutarii Illyriciani Motha* as Animotha (or. 37, 3 & 14). It is an uninterested error to label the site for *Cuneus Equitum Constantianorum Lussonio nunc In[t]ercisa* as Nuncin[t]ercisa (occ. 33, 5 & 26). It is a mindless error to label the site for *Praefectus Militum Maurorum Osismiacorum Osismis* as Corumosismis (occ. 37, 6 & 17).

By the time the labels were attached the *Notitia* was already out of control. That is also the message of some alien and even fantastic intrusions on the basic form of the *Notitia*. None of

37 M.J. SPEIDEL, *art.cit.* (n. 35), 72, with n. 29.

these geographical or faunal representations, mostly in non-central military chapters has any cartographic or administrative value. Rivers are often depicted — the Nile (in both Egypt and Thebais), the Jordan, the Tigris, the Euphrates (in Mesopotamia, but not in Osrhoene), the Danube (but only in one of the nine Danubian military provinces); the Rhine is never depicted. There are other topographical and built features (Pyramids in Egypt, Mons Taurus and the Sea in Isauria, the Alps in Italy, all items in the British chapters within a schematic island). Sometimes exotic animals are added (a bear in Egypt, whose forts also have standards rising from them, the rear of a quadruped entering the mountains and an antlered animal in Isauria, two quadrupeds in Palestine, birds and snakes in Arabia). One of the forts under the *dux Phoenicis* has a bearded head protruding from it. This is in stark contrast with the severe, ordered world view of the structured lists.

But in its final stages the western *Notitia* had lost not only its focus, but even its role as a model document. The chapter (occ. 7) for the *magister equitum per Gallias* was buried within a distribution list by region of field army units. Since only part of this list is under his direct jurisdiction and since the entry has no illustration, it could not serve as a model for the older type of appointment document. As well, for two of the *comites* noted in this distribution list there is no separate chapter to serve as a model for such a document[38]. Further, the model entry for *consulares* is inadequate as a model. It states that the *princeps officii* comes from the bureau of the praetorian prefect of Italy (occ. 43, 6); that is correct for the *consulares* in his prefecture, though not for the *consulares* in the Gallic prefecture. The conclusion is ineluctable. Appointment documents at this time no longer included the basic information in the *Notitia*, which encoded the delicate control of the late Roman bureaucracy. The lists have become obsolete for this purpose and, as a

[38] NOT. dign. occ. 7, 40 (*comes Illyrici*) and 118 (*comes Hispaniarum*): neither *comes* is noted elsewhere.

consequence, anachronistic when used for their other, ideological purpose.

One element of the dissolution of late Roman authority had long been implicit. Separate *notitiae* and parallel structures, in an authority and a political culture driven by its administrative structure and needs, carried within themselves the seeds of the eventual dissolution of the overall structure. The very existence of multiple *notitiae* and multiple bureaucracies, like their multiple emperors and multiple Rome-substitutes, linked only at the top by a largely fictive college of emperors, each with legal jurisdiction over the whole structure, but with administrative jurisdiction over only one part of it, was a dissiparous feature of authority. Only when the *notitiae* were together could there exist the sense, let alone the actuality, of a unified imperial administrative authority. It may be that there was an annual, or at least a regular, exchange of *notitiae*, but there is no evidence of it. It would have been an otiose practice.

The two *notitiae* in the extant *Notitia Dignitatum* cannot represent such an exchange nor an actual administrative unity, since the two lists are of different dates and thus, viewed as a composite artifact, cannot be working documents in any direct administrative sense. The purpose for bringing them together was a different one. The eastern list represents in its basic deposit, like the site of Pompeii, a fleeting moment frozen in time, as long as we remember that, as at Pompeii, such a moment is free neither of obsolescence nor of later disturbance. The moment is defined by arrangements which appear to be temporary. Three of the military *magistri* staff their *officia* with soldiers seconded from the military units rather than having an established *officium*, as is the normal situation of the other two *magistri*[39]. The province of Macedonia Salutaris has been divided, part being attached to Epirus Nova in the diocese of Macedonia, part being attached to Praevalitana in the diocese of Dacia (and, for all that we know, part alienated to the

[39] Compare NOT. dign. or. 5, 67; 8, 54 and 9, 49 with 6, 70 and 7, 59.

settlement of Alaric's Goths)[40]. Neither arrangement can have stood for long. The date is later than the creation of provinces named from Arcadius and Honorius and the concurrent establishment of *correctores* in the East, a post first attested there in 393, but not yet properly incorporated into the *notitia* listings[41]. The only thing that seems to postdate the death of Theodosius, the *tabularium dominarum Augustarum* under the *castrensis*, cannot be a reality at any time[42]. This entry is best seen as an interpolation — and a clue to the environment of the final edition. Recent consensus is surely right to date the eastern list to a moment in the period 394/396; a more precise date is unnecessary here[43].

The western list represents no such single moment, but a series of moments, which are chronologically inconsistent, but many are later than the date of the eastern list. No one has been able to restore any satisfactory administrative coherence to the western list as a whole[44]. It is perhaps best seen as an artificial creation from lists which had become progressively obsolete in a messy archive, as they lost their original purpose. One attractive hypothesis is that the list was taken over by the *magister peditum*, who certainly had a particular interest in the two chapters which depart from the basic structure of the eastern list (occ. 7 and 42)[45]. It is not without problems, however. The military lists show no more careful and consistent record keeping than the civil ones, even though some seem to be of later

[40] NOT. dign. or. 3, 13 & 19; the province is undivided in or. 1, 125.

[41] COD. Theod. 1, 7, 2; A.H.M. JONES, *op.cit.* (n. 17), III 347.

[42] NOT. dign. or. 17, 8; A.H.M. JONES, *op.cit.* (n. 17), III 349-350.

[43] A.H.M. JONES, *op.cit.* (n. 17), III 347-51; D. HOFFMANN, *Das spätrömische Bewegungsheer und die Notitia Dignitatum* (Düsseldorf 1969-70), I 25-53; J.C. MANN, "The Notitia Dignitatum – dating and survival", in *Britannia* 22 (1991), 215-219.

[44] V. J.C. MANN, *art.cit.* (n. 43) for as good a schema as one can offer, but still without solving all the *cruces* of assuming a continuing administrative use.

[45] J.C. MANN, "What was the Notitia Dignitatum for?", in *Aspects of the Notitia Dignitatum*, ed. by R. GOODBURN & P. BARTHOLOMEW (Oxford 1976), 3-9; W. SEIBT, "Wurde die *notitia dignitatum* 408 von Stilicho in Auftrag gegeben?", in *MIOEG* 90 (1982), 339-346; response from Mann, *ibid.* (n. 43).

date. The military command system in the West was different from that in the East, and this might explain both the insertion of the distribution list (occ. 7) and the addition of the *praepositurae* under the *magister peditum* (occ. 42). Nor is it clear why the *magister* lay his eggs in the nest of the *primicerius*, rather than using his own bureau, where one hopes that the information on his military resources was of more practical value than the lists in the western *Notitia.* It is more economical and perhaps better to see the western *notitia* becoming obsolete in the bureau of the *primicerius*, as it came to be of less and less practical use to him.

For when the two lists were brought together in the extant *Notitia*, it was not as working copies of separate lists, but in line with their ideological purpose. The date can hardly be earlier than its latest datable element, which is a military unit named *Placidi Valentiniani Felices* (occ. 7, 36), surely an allusion to the emperor Placidus Valentinianus (Augustus 425-455 A.D.) — other dating criteria which use our lacunose knowledge of the non-linear history of particular posts are unsafe havens. There are other reasons to link the edition with the court of the emperor's mother, Galla Placidia. The mistaken interpolation in the entry of the eastern *castrensis* noted earlier might be linked to her interest. She also had a strong trace in the *Notitia Vrbis Constantinopolitanae*, which included three houses of Galla, and this text was one of a group of illustrated texts with which the *Notitia Dignitatum* was associated in the *Codex Spirensis,* perhaps already in late antiquity. A brief excursus on the transmission of these texts is instructive[46].

These illustrated texts, together with a group of unillustrated texts, form the *Codex Spirensis*, which existed in the Library of the Cathedral of Speyer until it was dispersed shortly after 1550. Although the unillustrated texts also exist in many other traditions, all extant manuscripts and printed editions of the

[46] V. M.D. REEVE, *art.cit.* (n. 4); R. IRELAND (ed.), *De Rebus Bellicis* (Oxford 1979), II 39-78.

*Notitia* and all but one of the other illustrated texts filter through this single manuscript, either directly or indirectly. There seems to be a very flat line of transmission. One can detect an insular exemplar for the *Spirensis,* which it had in common with the one manuscript of the *Notitia Vrbis Constantinopolitanae* (paleographically dated c. 940 A.D.), which does not derive from the *Spirensis*. But there need have been no other manuscript of these illustrated texts between antiquity and the insular copy. The illustrations support such a short history. Those in the second set of illustrations in the Munich manuscript, done from a tracing of the Speyer manuscript and best reflecting it, seem to reflect faithfully characteristics of fifth century illustrations[47].

Further, the probable way in which the *Spirensis* was assembled suggests that the illustrated texts were already together. Whoever compiled this *Codex*, with the *Cosmographicus* of Aethicus Hister at the head of a set of texts on topographical or geographical matters (each widely circulating in the Middle Ages) had geographical and technical considerations in mind. The illustrated texts were presumably added primarily to further similar interests, but some of this disparate group of illustrated texts were irrelevant to such interests. The inclusion of such texts, marginal to the purpose of the collection, suggests that they already formed a collection. It was such an odd group that later copyists and editors often dropped the *De gradibus cognationum* and Gelenius' *editio princeps* only included the *Altercatio Hadriani Augusti et Epicteti Philosophi*, "lest anything be excluded".

To establish that these illustrated texts, i.e. the above four with the *Notitia Vrbis Romae* and the *De Rebus Bellicis,* were part of a collection in the time of the Carolingian exemplar of the *Spirensis* and probably already in the fifth century may be to raise more questions than answers, but it does give further weight to locating the *Notitia Dignitatum* in the time and

[47] P. BERGER, *op.cit.* (n. 26); R. GRIGG, "Illustrations and text in the lost *Codex Spirensis*", in *Latomus* 46 (1987), 204-210.

circle of Galla Placidia. One suggestion, assuming that the lists had come into and through the hands of the western *magistri peditum*, is that the edition was commissioned by or for Galla Placidia from documents passed on to her by her husband Constantius who had been *magister peditum* before becoming Augustus[48]. The alternative is to locate the source and the stimulus in the bureau of the *primicerius* himself, the more likely location of both lists. The patron should probably remain nameless, but there is a name to conjure with. The *primicerius* Theodosius read an imperial speech to the senate offering the partial remission of the *aurum oblaticium* in 426 on behalf of the new emperor (and his mother)[49]. He has long been identified with the Theodosius who was praetorian prefect of Italy in 430. Cameron argued that he was Macrobius Ambrosius Theodosius, whose works preserving/creating aspects of the Roman past he cogently redated from the end of the fourth century to the environment of the 430s[50]. Could Macrobius be the patron responsible for providing us this enigmatic text? He had access to the *notitiae* and may well have had an interest in the diverse range of texts in the whole collection.

The composite *Notitia Dignitatum* was certainly like the *Saturnalia* of Macrobius in one way; it created a world that never existed via materials and people who did exist. Both are ideological productions and both select materials that marginalise Christianity. The virtues depicted in the medallions surrounding the cupboards, if they date to the final edition, may derive from the Ciceronian learning of Macrobius. The *Notitia* underscores the unity of the whole empire and the relatively symmetrical nature of the two administrations. It also maximises the geographical extent and the resources of an empire which was weaker in both. It was another dreamworld, but of a different type to that of the individual *Notitiae*.

[48] See the references at n. 45.

[49] COD. Theod. 6, 2, 25.

[50] Alan CAMERON, "The date and identity of Macrobius", in *JRS* 56 (1966), 25-38.

This composite *Notitia* may have served a further ideological role in its afterlife in the Carolingian world[51]. One of the illustrated texts, the *Altercatio*, was known to Alcuin by 793/796. The suggestion has been made that illustrations from other texts in the collection lie behind the forms of the three silver tables alluded to in the will of Charlemagne: one of Constantinople, one of Rome, one of the whole world (Einhard, *Vita Caroli* 33). This has fueled the hypothesis that the resurrection of this set of texts and their transmission to the north was associated with the grandiose imperial aspirations of the court of Charlemagne, either stimulating or abetting them. The new Roman emperor crowned at Rome on Christmas Day 800 A.D. could find in the *Notitia* a template for a revived Roman empire of greater extent and unified jurisdiction. The absence of a proper emperor in the East (Irene being a woman) was the opportunity, the proposed marriage of Charlemagne to Irene the means[52]. It was yet another dream, a fleeting moment in the revival of Roman imperial concepts. The *Notitia* group of texts soon receded into a less exalted world, to be buried, added to a group of geographical texts, and almost lost in the Library of Speyer, until it returned to frustrate those who take an alluring but too often false friend for something other than what it is.

[51] J.C. MANN, *art.cit.* (n. 43), 219 suggests a more administrative, less ideological, afterlife.

[52] THEOPHANES, *Chron.* I p. 475, 27-30 De Boor.

## Major Works on the Notitia Dignitatum

### 1. Texts and editions

Eduard BÖCKING, *Notitia dignitatum et administrationum omnium tam ciuilium quam militarium in partibus Orientis et Occidentis* (Bonn 1839-1853).

Otto SEECK, *Notitia dignitatum* (Berlin 1876; reprint Frankfurt/Main 1962).

Sigismund GELENIUS, *Notitia utraque cum Orientis tum Occidentis* (Basel 1552).

### 2. Nature, date and history

J.J.G. ALEXANDER, "The illustrated manuscripts of the Notitia Dignitatum", in *Aspects of the Notitia Dignitatum*, ed. by R. GOODBURN & P. BARTHOLOMEW (Oxford 1976), 11-50.

P. BERGER, *The Insignia of the Notitia Dignitatum* (Garland 1981).

A.W. BYVANCK, "Antike Buchmalerei", in *Mnemosyne*, S.III 8 (1940), 177-198.

J.B. BURY, "The *Notitia Dignitatum*", in *JRS* 10 (1920), 131-154.

G. CLEMENTE, *La "Notitia Dignitatum"* (Cagliari 1968).

R. GOODBURN & P. BARTHOLOMEW (eds.), *Aspects of the Notitia Dignitatum* (Oxford 1976).

R. GRIGG, "Portrait-bearing codicils in the illustrations of the *Notitia Dignitatum*", in *JRS* 69 (1979), 107-124.

R. GRIGG, "Inconsistency and lassitude. The shield emblems of the *Notitia Dignitatum*", in *JRS* 73 (1983), 132-142.

R. GRIGG, "Illustrations and text in the lost *Codex Spirensis*", in *Latomus* 46 (1987), 204-210.

D. HOFFMANN, *Das spätrömische Bewegungsheer und die Notitia Dignitatum*, 2 vols. (Düsseldorf 1969-70).

R. IRELAND, *De Rebus Bellicis* (Oxford 1979), II 39-78.

A.H.M. JONES, *The Later Roman Empire, 284-602* (Oxford 1964), III, appendix II: "The Notitia Dignitatum".

F. LOT, "La *Notitia Dignitatum utriusque Imperii*, ses tares, sa date de composition, sa valeur", in *REA* 38 (1936), 285-338.

I.G. MAIER, "The Giessen, Parma and Piacenza codices of the Notitia Dignitatum with some related Texts", in *Latomus* 27 (1968), 96-141.

I.G. MAIER, "The Barberinus and Munich Codices of the *Notitia Dignitatum omnium*", in *Latomus* 28 (1969), 960-1035.

J.C. MANN, "What was the Notitia Dignitatum for?", in *Aspects of the Notitia Dignitatum*, ed. by R. GOODBURN & P. BARTHOLOMEW (Oxford 1976), 1-9.

J.C. MANN, "The Notitia Dignitatum – dating and survival", in *Britannia* 22 (1991), 215-219.

E. POLASCHEK, "Notitia Dignitatum", in *RE* XVII 1 (1936), 1077-1116.

M.D. REEVE, "*Notitia Dignitatum*", in *Texts and Transmission. A Survey of the Latin Classics,* ed. by L.D. REYNOLDS (Oxford 1983), 253-257.

O. SEECK, "Zur Kritik der *Notitia Dignitatum*", in *Hermes* 9 (1875), 217-242.

W. SEIBT, "Wurde die *Notitia Dignitatum* 408 von Stilicho in Auftrag gegeben?", in *MIOEG* 90 (1982), 339-46.

J.H. WARD, "The *Notitia Dignitatum*", in *Latomus* 33 (1974), 397-434.

K. WEITZMANN, "Book Illustration of the Fourth Century: Tradition and Innovation", in ID., *Studies in Classical and Byzantine Manuscript Illumination* (Chicago 1971).


### 3. Administrative, military and historical source


A. BOAK, *The Master of the Offices in the Later Roman and Byzantine Empires* (New York 1919).

A. CHASTAGNOL, *La préfecture urbaine à Rome sous le Bas-Empire* (Paris 1960).

M. CLAUSS, *Der* Magister Officiorum *in der Spätantike* (München 1980).

R. DELMAIRE, *Largesses sacrées et res privata. L'"aerarium" impérial et son administration du IV^e^ au VI^e^ siècle,* Coll. de l'E.F.R. 121 (Paris 1989).

E. DEMOUGEOT, "La *Notitia Dignitatum* et l'histoire de l'Empire d'Occident au début du V^e^ siècle", in *Latomus* 34 (1975), 1079-1134.

J. HARRIES, "The Roman imperial Quaestor from Constantine to Theodosius II", in *JRS* 78 (1988), 148-172.

D. HOFFMANN, *Das spätrömische Bewegungsheer und die Notitia Dignitatum*, 2 vols. (Düsseldorf 1969-70).

A.H.M. JONES, *The Later Roman Empire, 284-602,* 3 vols. (Oxford 1964).

D. VAN BERCHEM, *L'armée de Dioclétien et la réforme constantinienne* (Paris 1952).

# DISCUSSION

*Cl. Nicolet*: Je remercie vivement Peter Brennan d'un exposé riche, complet et nouveau. En particulier, d'avoir cherché à dégager sous le terme de "culture politique", les intentions profondes, bien évidemment implicites, d'un "texte" de ce genre. Même si, pour une fois, il semble quand même assuré que nous soyons en présence d'un vrai "document administratif" à l'usage du primicier des notaires, il reflète à coup sûr des intentions qui — outre qu'elles permettent d'en dater un éventuel "premier modèle" — ont un sens politique, et même idéologique. Nous avons aussi entendu des propositions suggestives sur le rapport des illustrations au texte.

*Fr. Paschoud*: J'approuve entièrement ce qui a été dit sur la signification idéologique de la *Notitia dignitatum*. De même que c'est au moment où le monde romain commence à crouler que renaît un vif attachement patriotique pour *Roma aeterna*, ainsi c'est au moment où le grand corps de l'Empire fonctionne de plus en plus mal et se défait qu'on éprouve le besoin de constituer et de conserver un document de luxe, puisque muni d'illustrations, qui explique les rouages d'un appareil qui correspond à la réalité administrative non pas telle qu'elle existe de fait, mais telle qu'on souhaiterait idéalement qu'elle existât.

*A. Chastagnol*: Beaucoup de fonctionnaires sont encore païens, surtout dans le premier quart du V^e^ siècle en Occident, notamment la majorité des préfets de la ville de Rome jusqu'à la mort d'Honorius. La *Notitia* émane du bureau du primicier des notaires d'Occident.

*Cl. Nicolet*: Puisqu'on aborde le sujet, une question innocente: sommes-nous renseignés sur les premiers textes législatifs qui aient interdit les *dignitates* aux chrétiens?

*P. Brennan*: I do not know the date of such legislation or indeed if there was such legislation (rather than social regulation).

*Fr. Paschoud*: Je ne m'étonne pas pour ma part de l'impact pratiquement inexistant du christianisme triomphant sur la *Notitia dignitatum*. Le fonctionnement de la hiérarchie administrative échappe à la révolution qu'apporte dans beaucoup de domaines la nouvelle religion, car il s'agit d'un domaine pratique, technique, où les problèmes restent les mêmes, quelle que soit l'ambiance idéologique, et dont le fonctionnement n'est en rien influencé par les choix religieux de ceux qui y participent. Du reste, comme André Chastagnol l'a rappelé, malgré une législation qui tend à écarter les païens du service public, ceux-ci s'y maintiennent durablement au début du 5$^{e}$ s., l'État romain n'étant pas en mesure de se passer des services compétents de tous les tenants des anciens cultes. Paradoxalement, c'est en sens inverse que se produit d'un certain point de vue une influence de l'esprit qui anime la *Notitia dignitatum* sur le monde chrétien. En effet, on constate que, dès Constantin, l'Église prend des formes hiérarchiques et administratives qui, à bien des égards, sont calquées sur celles de l'appareil de la *militia* impériale. Jusqu'en plein 20$^{e}$ siècle, jusqu'au Concile de Vatican II en tout cas, l'Église romaine a perpétué des formes d'organisation qui rappellent étrangement le monde de l'Antiquité tardive reflété dans la *Notitia dignitatum*.

*P. Brennan*: The virtually non-existent impact of Christianity in the *Notitia* is significant to me precisely because the administrative structure was an integral part of the political culture and that political culture included an increasingly prominent place for Christian representation, both in symbols and in personnel. François Paschoud is quite right to note that the Christian Church derived its administrative structure and ethos, or much of it, from the secular administration, but in such a process there is often a symbiotic relationship and a transfer of ideas one practices between both institutions.

*Fr. Paschoud*: A mon sentiment, les illustrations ont une fonction en même temps pratique et symbolique. Les hauts fonctionnaires devaient être reconnus et distingués par certaines caractéristiques qui transparaissent plus ou moins dans les illustrations sous la forme altérée qu'elles ont prises à la fin du Moyen Age. A ce propos, il me frappe que, sauf erreur de ma part, aucune de ces vignettes ne représente le *cingulum*, insigne distinctif de beaucoup de hauts serviteurs de l'État.

*P. Brennan*: To my mind, too, the illustrations were, at least originally, both realistic and symbolic, serving the two purposes of the *Notitia*. Why was the *cingulum* not included? It is an excellent question and I have no proper answer. Perhaps the selection of objects illustrated and those associated with the official duties of the *dignitas* rather than with the person of the *dignitas* himself.

*A. Chastagnol*: Le *missorium* de Madrid est un plat d'argent qui montre précisément l'empereur Théodose, en 388, laissant tomber les codicilles qui contiennent le décret de nomination d'un fonctionnaire, courbé à ses pieds: cf. A. Chastagnol, *La préfecture urbaine à Rome sous le Bas-Empire* (Paris 1960), 192.

*P. Brennan*: André Chastagnol's view that the objects on the book tables of *uiri illustres* are imperial portraits and not codicillar diptychs was strongly argued in his classic book on the urban prefecture. The traditional view has been restated with further arguments by R. Grigg in *JRS* 69 (1979), 107-124. I am convinced that all the objets on booktables are appointment documents.

*Cl. Nicolet*: Pour revenir aux illustrations: je crois me rappeler qu'on a soutenu que les images que nous avons pour chaque fonction (au moins les plus importantes) et qui regroupent, si je ne me trompe, la représentation d'*insignia*, parfois symbolisés (des *codices*, etc.), mais parfois bien réels (un char); que ces images, donc, représentaient une image réelle, celle que le primicier des notaires devait faire dessiner ou inciser sur le document même qu'il était chargé de préparer pour chaque nouveau titulaire, ce que nous appellerons le "brevet", quel que soit le nom technique, *codicillus* peut-être? Que doit-on penser de cette théorie?

En d'autres termes (et c'est important pour notre propos): *nos* vignettes proviennent-elles d'un "modèle illustré" déjà élaboré dans l'administation, pour servir par exemple de couverture aux codicilles (?), ou éventuellement au *liber mandatorum* des dignitaires (A. Chastagnol, *La Préfecture urbaine*, 200)? Auquel cas il serait bien évident que, dès l'origine du plus ancien "modèle", l'illustration aurait été indispensable au texte, et qu'il n'y aurait pas eu de tradition indépendante. Quoique, bien sûr, même dans le cas d'illustrations logiquement liées à un texte, il puisse y avoir rupture de la "tradition" de ces illustrations, comme le prouve un exemple célèbre de la vignette du *mss. Palatinus* 1564, 88 r des *agrimensores* représentant Minturnes, qui ne peut pas provenir des renseignements du texte qu'elle veut illustrer, mais d'une erreur d'interprétation d'un texte de Pline (*nat.* 3, 39; cf. F. Castagnoli, in *Mem. Accad. Lincei,* Ser. VII, t. 4, 1944, 103).

*P. Brennan*: I envisage that the *primicerius notariorum* had available to him the "model" entry which existed of each *dignitas* or type of *dignitas* (i.e. essentially the extant entries), which he gave to a *scriniarius* to execute actual *codicilli* for each new holder of the posts. The physical relationship between illustration and text in this model can only be guessed. In the *Codex Spirensis,* although most illustrations were full page, many had both illustration and text on the same page (especially for the western *Notitia*). It seems likely to me that the illustrations were once all full page and separate from the text, but that the text was later sometimes added to the bottom of the illustrations, especially where the text was brief, in the process of updating the "model". It may also be that the illustration and the text were copied by different persons, for there were illustrations in the *scrinia*. How demarcated were their duties?

*A. Chastagnol*: A mon avis, pour dater la *Notitia dignitatum*, il y a d'abord un *terminus post quem* général servant de base à l'ensemble du document; le partage définitif de l'Illyricum entre l'Orient et l'Occident, qui a accusé la séparation entre les empires d'Occident (Honorius) et d'Orient (Arcadius): préfectures du prétoire, cadres militaires. La *Notitia* de l'Orient a été rédigée plus ou moins après cette date, celle de l'Occident plus tardivement, mais le primicier des notaires dispose alors du document unifié et donc unique et valable à ses yeux pour ce moment. Nous sommes après la chute de Gildon en 398, après le transfert à Arles de la préfecture des Gaules (en 407 à mon avis), vers 425-430 environ à cause de la mention des troupes de *Placidi Valentiniani felices* (du nom de Valentinien III). Ce qui compte pour fixer une date, c'est un fait daté enregistré par le document, et non pas l'absence d'un fait qui a pu être omis ou ignoré. Ainsi, si on prend l'exemple de l'administration militaire en Afrique, l'omission du *comes Tripolitanae, u.c. et spect.*, attesté seulement en 407-408, ne peut aller contre les faits positifs relevés, même si l'oubli est déjà ancien à ce moment. Sur ce *comes* de Tripolitaine, cf. *Codex Theodosianus* 11, 36, 33 en 406; *IRT* 480, entre 408 et 423.

*P. Brennan*: Dating, either of the strands in the *Notitia* or of the whole, is fraught with hazards, especially when we seek to relate details, or the omission of details, in the *Notitia* with known historical details. For in the area of administrative arrangements and military distribution there is constant change but not in a linear pattern. The change is often the return of an earlier practice. The *comes Tripolitanae* illustrates the problem. The texts on both *comites* noted by A. Chastagnol seem at first sight to represent a departure from the *Notitia* in giving this military commander the title of *Comes*, but both texts also call him *dux*, as in the *Notitia*. *Comes* refers to his rank in the *comitiua primi ordinis* and is here a personal title, not a post. In general I agree with Chastagnol's *terminus post quem* dates. The division of Illyricum into two prefectures is absolutely central. But might it not already have been set out in plan before Theodosius' expedition to reclaim the western part of the empire?

*Fr. Paschoud*: Parmi les éléments de datation qu'a rappelés André Chastagnol, le plus important me semble être la division de l'Empire en quatre préfectures, deux en Orient et deux en Occident, marque la plus évidente de l'après-395. On peut expliquer de multiples manières la coexistence, dans la *Notitia*, d'éléments chronologiquement disparates. Outre le facteur résultant de la lenteur de la transmission des données, évoqué notamment par A. Chastagnol, je crois qu'il faut aussi tenir compte de la paresse et de la négligence propres aux agents de beaucoup de grandes administrations, qui pèsent lourdement sur le fonctionnement de l'Empire tardif, comme d'innombrables témoignages littéraires et documentaires nous le font voir.

*Cl. Nicolet*: L'occasion de passer de la notion de "culture politique" à celle de "culture technique" nous est offerte par ces étranges *notae* qui figurent en certains endroits et dont il a été question. Que savons-nous du recrutement et éventuellement de la formation des *notarii*?

*P. Brennan*: In answer to Claude Nicolet's question on the *notarii*, it must be said that much is obscure about their history, especially on the use of shorthand clerks in the public service (see H.C. Teitler, *Notarii and Exceptores*, Amsterdam 1985). Indeed, why and when the issuing of appointment documents came into the hands of the *primicerius notariorum* is unknown, but it may have been associated with the creation of a new model of appointment documents. The extant *Notitia* may retain some signs that at least parts of the "model" were in shorthand. In occ. 36, 8, the Munich and Vienne manuscripts retain a *siglum* which may well be the Tironian *nota* for *supra*. Elsewhere, letters on scrolls, especially in the western *Notitia* and more often in the better second set of Munich illustrations, usually taken to be Greek letters, may reflect original Latin shorthand *notae*. Perhaps misunderstood, perhaps by an illustrator who was not expert in the writing or reading of the *notae* of the *notarii*.

*Cl. Nicolet*: Ma dernière question a trait à la célèbre description, poétique et emphatique, des fonctions du *a rationibus*, père de Claudius Etruscus, chez Stace, *silu.* 3, 3, 85-105. Le texte ne ressemble-t-il pas étrangement à celui de Claudien normalement évoqué à propos de la *Notitia*?

*P. Brennan*: On the comparison between the texts in Statius and Claudian, there are of course great similarities. Certainly Statius may have had a "job description" in front of him, but since that "job description" is not extant (unlike the case with Claudian and the *Notitia)* we cannot know whether it existed. But, even if it did, how would Statius have got access to it (unlike Claudian who was in the bureau) and would he have needed it?

# VI

ANDRÉ CHASTAGNOL

# LES RÉGIONNAIRES DE ROME

La mission qui m'a été confiée est de vous entretenir — puisqu'il s'agit ici d'«Entretiens» — des Régionnaires de Rome dans le cadre du thème général de notre «Rencontre», la «littérature technique». Assurément, il s'agit de deux documents — le *Curiosum* et la *Notitia Vrbis* — de type archivistique concernant la topographie de la ville de Rome au IV$^{e}$ siècle de notre ère. Nous ne trouvons pas, en chacun d'eux, une description littéraire comprenant des phrases, des sujets, verbes, compléments en des paragraphes bien composés; sans doute est-il donc quelque peu abusif de parler à leur propos de «littérature». Nous avons plutôt affaire à des documents certes bien classés, plutôt des archives analytiques à l'état pur, d'ailleurs du type de ceux dont nous avons déjà parlé cette semaine çà et là pour avoir servi de sources directes à certains écrivains qui ont pu les reproduire, les résumer ou les utiliser plus ou moins à l'intérieur de leur œuvre. Nous avons évoqué en effet dans le cours de ces derniers jours, par exemple, des documents transmis sur inscriptions gravées sur bronze ou sur pierre, ainsi la *Table d'Héraclée*[1]; le meilleur parallèle se rencontre peut-être avec les listes et tableaux provinciaux, que l'on appelle des *formulae*, qui avaient probablement — et parfois sûrement — le même côté

[1] *CIL* I$^{2}$ 593 = BRUNS, n° 18 = *ILS* 6085 = *FIRA* I n° 13. Cf. Cl. NICOLET, «La Table d'Héraclée et les origines du cadastre romain», in *L'Urbs: espace urbain et histoire*, coll. de l'E.F.R. (Rome 1987), 1-25; du même auteur, *L'inventaire du monde* (Paris 1988), 139-142.

analytique de première main; nous ne les avons plus, certes, mais elles transparaissent pour nous de façon claire et presque identique dans le récit descriptif des provinces romaines que nous a donné Pline l'Ancien dans son *Histoire naturelle*: je renvoie en particulier sur ce point à l'enquête qu'a menée récemment Michel Christol pour retrouver, presque littéralement, la source dont s'est servi Pline, *nat.* 3, 37, dans son tableau des cités de la province de Gaule Narbonnaise[2].

Avec les Régionnaires, c'est donc ce document brut que nous avons, tel qu'un écrivain postérieur aurait pu, comme l'a fait Pline, s'en inspirer. Malheureusement, cette fois, aucun auteur ancien n'y a fait des emprunts, à notre connaissance; dans son récit de la visite de l'empereur Constance II à Rome, Ammien Marcellin, habitant de la Ville lorsqu'il écrivait, s'est servi seulement de ses connaissances et de sa vision personnelles en les truffant d'allusions littéraires plus anciennes ou plus récentes[3].

## La traduction manuscrite

Il est temps maintenant de caractériser les deux documents que l'on regroupe sous ce nom de Régionnaires, et je me reporte sur ce point à l'édition scientifique majeure qu'en a fournie Arvast Nordh en 1949[4]. Le premier, intitulé *Curiosum urbis Romae regionum XIIII,* nous a été transmis par trois manuscrits latins du Vatican, l'un remontant au VIII^e^ siècle (n° 3321), les deux autres dérivés de lui (n° 1984 et 3227), des XI^e^-XII^e^

[2] M. CHRISTOL, «Pline l'Ancien, et la "formula" de la province de Narbonnaise», in *La mémoire perdue. À la recherche des archives oubliées, publiques et privées, de la Rome antique*, éd. par Cl. NICOLET (Paris 1994), 45-63.

[3] AMM. 16, 10, 4-20. Cf. J. MATTHEWS, *The Roman Empire of Ammianus* (London 1989), 11-13 et 231-235; G. SABBAH, *La méthode d'Ammien Marcellin* (Paris 1978), 327-332.

[4] A. NORDH (ed.), *Libellus de regionibus urbis Romae*, Acta Inst. Rom. Regni Sueciae, III 8 (Lund 1949). On peut utiliser aussi l'édition donnée par R. VALENTINI et G. ZUCCHETTI, *Codice topografico della Città di Roma* I (Roma 1940), 64-258.

siècles. Tous donnent à la fois exactement le même texte et l'appendice-*breuiarium* qui le suit, accompagnés d'œuvres littéraires diverses depuis les *Philippiques* et le *Songe de Scipion* de Cicéron sur l'un, jusqu'à l'*Etymologie* d'Isidore de Séville et des extraits du *Liber Pontificalis* sur les autres.

La *Notitia*, pour sa part, dont le titre général est plus bref (*Notitia quae dicitur*), émane essentiellement d'un manuscrit de Spire du X$^{e}$-XI$^{e}$ siècle, perdu au XVI$^{e}$ siècle, dont on a plusieurs copies sur des manuscrits d'Oxford (n$^{o}$ 378, XV$^{e}$ s.), de Paris (n$^{o}$ 7661, XV$^{e}$ s.), de Vienne (n$^{o}$ 3103, XVI$^{e}$ s.), de Munich (n$^{o}$ 10291, XVI$^{e}$ s.), s'ajoutant au Vatican latin 3321 (VIII$^{e}$ s.), qui est indépendant des autres mais au total moins important ou utilisable. On retrouve dans cette série la même distinction entre le texte proprement dit et le *breuiarium*; les dérivés du manuscrit de Spire les font voisiner cette fois avec d'autres textes documentaires qui ne sont pas les mêmes que ceux donnés par le *Curiosum* et sont plutôt des relevés techniques du genre qui nous a intéressés dans ces Entretiens, à savoir par exemple l'*Itinéraire d'Antonin*, la *Notitia Galliarum*, la *Notitia de Constantinople*, la *Notitia Dignitatum*, le *Laterculus* de Polémius Silvius, la *Cosmographie* d'Ethicus, le traité *De rebus bellicis*, autrement dit une bonne part des ouvrages ou listes de caractère technique appartenant ou remontant à l'époque impériale.

**Le contenu**

Pour m'en tenir évidemment au *Curiosum* et à la *Notitia* de Rome, je voudrais d'abord résumer ce qu'on lit en chacun d'eux, en les divisant d'ensemble en trois parties et en relevant tout de suite que la disposition, le texte et les détails sont semblables dans les deux documents, à très peu d'exceptions près, exceptions sur lesquelles il convient cependant de s'interroger.

1) C'est d'abord une liste des monuments publics, places, édifices païens compris, classés dans chacune des quatorze

régions, suivie du nombre de ses quartiers (*uici*), du nombre des *magistri uicorum* ou *uicomagistri* de la région (48), des curateurs de la région (deux), puis, plus particulièrement, toujours dans chaque région, des édicules des carrefours (*aedicula* ou *compita Larum*), des maisons aristocratiques (*domus*), des immeubles de rapport (*insulae*), des thermes, des bassins et fontaines (*lacus*), boulangeries, greniers, enfin le périmètre de la région en pieds (ou sa surface en pieds carrés).

2) Vient ensuite, après ce répertoire par régions, l'appendice récapitulatif de l'ensemble: nombre total des bibliothèques (vingt-huit aussi bien dans le *Curiosum* que dans la *Notitia*), des obélisques (cinq en *N.*, six en *C.*), des ponts (huit), des collines (sept), des *campi* (huit), des forums (onze), des basiliques civiles (dix), des thermes (onze), des aqueducs (dix-neuf), des rues et routes (*uiae*, vingt-neuf).

3) C'est alors que le document se termine par un second appendice récapitulatif, et c'est celui-là qui est appelé *breuiarium*. Il s'agit du répertoire de chaque autre type de monument, à savoir, dans l'ordre, les capitoles (deux), les cirques (deux), les amphithéâtres (deux), les théâtres (trois), les marchés, les écoles de gladiateurs (*ludi*), naumachies, nymphées, statues équestres, statues divines en or et en ivoire, arcs en marbre (trente-six), portes (trente-sept). Viennent alors les nombres totaux de *domus* (1'790) et d'*insulae* (46'602), de greniers (290), de bassins-fontaines et puits (1'352), de boulangeries (254), de lupanars (45 en *N.*, 46 en *C.*), de latrines publiques (144); enfin des troupes de la garnison: cohortes prétoriennes (dix), cohortes urbaines (quatre), cohortes des vigiles (sept) avec quatorze postes ou *excubitoria* (deux par région), des *uexilla communia* (deux), des casernes (*castrae*, huit), et, pour terminer, des débits d'huile ou *mensae oleariae* (2'300).

Ce contenu varié et précis d'un tel répertoire à la fois analytique et synthétique appelle évidemment un certain nombre d'observations, de réflexions et de questions.

## La datation

La première interrogation concerne l'époque à laquelle a été rédigé chacun des deux répertoires et pour laquelle il est en principe strictement valable.

Si l'on considère, comme il est normal, que l'un et l'autre n'ont pas été déformés par des interpolations postérieures et ont bien été reproduits tels qu'ils ont été rédigés, il est tout à fait loisible de leur assigner une date approximative suffisamment précise.

La *Notitia* est antérieure au *Curiosum*, puisque la première compte cinq obélisques à Rome dont un seul au Cirque Maxime, le second six obélisques dont deux dans le même hippodrome[5]. On a reconnu depuis longtemps, du fait de cette indication, que la *Notitia* fournit un état valable entre 337 et 357, le *Curiosum* après 357. En effet, le second monument noté par le *Curiosum* a été dressé, selon Ammien, après la visite de Constance II, en 357, dans la Ville Éternelle, en application d'un ordre de l'empereur donné à ce moment-là[6]; d'autre part, l'autre obélisque du même lieu avait été mis en place dès le règne d'Auguste, en 10 av. J.-C.[7] Il s'ensuit que l'année 357 constitue le *terminus ante quem* pour la rédaction de la *Notitia*, et un *terminus post quem* pour celle du *Curiosum*; mais il est possible de préciser davantage, dans la mesure où l'on tient compte du fait que la *Notitia* (mais non le *Curiosum*) désigne, dans la XI^e^ région, l'arc de Constantin sous le nom d'*arcus diui Constantini*, ce qui, pour elle, impose le *terminus post quem* de 337[8]. Mommsen ajoutait, non sans raison, que le *Curiosum*, dans son premier appendice, mentionne, comme fait la *Notitia*, la liste de huit ponts de Rome seulement, tous très antérieurs au IV^e^ siècle, mais ignore le nom nouveau du *pons Aurelius*,

[5] Ed. A. Nordh, 97.

[6] Amm. 16, 10, 17.

[7] *CIL* VI 701-702 = *ILS* 91. Cf. M. Mercati, *Degli obelischi di Roma* (1589), réédité par G. Cantelli, *Gli obelischi di Roma* (Bologna 1981), 291-292; C. D'Onofrio, *Gli obelischi di Roma* (Roma 1992), 122 pour les deux.

[8] Ed. A. Nordh, 91. Voir, sur la présence de *diui*, la discussion de cet éditeur, 60 et 62.

appelé *pons Valentiniani* en 368, lors de sa reconstruction[9], puis surtout le pont de Théodose, édifice nouveau aménagé dans la dernière partie du IVe siècle[10], ce qui permet peut-être de fixer pour le *Curiosum* un *terminus ante quem* à cette date, sans attacher trop d'importance à un tel indice[11].

Ainsi ne se trompera-t-on guère en plaçant le tableau que nous apporte la *Notitia* sous le règne des fils de Constantin et celui du *Curiosum* à l'époque de Valentinien Ier et de ses deux fils, Gratien et Valentinien II, ce dernier mort en 392.

## But et sens d'un tel document

A quel type de lecteur antique peut s'adresser l'un et l'autre Régionnaires? On ne saurait penser, me semble-t-il, qu'à un chef ou un membre d'un service administratif chargé des bâtiments et de la gestion de problèmes concrets concernant la ville de Rome dans sa totalité ou dans une partie de son étendue, par région ou *uicus*. On songe surtout à la surveillance policière, à la lutte contre les incendies, au ravitaillement en blé ou pain et autres denrées, à la circulation dans les rues et les

[9] Sur ce pont, voir les inscriptions *CIL* VI 31'402 (= *ILS* 769)-31'411 et AMM. 27, 3, 3, textes discutés dans mon article «Les «quinquennalia» de Valentinien Ier et Valens», in *Mélanges de numismatique offerts à Pierre Bastien* (Wetteren 1987), 255-258.

[10] Sur ce pont, SYMM. *rel.* 25 et 26. Cf. A. CHASTAGNOL, *La Préfecture urbaine à Rome sous le Bas-Empire* (Paris 1960), 350-353; D. VERA, in *Studia et documenta historiae et iuris* 44 (1978), 45-94; du même auteur, *Commento storico alle Relationes di Quinto Aurelio Simmaco* (Pisa 1981), 183-198. Une inscription (*AE* 1975, 134) relate que le préfet de la Ville Volusianus Lampadius, en 365-366, a remis en état treize ponts du Tibre, mais ceux-ci se répartissaient de Rome à Ostie, donc certains en dehors du territoire propre de l'*Vrbs*.

[11] Th. MOMMSEN, dans sa première édition du Chronographe de 354, in *Abhandlungen der philos.-histor. Classe der K. sächsischen Gesellschaft der Wissenschaften* 1 (1850), 604-605, mais non repris dans *Chron. Min.* I; cf. éd. A. NORDH, 63. De même, il avait proposé pour la *Notitia* une date antérieure à 354 parce que le ms. de Vienne (et lui seul) avait incorporé la *Notitia* et non le *Curiosum*, argument non valable puisque les ms. dans lesquels figurent les Régionnaires intègrent tous, y compris celui-là, des ouvrages des Ve et VIe siècles: cf. éd. A. NORDH, 25.

quartiers, bref à la gestion matérielle de la cité sous ses différentes formes. Le document fournit d'abord, peut-on dire, un répertoire des sites et des magistrats ou sous-magistrats des régions et des quartiers qu'il convient de quadriller et contrôler. Il doit être, avec d'autres qui le complétaient, entre les mains de celui et ceux qui sont à la tête de toute l'administration de l'*Vrbs*. Jusqu'aux règnes de Dioclétien et de Constantin, c'était l'empereur lui-même et les bureaux qui gravitaient autour de lui sur le Palatin qui avaient cette responsabilité, déléguée ensuite par eux aux divers services autonomes ne dépendant chacun que du prince: préfet de la Ville pour la police urbaine, avec l'aide du préfet des vigiles pour la nuit et les incendies, préfet de l'annone pour le ravitaillement en blé..., préfets des travaux publics et des temples, curateur des eaux et des égouts, curateur des rives et du lit du Tibre... Or, depuis l'avènement de Dioclétien, puis, dès 312, de Constantin, l'empereur ne réside plus à Rome; et, peu à peu, à partir de cette date, le système administratif a été réorganisé, et, en conséquence, les divers services énumérés ci-dessus ont été subordonnés (*sub dispositione*, selon la *Notitia Dignitatum*) au préfet de la Ville, ainsi devenu le supérieur hiérarchique des divers préfets et curateurs. Cela s'est réalisé progressivement pendant le règne de Constantin, dans une évolution qui a pris sa forme définitive, au moins pour l'essentiel, principalement entre 328 et 333[12]. On s'explique mieux, dès lors, que la *Notitia urbis* ait été rédigée peu après la mort de l'empereur, pour enregistrer cette nouvelle situation dans tous ses éléments. Il y a donc de fortes chances pour que ce document et, plus tard, le *Curiosum* proviennent des archives de la préfecture urbaine, déposées maintenant au *secretarium tellurense*, situé à la périphérie du quartier des Carènes, à proximité du *Templum Vrbis* (dit de Vénus et de Rome) et de la basilique de Maxence-Constantin[13].

[12] Sur cette évolution, voir ma *Préf. urb.*, 43-63 et 179-183.

[13] Sur le *secretarium*, voir ma *Préf. urb.*, 243-251. Sur sa localisation plus précise, en dernier lieu F. COARELLI (A. GIARDINA, ed.), *Società romana e Impero tardoantico* II (Roma & Bari 1986), 25-28.

La répartition des régions, des *uici* et des responsables des unes et des autres, dans la première partie de chaque Régionnaire, puis la mention chiffrée des édicules de carrefours, celle des habitations, divisées en *domus* et en *insulae*, étaient des éléments indispensables pour la police et la lutte contre les incendies. Avec l'aide d'autres documents que nous n'avons pas, le nombre des *domus* et des *insulae* permettait de connaître ou percevoir les chiffres, totaux et par région, de la population de Rome, à la condition d'appréhender au moins le nombre moyen des habitants de chaque *domus* et de chaque *insula*, ce que nous modernes tentons de calculer ou supposer; mais on hésite pour savoir si, dans nos documents du IV^e^ siècle, le mot *insula* désigne un immeuble de rapport pris dans son ensemble (sens premier du terme) ou s'il s'applique plutôt à un appartement-étage ou un appartement tout court à l'intérieur de l'immeuble, sens qui me paraît plus probable, entre autres pour des raisons d'efficacité[14]; en tout cas, les autorités pouvaient en déduire les chiffres des habitants qu'elles devaient surveiller ou contrôler sous les divers rapports: police, taxes, recensements...; mais on admettra que ces pièces d'archives, seulement utiles pour l'administration, n'étaient pas consultables par les particuliers de l'époque, sauf peut-être autorisation spéciale pouvant être accordée par exemple à des hommes de lettres, historiens en particulier, encore que nous n'en avons pas de témoignage sûr.

[14] Sur ce sens du mot dans les Régionnaires, voir en particulier L. HOMO, *Rome impériale et l'urbanisme dans l'Antiquité* (Paris $^2$1971), 567-577, à la suite de E. CUQ, «Une statistique de locaux affectés à l'habitation dans la Rome impériale», in *Mémoires de l'Académie des Inscriptions et Belles-Lettres* 11 (1915), 279-335; A. CHASTAGNOL, *Préf. urb.*, 182 et n. 1; F. CASTAGNOLI, «L'insula nei cataloghi regionari di Roma», in *RFIC* 104 (1976), 45-52; G. HERMANSEN, «The population of imperial Rome: the regionaries», in *Historia* 27 (1978), 129-168. C'est en tout cas le même sens que celui des Régionnaires qu'on observe dans le décompte des maisons romaines détruites par l'incendie néronien selon l'auteur anonyme du IVe siècle inventeur de la pseudo-lettre de Sénèque à saint Paul, 11, mentionnant 132 *domus* et 4'000 *insulae*; la proportion des unes aux autres est la même que dans les Régionnaires. Je me rallie plutôt aux observations de F. CASTAGNOLI, qui propose pour la Rome du IV^e^ siècle quelque 500'000 habitants.

## Les antécédents

Le *Curiosum* se présentant à nous comme une mise à jour, sur les mêmes bases, du Régionnaire précédent qu'était la *Notitia*, on doit se demander — quelles que soient les innovations de l'époque constantinienne — si la *Notitia urbis* elle-même n'a pas remplacé un prédécesseur de la même nature et si elle n'a pas été ainsi un témoin d'une tradition déjà longue.

Il ne saurait faire de doute en effet que des répertoires du même type ont existé avant le quatrième siècle. La *Notitia* et le *Curiosum* nous en fournissent d'ailleurs la preuve, car il est évident que le tableau des forces de police, à la fin des deux documents, ne correspond pas à celui de la période de Constantin et de ses successeurs, mais a été repris tel quel d'un ouvrage antérieur sans les modifications qui étaient intervenues entre temps. Le fait est patent avec la mention des dix cohortes prétoriennes, qui ont subsisté jusqu'à la chute de Maxence et ont été supprimées par Constantin en 312. Les cohortes urbaines sont signalées encore en 317, mais au nombre de trois, non de quatre, et disparaîtront plus tardivement[15]. Il est curieux qu'on les ait citées ainsi les unes et les autres, au risque de faire croire que l'ancien système policier était maintenu, peut-être parce que le passage progressif de leurs attributions à des organes dépendant désormais du préfet de la Ville et de son bureau paraissait difficile à introduire dans le tableau.

On remarque en sens inverse un autre fait curieux: l'absence totale de la muraille d'Aurélien dans nos deux documents; celle-ci a été rajoutée plus tard à la seule *Notitia* dans un unique manuscrit, de l'Escurial (XV^e^ siècle), addition propre à un copiste médiéval renseigné sur ce point par ailleurs[16]. On pourrait

[15] Ed. A. NORDH, 105. Sur la suppression des cohortes prétoriennes, M. DURRY, *Les cohortes prétoriennes* (Paris 1938), 392-396; A. CHASTAGNOL, *Préf.urb.*, 64-66; du même auteur, *Ancient Society* 3 (1972), 226 = *L'Italie et l'Afrique au Bas-Empire* (Lille 1987), 326. Sur l'évolution des cohortes urbaines, *Préf.urb.*, 225-226 et 254-256; H. FREIS, *Die «cohortes urbanae»* (Köln 1967), 20-22. Sur celle des vigiles, *Préf.urb.*, 258-262.

[16] Ed. A. NORDH, 12; texte 106, en note.

éventuellement en déduire que l'antécédent préconstantinien qui mentionnait les cohortes prétoriennes était lui-même antérieur à la construction du mur d'Aurélien.

S'il est un moment pour lequel on attendrait la rédaction d'un libelle du type des Régionnaires, ce serait à coup sûr le règne de Septime Sévère, pendant lequel a été dressé — sur un mur extérieur de la Bibliothèque de la Paix (considérée souvent, à tort ou à raison, avec ses salles annexes, comme le bâtiment de la préfecture urbaine en ce temps) — le fameux plan de marbre de la ville, la *Forma urbis Romae*, dont de nombreux fragments ont été retrouvés depuis le XVI^e^ siècle[17]. Or ce plan très précis donnait le nom de bien des monuments sous la même forme ou une forme très voisine ou de lieux qui figurent aussi dans les Régionnaires sans être très connus par ailleurs: ainsi le *mutatorium Caesaris* dans la *regio* I, le *Ludus Daticus* ou *Dacicus* dans la *regio* II, le *Summum c(h)orag(i)um* avec le *Ludus magnus* dans la *regio* III, la *crypta* avec le *theatrum Balbi* dans la *regio* IX, l'*area radicaria* dans la *regio* XII[18]. D'une part, il est permis de se demander si, à chaque fois qu'il était remis à neuf, le Régionnaire du IV^e^ siècle n'était pas accompagné d'un document graphique semblable, exposé ou non aux yeux du public[19]; de l'autre, si le plan de marbre sévérien n'était pas assisté lui aussi d'un catalogue écrit, tant l'une et l'autre forme de document apparaissent complémentaires et s'illustrent mutuellement.

Sans exclure des étapes intermédiaires, par exemple sous les règnes de Claude, de Vespasien ou d'Hadrien[20], il est permis de

[17] G. Carettoni, A.M. Colini, L. Cozza, G. Gatti, *La pianta marmorea di Roma antica: Forma urbis Romae*, 2 vol. (Roma 1960-1966); E. Rodriguez Almeida, *Forma urbis Romae: aggiornamento generale 1980* (Roma 1981), 2 vol.; F. Coarelli, *Società romana e Impero tardoantico*, II 23-24.

[18] Ed. A. Nordh, 73, 75 et 76, 87, 92; E. Rodriguez Almeida, *op. cit.*, 33, 71, 131, n° 1, 3, 6, 31, 39, 161-142.

[19] Suggestion faite par R. Lanciani, in *BCAR* 1890, 125-126.

[20] On pense surtout aux indications fournies par Plin. *nat.* 3, 66-67 sur des données précises remontant à la censure de Vespasien et Titus en 73-74 et mentionnant le périmètre délimité par la muraille servienne, les sept collines, les quatorze régions, les 265 carrefours avec Lares, les 37 portes de la ville, laissant entendre par là-même que l'auteur a consulté un document du type des Régionnaires.

penser que le modèle pouvait remonter à Auguste lui-même, sinon à César. Le premier empereur est en effet le créateur de la division en quatorze régions et, en conséquence, des curateurs de région et des *magistri uicorum*, si bien que la vraisemblance conduit à mettre en parfaite valeur l'hypothèse formulée sur ce point par Claude Nicolet: «Les éléments de telles statistiques ont dû commencer par être rassemblés assez tôt, sans doute dès la création des régions; rappelons-nous encore que, dès 46 (av. J.-C.), César avait fait un *recensus* des habitants de Rome *per dominus insularum* et que la *Table d'Héraclée* — entre 75 et 45 av. J.-C. — implique nécessairement l'existence d'un plan ou d'un livre cadastral de l'*Vrbs*»[21]. Il ne s'agit donc pas de prendre la *Notitia* pour une innovation absolue, quels que soient les détails et les circonstances qui s'appliquent pour elle à une époque précise.

## Les survivances

L'influence des deux Régionnaires romains s'observe d'abord dans la *Notitia* de Constantinople, qui s'inspire de leur modèle et observe le même plan à l'intérieur de chacune des quatorze régions entre lesquelles Constantin avait divisé sa nouvelle capitale à l'image de l'ancienne: en ces dernières sont donc énumérés de façon semblable les monuments, les *domus* (mais il n'y a pas d'*insulae*), le curateur, les *uicomagistri*, les boulangeries ...[22]. Comme ce document a été rédigé au V$^{e}$ siècle, entre 424 et 453, sous le règne de Théodose II[23], on y note un certain

[21] Cl. NICOLET, *L'inventaire du monde*, 213; cf. du même auteur, *L'Urbs*, 15-25.

[22] Ed. O. SEECK, *Notitia Dignitatum* (Berlin 1876; $^{2}$1962), 227-243. Sur l'interprétation des 4328 *domus* sans *insulae* dans la *Notitia de Constantinople* et la comparaison avec les données de Rome, A. KRIESIS, «Über den Wohnhaustyp des frühen Konstantinopel», in *ByzZ* 53 (1960), 322-327; G. DAGRON, *Naissance d'une capitale: Constantinople et ses institutions de 330 à 451* (Paris 1974), 526-530.

[23] Le *conditor Theodosius inuictus princeps* est mentionné dans la Préface du document. Cf. C. EMEREAU, «Constantinople sous Théodose le Jeune, les régions urbaines», in *Byzantion* 2 (1925), 109-122; R. JANIN, *Constantinople byzantine* (Paris 1950), 52; G. DAGRON, *op. cit.*, 97 et 525.

nombre de divergences. Il n'est plus question, certes, des cohortes prétoriennes, des cohortes urbaines et des cohortes des vigiles qui n'ont jamais existé dans la *nea Roma* orientale, mais du corps des pompiers civils, les *collegiati*, qui se rencontraient aussi à Rome dans la seconde moitié du IVe siècle[24]: sur ce point, le catalogue oriental est plus au fait que ses homologues occidentaux. A côté des boulangeries (*pistrina*) figurent ici les *gradus*, tribunes, lieux des distributions de pain, qui n'apparaissaient pas non plus dans le document romain[25]. Le fait le plus remarquable est évidemment que les sanctuaires païens y sont absents, mais que sont mentionnés cette fois les églises et *martyria* chrétiens, au nombre de quatorze[26]. En outre, le document est précédé d'une préface et le catalogue par régions suivi d'une introduction (*collatio ciuitatis*) qui chapeaute l'appendice. L'introduction fait état d'un auteur unique, qui parle de lui à la première personne (*signaui, iudicaui*)[27], mais qui peut très bien être un administrateur, pas forcément une personne privée, par exemple un subordonné du préfet de la Ville, désigné par lui et de toute façon utilisant les archives officielles. On retiendra d'abord que, pour lui, les édifices du culte chrétien sont considérés à l'égal des édifices publics comme l'étaient dans les Régionnaires romains les temples païens. D'autre part, cet auteur déclare qu'il ne s'adresse pas seulement aux habitants de la ville, mais également à ses visiteurs étrangers et que l'un de ses buts est d'exalter la beauté de la cité et le bonheur d'y vivre. Il ajoute cependant que le côté administratif n'est pas absent: il a «passé en revue attentivement toutes les régions et recensé le nombre de tous les corps de ceux qui sont au service de la cité»: *uniuersis igitur eius partibus diligenter inspectis, corporum*

[24] A. CHASTAGNOL, *La Préfecture urbaine,* 260, 262.

[25] *Préf. urb.*, 315; J. DURLIAT, *De la ville antique à la ville byzantine: le problème des subsistances* (Rome 1990), 58 et 248-249. Les *gradus*, attestés depuis 364 (COD. Theod. 14, 17, 2), remontaient sans doute au règne de Constantin (A. CH.), sinon à celui d'Aurélien (J. D., 58, n. 1).

[26] Ed. O. SEECK, 231, 233, 235, 237, 238, 240, 241 et 242.

[27] Ed. O. SEECK, 229.

*quoque eidem inseruientibus recensito numero*. Il y a donc une certaine exagération quand G. Hermansen précise que le but principal du document est de se présenter comme un guide touristique et, ce qui est encore plus faux, d'étendre cette conclusion aux Régionnaires de Rome eux-mêmes[28]. Sans doute le visiteur étranger peut-il y trouver des informations utiles pour ce qui est de Constantinople, plus que lorsqu'il s'agit de Rome. Il est loisible de voir là une certaine déviation des objectifs entre le IVe et le Ve siècle, avec la mode nouvelle des pèlerins se rendant nombreux aux *martyria* en certains jours de l'année; toutefois, cette invitation demeure encore des plus discrètes en l'occurrence.

Il n'en est certes plus de même quand a été repris et complété le *breuiarium* du *Curiosum* romain dans le cours du Haut Moyen Âge, selon la version latine mutilée, traduite du syriaque, que nous fait connaître un manuscrit syrien du Vatican datant de l'année 596[29]. On y retrouve certes, comme au IVe siècle, deux Capitoles, 1'790 *domus*, 46'603 *insulae* (au lieu de 46'602), 274 (au lieu de 254) boulangers (au lieu de boulangeries, *pistores* au lieu de *pistrina*), deux cirques, trois théâtres, onze nymphées (au lieu de quinze), 254 latrines (au lieu de 244), 37 portes, les erreurs de chiffres pouvant s'expliquer par des mauvaises lectures ou transcriptions; mais, ce qui est plus important, c'est à nouveau le remplacement des temples païens par des édifices chrétiens, en particulier l'adjonction de 5'000 tombeaux (*sepulcra*), rubrique qui manquait totalement dans les Régionnaires du IVe siècle et dans la *Notitia* de Constantinople, et surtout les vingt-quatre églises dédiées aux Apôtres, notées sous la forme: *ecclesia apostolorum beatorum ecclesiae catholicae XXIV*; il y a là une formulation qui va bien au-delà de la mention plus sèche des *ecclesiae quattuordecim* de Constantinople et révèle un style et une intention plus inféodés à l'Eglise locale, comme si la visite de ces tombeaux et basiliques était

[28] G. Hermansen, in *Historia* 27 (1978), 137.
[29] Ed. A. Nordh, 42-43; cf. 33.

plus spécialement imposée aux lecteurs et pèlerins, en un temps où la Papauté dominait la vie dans l'ancienne capitale[30]. Cela nous montre en tout cas que les documents du type des Régionnaires étaient encore en usage au VIe siècle finissant, même s'ils reproduisaient plus ou moins mécaniquement des données périmées, mises à jour seulement en matière religieuse dans une perspective tout à fait neuve.

De cette évolution qui nous mène de la fin de la République et du règne d'Auguste au pontificat de Grégoire le Grand, on retire l'impression d'une grande continuité dans la rédaction de ces catalogues, corrigée par une adaptation aux nouvelles conditions quand la situation l'exigeait du fait tantôt des réformes administratives (celles de Dioclétien et Constantin par exemple), tantôt des changements politiques ou religieux (ainsi la victoire du christianisme). Le but recherché auprès des lecteurs ou utilisateurs et de la part des rédacteurs variait alors en fonction des critères retenus et des intentions modifiées, quitte à reproduire et conserver au reste des informations anciennes qui n'avaient plus aucun rapport avec la réalité du temps; mais c'était là une façon de faire qui n'était pas totalement absente des éditions précédentes et apparaissait par exemple avec la présence des cohortes prétoriennes dans les documents de l'époque post-constantinienne.

30 B. KÖTTING, *Peregrinatio religiosa. Wallfahrten in der Antike und das Pilgerwesen in der alten Kirche* (Münster/Westf. 1950), 233-245 et 338-340. Cf. E.R. BARKER, *Rome and the pilgrims and martyrs* (1913); Ch. PIETRI, *Roma christiana. Recherches sur l'Église de Rome, son organisation, sa politique, son idéologie de Miltiade à Sixte III (311-440)* (Rome 1976), 603-624.

# DISCUSSION

*Cl. Nicolet*: Je remercie André Chastagnol de son exposé particulièrement clair et solide, sur un document qu'il connaît si bien pour l'avoir beaucoup utilisé dans son livre classique sur *La préfecture urbaine*.

A propos des problèmes soulevés par l'interprétation d'*insula* dans ce texte — sur lesquels de vives discussions ont eu lieu encore récemment, généralement de la part d'historiens de la démographie ancienne — je voudrais rappeler deux choses. D'abord qu'il n'est pas arbitraire de notre part de chercher à mettre en relation le décompte des *insulae* et des *domus* avec celui de la population. C'est que nous savons (par Suétone) que depuis César, puis encore sous Auguste, c'est ainsi qu'on a décidé de procéder à Rome: *per dominos insularum*, pour accéder au chiffre, et sans doute aussi à des listes d'habitants, à quelque titre que ce soit, de ces *insulae*. Or, nous savons, cette fois grâce à des textes normatifs aussi bien qu'aux documents eux-mêmes conservés par les papyrus, que telle était la façon de procéder en Égypte à l'époque romaine (ce sont les *apographae kat'oikian*, bien étudiées). Deuxième remarque: que le mot *insula* désigne le plus souvent un immeuble indépendant, c'est sûr. Qu'il faille se rappeler, comme l'a dit M. Lenoir, que toutes les *insulae* de Rome (dans cette acception) ne comptaient pas nécessairement plusieurs étages, et même qu'elles ne devaient pas forcément représenter une surface au sol importante, c'est aussi tout à fait exact. Il semble cependant que, même avec tous ces correctifs, on serait conduit, pour certaines régions, et pour le total, à des résultats qui apparaissent comme invraisemblables (même si on est, comme M. Crawford ou moi-même, plutôt «maximaliste» pour la population de Rome). Cela explique, et justifie à mes yeux, le type d'interprétation inauguré par

E. Cuq en 1915, repris par Léon Homo et d'autres. A signaler que dans une contribution sous presse, F. Coarelli s'est en partie rallié à une hypothèse de ce genre, en suggérant (je le dis approximativement) que les *insulae* de notre texte étaient des «unités de propriété» (de type «cadastral» ou parcellaire, si l'on veut) qui ne coïncideraient donc ni avec les immeubles eux-mêmes, ni avec les étages, ni avec les *caenacula*. Attendons de lire en détail sa démonstration.

*A. Chastagnol*: Deux lois du V^e^ siècle mentionnent une taxe perçue sur les *caenacula* de villes italiennes (COD. Theod. 11, 20, 3, en 405) et sur les *scalae* de Constantinople (COD. Iust. 11, 43, 7, en 445-447), ce qui va dans le sens d'appartements à l'intérieur d'une *insula*.

*M. Lenoir*: Cl. Nicolet vient de dénier absolument toute signification topographique ou architecturale au terme *insula* dans les *Régionnaires*: il désignerait une unité fiscale et le chiffre total de 46'000 *insulae* serait celui du nombre des propriétaires recensés.

Le fait que l'on retrouve la même proportion entre *domus* et *insulae* dans les *Régionnaires* et dans la *Lettre* du pseudo-Sénèque à Saint Paul n'est pas en soi significatif.

En revanche, il ressort clairement de l'exposé d'A. Chastagnol que les *Régionnaires* nous présentent un catalogue de monuments publics et de bâtiments ou d'unités topographiques (temples, thermes, jardins etc.): il me paraît donc exclu qu'*insula* désigne autre chose qu'une réalité architecturale.

Considérer que toute *insula* est forcément un bâtiment élevé de 7, 8 étages, voire plus, constater que l'on arrive dans ces conditions, pour l'ensemble de la ville de Rome, à un chiffre de population tout à fait excessif (deux millions de personnes), déclarer en conséquence tout aussi excessif le nombre d'*insulae* transmis par les *Régionnaires* et proposer de modifier le sens habituel et obvie du mot *insula* me paraît un raisonnement biaisé *a priori*. Est *insula* tout bâtiment à usage privé qui n'est pas une *domus*; ce bâtiment peut avoir un ou deux étages (cas fréquent à Ostie), voire se composer uniquement d'un rez-de-chaussée.

A. Chastagnol a rappelé dans sa communication la disparition de la rubrique «*insulae*» dans la *Forma urbis Constantinopolitanae* et l'augmentation conjointe du nombre des *domus* dans le même document: on interprète ce fait comme le signe de la diffusion d'une «nouvelle forme architecturale».

Il faut garder à *insula* son sens architectural; c'est notre mode de calcul de la population romaine à partir des données à notre disposition qu'il faut modifier.

*A. Chastagnol*: Voilà une position sans doute trop tranchée. Je ne crois pas pour ma part à une interprétation trop uniquement architecturale, qui évacue ainsi les autres aspects avec une belle désinvolture.

*J. Delaine*: I would like to support M. Lenoir's observation that not all *insulae* are 7-8 stories high, and that 2-3 stories was more the norm. This is centainly true at Ostia. While no private/residential building lacks an upper floor, evidence for more than 2 upper floors is very rare, and the thickness of the walls seems to reflect this as well. A recent re-evaluation of the population of Ostia, based on this assessment of the *insulae* or using the *insula* on the via Giulio Romano at Rome to reconstruct a denser occupation in the upper levels of these buildings than is usual, still produces figures which are low (25-30'000 maximum) compared with the estimates of R. Meiggs for example (55-60'000).

*A. Chastagnol*: Ostie est une chose, Rome en est une autre.

*J. Delaine*: The problem with trying to decide if this is a topographical work or not by comparing it with the topography of Rome is that many generations of scholars have spent their time trying to identify monuments on the ground from the information in the Regionaries. The argument is circular, and until or unless we have independent identification of sufficient monuments, we cannot use these arguments.

*A. Chastagnol*: A mon avis, il convient peut-être d'éviter les arguments trop architecturaux.

*M. Lenoir*: Comme le rappelait justement P. Gros, ces jours derniers, au cours d'une conversation informelle, nous ne devons pas perdre de vue que la *Forma Vrbis* sévérienne était illisible dans ses détails, en raison de sa situation même: le public n'avait qu'une vue d'ensemble. L'affichage de la *Forma Vrbis* était avant tout un acte de propagande impériale.

*A. Chastagnol*: Oui, mais la *Forma* reproduisait sans doute un document écrit et figuré conservé quelque part.

*Ph. Fleury*: Le problème de la tradition manuscrite, dans le cas des Régionnaires, est important vis-à-vis de la fiabilité des chiffres. A regarder l'apparat critique d'A. Nordh (*Libellus de regionibus Vrbis Romae*, Lund 1949), il paraît y avoir d'importantes variations: 13, 17 ou 27 par le nombre d'*horrea* dans la Région II par exemple. Se pose aussi la question des rapports entre la tradition de la *Notitia* d'un côté et celle du *Curiosum* de l'autre.

Les indications chronologiques discordantes relevées par A. Chastagnol (mention des cohortes prétoriennes supprimées en 312 d'un côté, mention d'éléments apparus plus tard, de l'autre) suscitent des interrogations sur la nature même de ces notices: il paraît étonnant que des documents purement administratifs ne soient pas rigoureusement à jour. Ne serions-nous pas déjà là devant un deuxième niveau de rédaction (une compilation? ayant peut-être puisé du reste à de véritables documents administratifs). La discordance de date fait penser aux notices de Vitruve sur les bâtiments: la mention du temple de Cérès (3, 3, 5) nous reporte à une date antérieure à l'incendie qui le détruisit (31 avant J.-C.); mais la mention d'un *pronaos aedis AVGVSTI* à Fano nous conduit au moins jusqu'en 27 avant J.-C., date à laquelle le titre d'*Augustus* fut accordé à Octave. Ces deux notices ont donc été rédigées à des dates différentes. Lorsque Vitruve publie le *De architectura*, tel que nous le connaissons, probablement vers 25 avant J.-C., il sait bien que le temple de Cérès est à l'état de ruines. Mais, au fond, cela n'a pas beaucoup d'importance pour son travail: d'une part, il ne s'agit que d'un exemple parmi deux autres pour illustrer la décoration des frontons avec des statues de terre cuite ou de bronze; d'autre part, ses lecteurs devaient encore avoir en 25 le souvenir de ces statues. Surtout l'objet de Vitruve n'est pas de faire un état exact de la ville de Rome au moment de la rédaction finale de son livre. Ne peut-on pas en dire autant des *Régionnaires* tels qu'ils nous sont parvenus?

*A. Chastagnol*: Il ne faut pas pousser trop loin les comparaisons avec le traité de Vitruve, qui ne répond nullement aux mêmes ambitions.

*M. Lenoir*: La *Notitia* a été écrite entre 337 et 357; or, les cohortes prétoriennes ont été supprimées en 312: il faudrait donc admettre que la *Notitia* conserve une «information» vieille de plus d'un quart de siècle au moins, et ce dans un domaine important comme celui de la sécurité. Cela pose la question de la nature exacte du document qui nous a été conservé.

*A. Chastagnol*: Non, cela prouve surtout que la nouvelle organisation mise en place pour la police urbaine n'a été que progressive et n'était pas encore claire pour le rédacteur, qui a préféré maintenir provisoirement dans sa liste les cohortes prétoriennes et urbaines en attendant la stabilisation des institutions.

VII

LUCIO TONEATTO

# MODI DELLA TRADIZIONE MEDIEVALE DEI GROMATICI LATINI. RIELABORAZIONI E SELEZIONI DI TESTI (secc. VIII2 - XIV in.).

I. Il recente censimento dei manoscritti contenenti gli opuscoli d'agrimensura (o loro frammenti) costituisce la base documentaria del presente lavoro[1].

Riassumo brevemente i dati oggi disponibili.

Possiamo contare su 134 testimoni, dei quali 3 risalgono ad epoca culturale tardoantica (V ex.-VI med.), 85 al Medioevo, 45 all'età moderna (XV2-XVII), uno al secolo scorso[2]. I mss. medievali si distribuiscono su di un arco di tempo che va

[1] «*Codices artis mensoriae*». *I manoscritti degli antichi opuscoli latini d'agrimensura (V-XIX sec.)*, I. *Tradizione diretta: il Medioevo*, II. *Tradizione diretta: l'Età moderna*, III. *Tradizione indiretta*, Centro Italiano di Studi sull'Alto Medioevo – Testi, studi, strumenti, 5 (Spoleto 1994-1995) (a cura dello scrivente; cit. d'ora innanzi: *CAM*). Tutte le informazioni concernenti gli aspetti codicologici e paleografici, nonché la storia dei mss. qui di séguito citt., si troveranno presso quest'opera: ad ogni segnatura che specificheremo si accompagnerà il numero della scheda dedicata nei *CAM* al singolo ms.

[2] L'elenco ivi, 113-7; manca lo YORK, Minster Library, XVI.I.8, testimone della «Collezione geronimiana anglonormanna» (v. sotto, §§II e II.A.a): non ne ho potuto ancora esaminare una riproduzione. Fra i mss. tardoantichi ho considerato per praticità anche il foglio aggiunto al REIMS, BM, 132 <003/003>, la cui semionciale in realtà oscilla tra VI e VII sec.: sulla periodizzazione delle testimonianze dell'*ars mensoria* e sull'interesse per gli opuscoli tecnici, v. ivi, 18-20, e L. TONEATTO, «L''ars mensoria' fra Tardo Antico e Alto Medioevo», in *Lingue tecniche del greco e del latino*, Atti del I Seminario intern. sulla letteratura scientifica e tecnica greca e latina, Trieste, marzo 1992, a c. di S. SCONOCCHIA e L.T. (Trieste 1993), 308-13 (d'ora innanzi cit.: *AM*).

dall'VIII ex. al XIV in., con notevoli differenze nella distribuzione delle testimonianze. Il seguente quadro è molto indicativo sotto questo punto di vista[3]:

| | |
|---|---|
| VIII | 1 |
| IX | 13 |
| X | 9 |
| XI | 22 |
| XII | 28 |
| XIII | 11 |
| XIV | 1 |

I.A. La diffusione medievale della cultura mensoria di lingua latina fu nella maggior parte assicurata da nuove compilazioni che attinsero al materiale antico. Contiamo infatti 37 testimoni di tradizione diretta, 69 di tradizione indiretta (21 volte le due tradizioni convergono negli stessi mss.)[4]. La distinzione fra le due forme di tradizione, indispensabile alla metodica del filologo, ha tuttavia scarsa rilevanza nella prospettiva in cui ci poniamo al momento: quanto ci interessa ora, è l'attenzione per i Gromatici nel periodo medievale, evidenziata dal fenomeno della trascrizione degli opuscoli. Gli scribi, o meglio i «selettori di testi», come ho avuto occasione di chiamarli, operavano sulla base delle loro esigenze culturali, che li portavano a scegliere, senza ovviamente conoscere la strada dai testi percorsa in precedenza. A volte, anzi, nella massima parte dei casi, l'identità delle opere sfuggiva al selettore: sia perché i brani d'agrimensura erano spesso inglobati in compilazioni che non solo d'agrimensura trattavano, sia perché, fenomeno normale per le raccolte tecniche, iscrizioni e soscrizioni erano venute a mancare nel corso della tradizione, e/o erano state sostituite da titoli di carattere generico (sí pertinenti al contenuto, ma dal

[3] Tratto dai *CAM* 48, ove sono esposti i criteri che hanno informato la configurazione di questo e consimili grafici.

[4] Ivi, 21-6, 47-55; l'elenco dei mss. collettori delle due forme di tradizione: ivi, 1214-5. Sull'argomento, v. pure *AM* 311-3, 316 ss.

punto di vista disciplinare: la genesi dei titoli spuri stava, insomma, nella natura stessa dei brani)[5].

Ho giudicato «scarsa» la rilevanza della distinzione fra i due tipi di tradizione, non ho detto «nulla». Possiamo infatti chiederci se uno o piú testi gromatici si trovino trascritti in un libro causa la scelta di copiare una compilazione, e non quei precisi testi. Questo è certamente il caso dell'unico excerptum gromatico presente nella recensione interpolata del *Liber artis architectonicae* [IV in.] di Faventino[6]. E' bene tuttavia rispondere che quelle serie di passi avevano dovuto esercitare pur sempre un peso, visto che gli autori delle altre compilazioni a noi note avevano dedicato all'agrimensura una parte notevole dei loro sforzi di ricomposizione testuale. D'altro canto, anche nel settore della tradizione diretta, quando si tratti di mss. miscellanei[7] in cui i passi gromatici (all'epoca identificabili o meno) sono di scarso numero e ampiezza, può essersi verificato il fenomeno di una copiatura in blocco dell'antigrafo, perché il suo contenuto interessava il selettore nel suo complesso, e non per i singoli testi copiati. Assumono dunque valore particolare per noi non tanto le scelte testimoniate da mss. esistenti, quanto quelle dei mss. perduti che furono gli originali d'autore delle singole compilazioni o delle collezioni cui possiamo conferire una identità filologica e storica (penso, ad es., alla «Collezione Corbiense»)[8]. Tutto ciò non cancella, ovviamente, il valore obbiettivo, sotto il profilo culturale, della presenza di un testo in un qualsiasi ms., dunque in un certo luogo (= origine del

[5] Sulla caduta di iscrizioni e soscrizioni già nelle raccolte tardoantiche, v. alcuni esempi presso L. TONEATTO, «Una tradizione manualistica difficile: l'agrimensore Igino e gli scritti collegati al suo nome», in *Miscellanea* 4, Univ. degli Studi di Trieste, Fac. di Magistero, III ser., 11 (Udine 1983), 123-51 *passim*. Per l'epoca medievale, al lettore basterà un rapido controllo delle schede dedicate presso i *CAM* ai mss. citt. nel presente lavoro: le iscrizioni che sopravvissero furono quasi sempre quelle delle compilazioni dell'epoca.

[6] V. sotto, §§II e II.A.b., 1); cfr. *CAM* 45-7.

[7] Cioè i mss. che ospitano opere e frammenti comunque pertinenti al *Corpus agrimensorum Romanorum* (*CAR*), e anche scritti ad esso estranei: v.ne un elenco (sono 75) ivi, 1219-21.

[8] *CC*: v. sotto, §§II e II.B.a.

ms.), ad una certa epoca. E il fenomeno è viepiú significativo, quando ad essere vergato fu un ms. che rinnovò la trasmissione d'uno dei corpora gromatici, meglio ancora se solo quello, senza addizioni d'altra provenienza e àmbito culturali.

II. Sotteso a queste riflessioni di carattere, per cosí dire, «cautelativo», sta uno schema della tradizione medievale dei Gromatici che individua quattro tipi d'itinerario, distinti secondo i modi della tradizione, modi determinati dalle scelte dei selettori di testi, fossero stati redattori o committenti. Ne ho già parlato, in due riprese[9], ma converrà ripetere sinteticamente:

1. Trascrizione dei corpora gromatici tardoantichi (6 mss.)

2. Nuove collezioni di excerpta:
   a. «Collezione Corbiense» (15 mss.)
   b. «Collezione Brussellense» (2? mss.)
   c. «Collezione Scriveriana» (1 ms.)

3. Excerpta isolati:
   a. in mss. di contenuto variamente estraneo al *CAR* (3 mss.)
   b. nella «Collezione Geronimiana anglonormanna» (7 mss.)

4a. Compilazioni:
   a. *BG1* = «I geometria ps.boeziana» [VIII2-IX$^1$] (29 mss.)
   b. *GAA* = «Geometrica ars anonymi» [IX$^1$] (4 mss.)
   c. *AGG* = «Ars gromatica Gisemundi» [IX$^1$] (2 mss.)
   d. *GIA* = «Geometria incerti auctoris» [X2?] (26 mss.)
   e. *BG2* = «II geometria ps.boeziana» [XI, 1° q.-med.] (12 mss.)

4b. M. Cezio Faventino, *Liber artis architectonicae* (recensione interpolata) [X?] (9 mss.)[10].

[9] Il nuovo censimento dei manoscritti latini d'agrimensura (tradizione diretta e indiretta), in *Die römische Feldmesskunst. Interdisziplinäre Beiträge zu ihrer Bedeutung für die Zivilisationsgeschichte Roms*, hrsg. von O. Behrends und L. Capogrossi Colognesi, AAWG, Philol.-hist. Kl., 3.F., Nr. 193 (Göttingen 1992), 31-40 (d'ora innanzi cit.: *NC*); *CAM* 22-5.

[10] Sulla datazione e l'ambientazione delle compilazioni e della recensione interpolata di Faventino, v. *CAM* 28-47.

II.A. Il quadro appare aggiornato rispetto a quello prospettato nell'Introduzione ai *CAM*. Ed ora se ne vedranno i motivi.

II.A.a. Una prima osservazione. Gli excerpta d'*agrimensura* di tradizione diretta, che siano totalmente isolati dai restanti contenuti dei mss. che li ospitano, sono pochissimi. Conosco i casi di ÉPINAL, BM, 68 (IX in.; origine?) <005/005> e di BERLIN, SBPK, lat.fol.641 [I] (IX ex.-X in.?; Italia settentrionale?) <011/011>, ove gli elenchi di *casae litterarum* [V ex.-VI[1]] sono nell'uno aggiunti in spazi liberi dalla scrittura all'inizio e alla fine del ms., nell'altro sono l'unico, esclusivo contenuto di un ms. acefalo e mutilo[11]. Nel BERLIN, SBPK, lat.oct.162 (XII[1]; Treviri) <026/026> una regola pratica di misurazione dell'altezza d'un oggetto inaccessibile all'operatore, trascelta dal manuale di Vitruvio Rufo (cap.43 Bubnov) [I? — ? d.C.], segue pur sempre quattro consimili regole selezionate dalla *GIA*[12]: tali regole, se non trovano riscontro nei corpora gromatici a noi noti, comunque dovrebbero risalire a metodi di misurazione antichi.

L'unico altro caso di excerptum isolato, è quello che ho riconosciuto nell'àmbito della «Collezione geronimiana anglonormanna» segnalata da Mynors nel 1939: qui, alla fine di una lunga serie di opere del dottore della Chiesa (molte spurie), si nota, assieme ad excerpta e opuscoli di carattere tecnico-scientifico, un brano metrologico del mensor Balbo [aa.102-106/7 d.C.], introdotto dall'iscrizione: DE MENSURIS, e seguito dal cap.9 del III libro della *GIA* (di nuovo sulla misurazione delle altezze). Sette sono i testimoni che posso elencare, compresi tra il sec. XI ex. e il XII[13]:

[11] Oltre alle schede dei *CAM*, si v. *AM* 312, 314. Per la datazione (inserita nel testo) dei singoli opuscoli d'*agrimensura* d'ora in avanti menzionati, si v.no i dati e le conclusioni nei *CAM* 4-12.

[12] Ivi, sch. 026/026 commi 6-7. La datazione dell'opuscolo di Epafrodito e Vitruvio Rufo rimane molto incerta anche dopo l'analisi dei contenuti operata recentemente da Menso FOLKERTS sotto il profilo storico-matematico: v. «Mathematische Probleme im Corpus Agrimensorum», nel volume cit. sopra, n. 9, 319-22.

[13] Mynors individuò tre mss. d'origine inglese (v. pure sopra, n. 2): *Durham Cathedral Manuscripts to the End of the Twelfth Century*, with an Introd. of R.A.B. MYNORS (Oxford 1939), 38; ho reperito gli altri grazie agli schedari dell'

| | |
|---|---|
| DURHAM, DCL, B.II.11 (XI ex.; Normandia/Inghilterra) | <017/017> |
| CAMBRIDGE, TCL, B.2.34 (XII in.; Canterbury) | <028/028> |
| CAMBRIDGE, TCL, O.4.7 (ca.a.1130; Rochester) | <029/029> |
| OXFORD, BL, Digby 184 (XII med.; Reading) | <034/034> |
| ALENÇON, BM, 2 (XII; Normandia) | <025/025> |
| ALENÇON, BM, 15 (XII; Normandia?) | <App.II.A.1> |
| MADRID, BN, 91 (XII; Normandia) | <033/033> |

II.A.b. Alle dieci testimonianze citate si aggiungono peraltro i passi di tradizione indiretta.

1) Innanzitutto, i mss. che ospitano la recensione interpolata del *Liber artis architectonicae* faventiniano. Una delle interpolazioni, alla fine del manuale, è costituita dal citato capitolo di Vitruvio Rufo, ampliato da una regola d'ignota origine (assente nel *CAR*), che dovrebbe aver fatto parte del patrimonio geometrico dei *mensores aedificiorum*[14]. Testimoni medievali rintracciati: nove, compresi tra il XII$^{1}$ e il XIII ex.:

| | |
|---|---|
| VATICANO, BAV, Urb.lat.1362 (XII$^{1}$; Italia merid./Sicilia) | <168/126> |
| CAMBRIDGE, TCL, O.3.42 (XII ex.; Inghilterra) | <134/106> |
| LONDON, BL, Add.44922 [I] (XII; Inghilterra) | <167/125> |
| VATICANO, BAV, Reg.lat.1286 (XII-XIII; Francia) | <169/127> |
| LONDON, BL, Sloane 296 (XIII$^{1}$; Inghilterra) | <170/128> |
| OXFORD, BL, Auct. F.5.23 [IV] (XIII$^{1}$; Coventry) | <171/129> |
| OXFORD, BL, Rawlinson G.62 (XIII$^{1}$; Inghilterra) | <172/130> |
| PARIS, BN, lat.6842$^{C}$ (XIII$^{1}$; Francia?) | <173/131> |
| VATICANO, BAV, Barb.lat.12 (XIII ex.; Francia) | <174/132> |

2) Quattro brani concernenti gli usi romani di catastazione (tre sono elenchi di *casae litterarum*) compaiono in un ms. isidoriano del IX sec. (1° terzo ex.), il PARIS, BN, lat.8812 <119/097>, vergato in un ambiente francese meridionale. Di ascendenza antica (tre appartengono al *CAR*), ci sono probabilmente giunti

'Institut de Recherche et d'Histoire des Textes' (Parigi). Gli opuscoli tecnico-scientifici della collezione riguardano le scienze naturali, gli strumenti musicali e il calcolo (ad es.: *CAM*, sch. 017/017 cc. 25-26, 33-34, 36-41).

[14] *CAM* 45-6, ove la bibl.

tramite la compilazione gromatica del catalano Gismondo. La selezione di capitoli isidoriani (dai ll.II, III, VII, XIII e XV) denunzia interessi scientifici[15].

3) Due ulteriori casi riguardano la *BG1*. Nel VATICANO, BAV, Reg.lat.1023 <087/083>, testimone carolingio della *Lex Romana Wisigothorum*, una mano del X sec., d'ambiente non accertato, aggiunse su un foglio privo di scrittura un frammento che il compilatore medievale aveva tratto dal manuale di Igino [aa.98-102 d.C.] e che riguarda la *controversia de alluuione* (non casualmente, se riflettiamo sul contenuto del cod.). Altrettanto interessante un altro episodio. Il KØBENHAVN, KB, Gl.kgl.S.277 fol., ms. francese che ho potuto datare agli aa.1232-1240 <105/088>, è testimone di una grossa raccolta mutila di scritti dedicati al calcolo (abaco e algorismo), alla metrologia, al computo astronomico, all'astrologia, alle misurazioni tramite l'astrolabio (con opere ps.gerbertiane, nonché di Giovanni da Sacrobosco, Marziano Capella, Ermanno Contratto); tra le parti considerevoli riservate alla geometria (è riportato in frammenti quasi tutto il terzo libro della *GIA*, estraneo al *CAR*), e precisamente in calce alla seconda versione adelardiana dell'Euclide arabico, si nota una serie di raffigurazioni schematiche di termini catastali (con le relative didascalie) tipica della *BG1*, anch'essa di derivazione gromatica: è infatti riscontrabile nella raccolta 'é' del *CAR*[16].

4) Alcuni esempi di estratti mensorî isolati sono assicurati dalla tradizione della *GIA*, le cui caratteristiche compositive favorirono una sua trasmissione testuale frammentaria. Nel REIMS, BM, 426 <120/098>, altro ms. isidoriano, l'inserzione di un foglietto le cui scritture risalgono al X sec. (si tratta di

[15] V., oltre alle schede, ivi, 34-5. In quanto ad Isidoro la selezione all'inizio del ms. concerne retorica e matematica, mentre i brevi excerpta alla fine riguardano teologia, scienze naturali e metrologia.

[16] *BG1* 405,1-8; 405,10-406 Lachmann; sul modello «Ú» sfruttato dallo Ps.Boezio, v. sotto, §II.D.a. Per le raccolte di cui si sostanzia la tradizione del *CAR*, v. *CAM* 13-8.

una delle due testimonianze piú antiche della compilazione) ci permette la lettura di alcuni capitoli del IV libro, di cui il primo si rifà alla «metrologia» balbiana, unitamente a poche regole inedite di geometria teorica[17]. Cosí in ulteriori sei mss. di contenuto quadriviale gli excerpta della *GIA* trasmettono ancora il sapere di Balbo, dello Ps.Igino [I2-?III[1]], dell'ignoto geometra che scrisse il *Liber podismi*:

| | |
|---|---|
| MONTPELLIER, BIUM, H 491 (XI in.; Francia orientale) | <125/101> |
| BRUXELLES, BR, 5444-446 (XI; Gembloux?) | <122/099> |
| MÜNCHEN, BSB, Clm 14836 [III] (XI-XII; Baviera) | <130/104> |
| WIEN, ÖNB, 12600 [II] (aa.1130-1170; Prüfening) | <140/110> |
| CAMBRIDGE, TCL, O.3.42 (XII ex.; Inghilterra) | <134/106> |
| PARIS, BN, lat.16208 [agg.] (XIII in.; Francia) | <143/111> |

Particolarmente interessanti tre di questi casi. Il ms. inglese è un testimone dell'*Opus agriculturae* di Palladio, al quale segue, come altrove, l'epitome interpolata di Faventino; bene, in calce a frammenti quadriviali, tra i quali le regole gerbertiane sull'abaco e il libro 6 di Marziano Capella (*De geometria*), leggiamo un opuscolo dedicato alle misure astronomiche e terrestri, basato su Plinio, *nat.* 2, 19-20, ma integrato da *GIA* IV 1 Bu., capitolo ch'è non altro se non la parte metrologica di Balbo. Cosí in altri due mss. notiamo tràditi solo i capp. IV 60-61, gli ultimi dell'edizione Bubnov (mutilo il secondo), che erano stati a loro tempo tratti quasi esclusivamente dalla *Constitutio limitum* dello Ps.Igino. Il testo classico è dedicato alle istruzioni per determinare l'esatto orientamento degli assi di pianificazione territoriale al levante equinoziale[18]: rientra pertanto in un quadro coerente la loro presenza nel II elemento del Viennese, dedicato totalmente all'astronomia, al computo, alla scienza naturale

[17] Sui problemi posti dalla tradizione della *GIA*, v. *NC* 37, ripreso nei *CAM* 38-40.

[18] Sugli itinerari altomedievali del frammento ps.iginiano concernente le regole pratiche d'orientamento tramite le ombre solari, assunto dal redattore della *CC* e dai compilatori della *GAA* e della *GIA*, v. *CAM* 34, 41, 51, 54, ed *AM* 315-6, 321.

(opere bedane e ps.bedane, gli *Excerpta Eboracensia* da Plinio, *nat.*, il Computo d'Abbone di Fleury), nonché in un foglio preposto in Francia a un ms. italiano coevo, il Parigino cit., foglio che nelle varie sue annotazioni denunzia interessi di natura astronomica e astrologica.

II.A.c. In conclusione, una dozzina di frammenti di natura diversa, distribuiti su 27 mss., dal $IX^1$ al XIII in. Praticamente tutto l'arco cronologico da noi qui considerato, e una vasta area geografica, se pensiamo alle origini dei mss. (Inghilterra: 9/10 testimonianze, Normandia 3/4, Francia orientale 2, meridionale 1, genericamente francesi 4, Belgio 1, Baviera 2, Italia settentrionale 1, meridionale 1). Naturalmente, non va scordato il ridotto «volume» totale dei frammenti.

II.B. Ugualmente diffuso, maggiormente significativo, il fenomeno della trasmissione di passi d'agrimensura (per via diretta o indiretta) in mss. nei quali la cultura gromatica si affaccia piú volte nelle selezioni di opuscoli ed excerpta, quasi sempre in presenza anche delle nostre compilazioni medievali. Pure in tale configurazione, ciò può avvenire all'interno di collezioni ricorrenti in piú testimoni, ma questa volta si tratta di collezioni la cui pertinenza disciplinare, benché varia, giustifica appieno l'uso degli scritti tecnici antichi (quand'essi non siano addirittura in prevalenza); le serie di testi o le loro partizioni sono talvolta individuate da titoli risalenti alle fonti, ma anche, come si diceva, di nuova creazione, cioè di tipo «tematico», illuminanti i criteri di selezione e composizione.

II.B.a. La piú nota è la «Collezione Corbiense» (*CC*), in due recensioni («$X^I$», «$X^{II}$» Thulin). Ne ho già analizzato il contenuto gromatico in un lavoro apparso due anni fa[19]. Basterà sintetizzarlo tramite le seguenti etichette: «geometria: terminologia,

[19] *AM* 314-6; per i testi sotto citt.: ivi, 319 e n. 39 sulla recensione cassiodoriana, 313 sul *libellus* metrologico carolingio (sul quale cfr. pure *CAM* 26-7 e n. 59; ivi, 1229, l'elenco dei 13 mss. gromatici che lo contengono, mentre in *AM* altri mss. a me noti: ivi, n. 19); i due frammenti adespoti sono stati rispettivamente

teoria, prassi della misurazione», «metrologia», «terminologia del paesaggio agrario e catastale», «cosmologia». Tra le fonti estranee al *CAR* accolte nella collezione si riconoscono le *Etymologiae* di Isidoro (3, 10-13 Lindsay, sulla geometria), le *Institutiones* cassiodoriane, nella parte «euclidea» del secondo libro (III recensione), il *Libellus de mensuris, de ponderibus, de mensuris in liquidis* d'epoca carolingia [VIII2-a.818], due frammenti adespoti di geometria e agronomia, la *Geometria* di Columella (*De re rustica*, capp.1-3 Hedberg del libro 5).

I mss. piú antichi delle due recensioni sono entrambi corbiensi, della metà o del 3° quarto del sec.IX: il NAPOLI, BN, V.A.13 e il PARIS, BN, lat.13955 <006/006, 007/007>. La collezione solitamente segue la *BG1*: ciò si può notare in 13 mss. medievali, il piú recente dei quali risale al 2° quarto o alla metà del XIII sec.[20]; essa non è di scarso peso, sotto il profilo dell'ampiezza: nel Napoletano si estende per 36 pagine di scrittura, contro le 28 della compilazione citata. Qualche anno fa ebbi a segnalare nel I el. del VALENCIENNES, BM, 337 (X2; origine:?) <013/013>, ms. che ha accolto opere di grammatica,

editi da N. Bubnov, *Gerberti postea Silvestri II papae Opera mathematica* (Berolini 1899; Hildesheim 1963), 552-3, e da C. Thulin, «Zur Überlieferungsgeschichte des Corpus Agrimensorum: Exzerptenhandschriften und Kompendien», Göteborgs Kungl. Vetenskaps- och Vitterhetssamhälles Handlingar, Fjärde följden, 14 (Göteborg 1911), 16.

[20] Oltre ai due appena citt., si vedano (cfr. *CAM* 1216):

PARIS, BN, lat. 14080 (IX med.-3° q.; Corbie) <008/008>
CAMBRIDGE, TCL, R.15.14 [I] (X$^1$; Loira?) <012/012>
BERN, BB, 299 (X, 4° q.-XI; Francia) <014/014>
BERN, BB, 87 (a.1004; Luxeuil) <015/015>
WROCLAW, BU, Rehd.55 (XI ex.-XII, 1°q./med.; Francia?) <024/024>
CHARTRES, BM, 498 (XII, 2° t.; Chartres) <030/030>
CHELTENHAM, Phillipps, 7017 (XII$^1$; Italia) <031/031>
ROSTOCK, UB, philol.18 (XII$^1$; Francia) <035/035>
VATICANO, BAV, Ott.lat.1862 (XII2; Francia orientale) <036/036>
VATICANO, BAV, Vat.lat.6017 [III] (XII ex.; Francia?) <037/037>
FIRENZE, BML, Plut.XXIX.19 (XIII, 2° q.-med.; Amiens?) <038/038>

L'unico ms. di origine italiana non è accessibile, perché in possesso di privati; il Carnotense è andato distrutto. Va segnalato che un ulteriore ms., il MÜNCHEN, BSB, Clm 4024$^a$, francese del XIII sec. <106/089>, oggi mutilo, almeno sino al 1514 conservava una parte della *CC*.

retorica, dialettica, architettura e geometria (Prisciano, Alcuino, Faventino), una sequenza testuale che per le sue caratteristiche di tradizione andava richiamata alla *CC* (*Liber podismi* mutilo, unito all'acefalo manuale di Epafrodito e Vitruvio Rufo, mutilo anch'esso nella *CC*, + la «metrologia» di Balbo). Nel ms. cit. non compare la *BG1*: era il primo caso del genere[21]. Ora ne rendo noto un secondo, che m'era sfuggito: il LONDON, BL, Royal 15 B.IX (XIII[1]; Francia?/Germania meridionale?) <039/039>, ampia raccolta quadriviale (teoria della musica: Boezio; misurazioni tramite l'astrolabio: Ermanno Contratto; calcolo con l'abaco: Gerberto), testimone anche dell'intera *GIA*, esibisce una serie di excerpta imparentati con la *CC* (II rec.), ma selezionati a fini di esclusiva formazione metrologica (da Isidoro «gromatico», Vitruvio Rufo, Balbo, e con il *libellus* carolingio)[22].

Si diceva di mss. nei quali la cultura antica riemerge in piú punti. Tre esempi:

1) nel cit. Valenziano, nella sezione dedicata all'architettura, torna isolato quel cap.43 di Vitruvio Rufo che abbiamo già incontrato, cosí come lo stesso torna anche nell'ERLANGEN, UBEN, 379 (XI med.; Germania meridionale?), testimone della *BG2* <018/018>, dopo alcune regole della *GIA* su misurazioni d'altezze e capacità, estranee al *CAR*;

2) la massiccia raccolta rappresentata dal cit. PARIS, BN, lat.13955, annovera nelle ultime tre pagine, in calce alla *CC*, un excerptum dalla *Constitutio limitum* ps.iginiana, nucleo dell'excursus cosmologico con il quale l'antico manualista introduceva i suoi lettori alle regole di orientamento delle pianificazioni territoriali[23];

3) il VATICANO, BAV, Barb.lat.92 (XI ex.-XII in.) <023/023>, ms. d'area bassorenana, presenta entrambe le *Geometrie* ps.boeziane, la seconda all'inizio, compatta, la prima spezzata in tre

21 V. *NC* 39-40.
22 *CAM* sch. 039/039 cc. 15-17, 19-21.
23 Cfr. sopra, §II.A.b., 4).

tronconi non conseguenti, inframmezzati ad una serie di opuscoli totalmente dedicati alla geometria: regole teoriche, regole di misurazione tramite l'astrolabio, frammenti sulla misurazione delle distanze e delle dimensioni degli oggetti celesti (da Macrobio e Marziano Capella)[24]. Oltre che dalle due compilazioni, le nozioni dei *mensores* antichi sono qui trasmesse dal blocco «*Liber podismi* + Epafrodito e Vitruvio Rufo» (solo la prima metà del loro opuscolo), caratteristico, come ho riferito, della *CC*; inoltre, piú in là nel testo, si notano altri capitoli dei due geometri antichi e l'excerptum metrologico (mutilo) di Balbo; ulteriori regole di Epafrodito e Vitruvio Rufo sono usate indirettamente attraverso la *GIA*, il cui testo frammentario ricorre in otto luoghi diversi.

II.B.b. Il redattore del ms. Barberiniano (o il redattore di un suo antenato) operò in maniera piuttosto disordinata nel giustapporre il materiale a sua disposizione (in parte esso deriva dal BAMBERG, SB, HJ.IV.22, del IX-X;Francia nordorientale) <083/080>[25]; ma esistono altri due casi in cui le conoscenze gromatiche risultano sfruttate in collezioni piú organiche, individuabili con maggiore precisione:

1) Il BRUXELLES, BR, 4499-503 <016/016>, un libriccino (mm.120x150, 43 ff.) vergato nell'Italia centrale verso la metà dell'XI sec., presenta contenuti di carattere esclusivamente geometrico. Sui primi 27 ff. è stata vergata una collezione che si apre con estratti da Balbo e si chiude con l'*Isagoge geometriae* attribuita a Gerberto. Essa contiene pure lo scambio epistolare fra il dotto di Reims e Adelboldo di Utrecht, sei capitoli sulla geometria dal *De quantitate animae* di Agostino, una dozzina di regole sparse della *GIA*, commiste con le quali cinque di Epafrodito, infine un frammento degli *Elementa* euclidei di tradizione

[24] Sugli itinerari medievali di questi excerpta di Macrobio e Marziano Capella (presenti in una serie assunta anche dal compilatore della *GAA*), v. *CAM* 31-2 e n. 68, 34, 41, 50, 52-4.

[25] Solo i frammenti della *BG1* (ivi, sch. 023/023 cc. 6, 32-33): da modificare ivi, 387, la mia errata indicazione.

gromatica (testo «Mb» Folkerts, di ascendenza «palatina», come del resto «palatini» risultano gli excerpta tratti da Balbo)[26]. Si notano anche pochi paragrafi della *BG2*, commisti con gli estratti balbiani, i quali ultimi risultano a tratti rielaborati tramite il testo ps.boeziano.

Nei casi di Adelboldo, Agostino e Gerberto le fonti sono dichiarate e assunte in blocco. Le altre sono di norma distribuite e i loro capitoli a volte estrapolati secondo un piano compositivo ch'è rivelato dalla creazione di *inscriptiones* tematiche (la prima manca, poiché il ms. è con tutta probabilità acefalo)[27]:

| | | |
|---|---|---|
| 1. | <de generibus mensurarum et linearum> | Balbo-*BG2* |
| 2. | DE G(e)N(e)RIBUS ANGULOR(um) | Balbo (*BG2*) |
| 3. | DE SPECIEBUS LINEARUM ET DE CIRCU(m)FERENTIBUS | Balbo (*BG2*) |
| 4. | DE FORMARUM MODIS | Balbo-Euclide-*GIA* Epafrod.-reg.ined. |
| 5. | INCIPIT SENTENTIA ADELBOLDI EP(iscop)I AD GERBERTU(m) DE CRASSITUDINE SPER(a)E | |
| 6. | EXCERPTU(m) EX LIBRO BEATI AUGUSTINI EP(iscop)I DE QUANTITATE ANIMAE | |
| 7. | INCIPIT RATIO QUOM(od)O IN t(ri)ANGULIS TETRAGONIS PENTAGONIS ET RELIQ(ui)S P(er) LATERA INVENIANTUR AREAE | *GIA* |
| 8. | REGULA QUA P(er) AREAS INVENIUNT(ur) LAT(er)A IN EISDE(m) FIGURIS | *GIA* |
| 9. | QUOM(od)O P(er) EASDE(m) AREAS INVENIAT(ur) PYRAMIS | *GIA* |

[26] La raccolta «palatina» del *CAR* («ā») deriva l'appellativo dal Fondo della Biblioteca Vaticana cui appartiene il ms. piú antico della famiglia «ā'», il famoso VATICANO, Pal.lat.1564 (=«P» Lachmann, Thulin) (ca.aa.810-830; Bassa Renania) <009/009>. La raccolta risale presumibilmente alla 2ª metà del VI sec., e fu «aggiornata» in epoca postisidoriana; accolse excerpta euclidei di origine probabilmente boeziana, poi passati pure nella *CC*; v. per tutto: *CAM* 13-8, *AM* 310 e n. 8, 314-5.

[27] Ho mantenuto l'ortografia originale, senza correzioni. L'integrazione che si nota al n. 14 è dubbia, causa l'impossibilità di leggere compiutamente la parola nella riproduzione fotografica del ms., la cui legatura è molto serrata. L'ultima iscrizione manca per fatto di tradizione, non per danno meccanico.

10. REGULAE DE TRIGONIS HYSOPLEURIS ISOSCELIBUS SCALENIS VEL ORTOGONIIS OXIGONIIS AMBLIGONIIS. DE HYSOPLEURO QUO MODO PER LATERA INVENIANTUR AREAE SECUNDUM ARITHMETICAM Epafrodito
11. SEQUIT(ur) S(e)C(un)D(u)M GEOMETRICA(m) *GIA*
12. SENTENTIA GERBERTI AD ADELBOLDU(m) DE DISSONANTIA ARITHMETIC(a)E ET GEOMETRIC(a)E
13. DE HYSOSCELE QUO MODO PER LATUS INVENIATUR CATHETUS ET EMBADUM *GIA*
14. INCIPIT FIXA REGULA Q<ua?> CATHET(us) ET BASIS EFFICIANT HYPOTENUSA(m), HYPOTENUSA ET CATHET(us) BASI(m), HYPOTENUSA IT(er)UM ET BASIS CATHETUM, CATHETUS ITER(um) ET BASIS EMBADUM *GIA*
15. <Gerberti *Isagoge geometriae*>

Almeno una delle regole della *GIA* dipende da Epafrodito, cosí come le definizioni della *BG2* da Balbo stesso[28]: dunque ci troviamo dinanzi a testi antichi interpolati tramite (o comunque commisti con) testi medievali, i quali da quegli stessi antichi derivano.

Chiameremo il contenuto di questi 27 fogli: «Collezione Brussellense» (*CB*). Va osservato che la testimonianza del nostro ms. trova riflesso, almeno parzialmente, in quella del cit. cod. Ottoboniano, piú recente di circa un secolo. Questo probabilmente discende, per quanto concerne la *BG1* e la seguente *CC* dal cit. Bernese 299[29], ma contiene, nei primi, precedenti 36 fogli, una nutrita raccolta matematica e tecnica: estratti dalla seconda versione latina degli *Elementa* euclidei arabici attribuita ad Adelardo di Bath, frammenti dedicati al calcolo e alla geometria teorica, la *Geometria* di Gerberto e la *BG2.* Bene, in questa sezione notiamo una sequenza di excerpta da Balbo e dall'Euclide «gromatico» (tutti afferenti alla tradizione «palatina» del

[28] *CAM* sch.016/016 cc.14 e 1-3.
[29] I mss. già citt.: v. sopra, n. 20.

*CAR*), sequenza che abbiamo già incontrato nella *CB*, ma che nel nostro ms. non presenta i titoli «tematici» caratteristici di quella. Si direbbe dunque che vi sia semplice parentela tra le selezioni testuali.

Un esempio di piú stretta pertinenza viene offerto dal caso che segue.

2) Com'è noto, il cod. «Scriveriano» (LONDON, BL, Add. 47679 <032/032>), ms. tedesco occidentale o francese del XII sec., rivisitato quasi trent'anni fa da Menso Folkerts[30], è particolarmente importante per varî motivi: nuovo testimone («S») della famiglia «+» del *CAR*, riporta in altre sezioni, ben distinte da pagine bianche, sia la *BG1* (testo «$X^{II}$» Thulin, ma interpolato), sia almeno altre due collezioni, distinte non da partizioni tematiche, ma da iscrizioni generali collegate. Dopo la *BG1* e una pagina bianca, leggiamo l'epistolario di Gerberto e Adelboldo di Utrecht: le due lettere sono introdotte da iscrizioni identiche ai nn.12 e 5 della *CB*; di séguito, senza intervallo, l'*inscriptio* (f.128r):

INCIPIT ALIUS LIBER GEOMETRIC(a)E ARTIS EDITUS A DOMNO GERBERTO PAPA ET PHYLOSOPHO,

sotto la quale è compresa una serie di estratti commisti (uno inedito), in massima parte gromatici, assunti da Balbo (una dozzina), dalla *BG1* (uno), dalla *GIA* (i primi 15 capitoli del quarto libro), dal *Liber podismi* (uno); la serie è conclusa infine da una commistione di quanto restava del quarto libro della compilazione con 10 capitoli di Epafrodito (i testi appaiono reciprocamente contaminati). Dunque anche qui passi antichi e medievali sono stati combinati secondo le esigenze del redattore

[30] «Zur Überlieferung der Agrimensoren: Schrijvers bisher verschollener «codex Nansianus»», in *RhM* 112 (1969), 53-70 *passim*; *«Boethius» Geometrie II. Ein mathematisches Lehrbuch des Mittelalters*, Boethius, Texte und Abhandl. zur Geschichte der exakten Wissenschaften, 9 (Wiesbaden 1970), 27-9; la descrizione ivi operata del materiale estraneo alle parti riservate nel ms. alla raccolta «Ú» e alla *BG1* non ha contemplato, come d'altra parte anche nei miei *CAM*, un riconoscimento dell'organizzazione di tale materiale.

medievale, che in realtà ha contaminato e interpolato le due tradizioni, diretta e indiretta, delle stesse, identiche fonti. Inoltre, non si può fare a meno di osservare che il materiale gromatico di questa collezione (Balbo, *Liber podismi*, Epafrodito) appare trascelto negli stessi modi della *CB*, ed è forse meno lacunoso; colpisce il ricorrere dell'iscrizione: DE FORMARUM MODIS, dinanzi ai medesimi estratti balbiani (cfr. sopra l'iscrizione *CB* n.4). La «Collezione Scriveriana», come la chiameremo d'ora in avanti (*CS*), ha il suo peso, poiché occupa ben 32 pagine di scrittura: si estende probabilmente anche per le seguenti 17 pagine, distinte, sí, dalle precedenti tramite una lasciata in bianco (segue l'incipit del quarto libro della *GIA*, f.144v), ma chiuse da un: EXPLIC(it), unico esistente nella collezione, seguito dall'*inscriptio* (f.152v):

ITEM ALIUS LIBER GEOMETRICAE INSTITUTIONIS INCIPIT, AB ALIO AUCTORE EDITUS & ORDINATIM PER PRIMA ARTIS ELEM(en)TA & SEQUENTES REGULAS DISTRIBUT(us).

Queste 17 pagine contengono ancora numerosi capitoli della *GIA* (formalmente estranei al *CAR*), alcuni inediti di estrazione culturale mensoria, e infine ancora tre capitoli di Epafrodito.

Come dicevo, l'iscrizione riportata richiama la precedente. L'*alius liber* contiene l'intera *Isagoge geometriae* attribuita (ma non nel nostro ms.) a Gerberto, un opuscolo geometrico di tipo mensorio (inedito), e i tre capitoli finali della *BG2* (2, 38-41 Folkerts), proprio quelli che si concludono con una nota citazione delle fonti gromatiche da parte dell'autore lotaringio (171, ll. 967-70 Fo.):

*Si qui uero de controuersiis et de qualitatibus et nominibus agrorum deque limitibus et de statibus controuersiarum scire desideret, Iulium Frontinum nec non Vrbicum Aggenum lectitet. Nos uero haec ad praesens dicta dixisse sufficiat.*

II.B.c. A questo punto varrà la pena evidenziare un fenomeno che abbiamo incontrato. Gli excerpta gromatici di tradizione diretta non si rinvengono, infatti, solamente giustapposti ad estratti di tradizione indiretta e/o a fonti estranee al *CAR*, ma sono oggetto di rielaborazioni e contaminazioni, per cui appaiono fusi con altri testi a formare esposizioni «aggiornate» o «migliori» di regole e problemi. Criteri di carattere formale, sui quali ho già avuto occasione di discutere[31], ci impediscono di etichettare tali nuove composizioni come «nuove compilazioni»: metodi e modi seguiti dai redattori sono tuttavia presso che gli stessi. Due casi abbiamo notato nell'àmbito delle collezioni «Brussellense» e «Scriveriana», ma ne posso riferire altri due.

Sempre nel BRUXELLES, BR, 4499-503, staccata dalla *CB*, appare una nutrita serie di regole geometriche che si estende per 26 pagine di scrittura[32]. La ripetizione di alcuni problemi già presenti nella collezione rafforza l'impressione che la serie sia indipendente da quella, e gli spazi risparmiati per parecchie figure denunziano la sua anteriorità rispetto al ms. Inoltre, il dotto ch'ebbe a rielaborare e combinare le fonti seguí un metodo molto coerente, sí che giustamente Folkerts descrisse il contenuto di questi fogli come un «mathematisches Werk» autonomo[33]. Le fonti sfruttate furono, come altrove, il quarto libro della *GIA* (una quarantina di regole), il manuale di Epafrodito e Vitruvio Rufo (una quindicina di capitoli), il *Liber podismi* (un solo frammento, lo stesso che fu trascelto dal redattore della *CS*), e infine il manuale di Balbo (un frammento della «metrologia», di tipo anch'esso «palatino»).

Il I el. del VATICANO, BAV, Reg.lat.1071 (ca.med.XI: Francia) <021/021>, ha accolto una serie di opuscoli dedicata metà al calcolo tramite l'abaco (opere di Heriger di Lobbes, di Bernelino da Parigi, nonché gerbertiane e ps.gerbertiane), metà alla geometria. Questa seconda parte occupa 13 pagine di scrittura e nuovamente annovera una ventina di capitoli della

[31] In *NC* 36-8.

[32] *CAM* sch. 016/016 c. 16.

[33] In «Boethius» (sopra, n. 30), 24; cfr. ulteriori particolari e considerazioni presso *NC* 37-8; la descrizione di Folkerts è stata migliorata nei *CAM* 323.

*GIA* commisti e contaminati con una quindicina di capitoli di Epafrodito e Vitruvio Rufo (ma anche con due regole del *Liber podismi*); inoltre, sono stati accolti due excerpta (regole architettoniche) che rinveniamo nella *GAA* (cap. 26 Thulin) e quel frammento adespoto sull'esagono e l'ottagono edito da Bubnov e caratteristico della II recensione della *CC*[34].

II.B.d. Resta da riferire che esistono anche esempi in cui la cultura gromatica viene trasmessa da frammenti di una compilazione medievale, accanto ad altra, integra, compilazione.

Nel II el. del cit. MÜNCHEN, BSB, Clm 14836 <114/094> (di identica origine ed epoca del III)[35], in calce alla *GAA* si leggono cinque capitoli della *GIA*, dei quali due sono attinti al *Liber podismi.* Cosí pure nel II el. del LONDON, BL, Harley 3595, ms. tedesco occidentale della metà dell'XI sec. <123/100>, testimone della *BG2* e di una confusa raccolta di brevi excerpta dedicati soprattutto alla metrologia e al calcolo, la geometria è rappresentata anche dal quarto libro della *GIA*, variamente frammentato (e incompleto), ma che conserva la «metrologia» balbiana, la terminologia metrologica e geometrica di Epafrodito e Vitruvio Rufo, oltre a regole del *Liber* succitato.

II.B.e. Il variegato panorama di selezioni testuali che si è qui potuto delineare (si confronti quanto dicevamo al §II.B.) si basa dunque sulla testimonianza di 24 mss., vergati tra la metà del IX sec. e la metà del XIII, non diversamente da

[34] V. sopra §II.B.a., e la n. 19 per i dati editoriali del frammento geometrico; una descrizione sommaria della *GAA* presso i *CAM* 31-4 (ove la bibl.), da confrontare con la scheda dell'unico testimone completo, il MÜNCHEN, BSB, Clm 1304 [II] (IX, 3° q.; Frisinga) <112/092>; una analisi dei contenuti gromatici si troverà in *AM* 318-21. Le regole d'architettura dal cap. 26 Thulin furono edite nel 1896 da A. MORTET e P. TANNERY (42 e 47), che le attribuirono per errore ad Epafrodito e Vitruvio Rufo: «Un nouveau texte des traités d'arpentage et de géométrie d'Épaphroditus et de Vitruvius Rufus (publié d'après le ms. latin 13084 de la bibliothèque royale de Munich)», in P. TANNERY, *Mémoires scientifiques*, publiés par J.L. HEIBERG, V (Toulouse-Paris 1922), 74, 75, 78.

[35] Cit. sopra, §II.A.b., 4).

quanto avevamo osservato per la casistica degli excerpta isolati, fossero di tradizione diretta o meno[36].

II.C. Va ancora considerato uno dei modi piú semplici di tradizione, vale a dire il caso della trasmissione di singole compilazioni, integre o mutile, in assenza d'altri testi di ascendenza gromatica. Il fenomeno si osserva in 27 mss. (9 della *BG1*, 3 della *GAA*, uno dell'*AGG*, 7 della *GIA*, 7 della *BG2*). Solo in 5 esempi le compilazioni si presentano come unico contenuto[37]:

[36] V. sopra, §II.A.c. I mss. in ordine cronologico sono i seguenti (non vengono ripetuti i dati storico-geografici, quando siano già sopra presenti nel testo o nelle note):

NAPOLI, BN, V.A.13: v. §II.B.a
PARIS, BN, lat.13955 [II]: ivi
PARIS, BN, lat.14080: v. n. 20
CAMBRIDGE, TCL, R.15.14 [I]: ivi
VALENCIENNES, BM, 337 [I]: v. §II.B.a
BERN, BB, 299: v. n. 20
BERN, BB, 87: ivi
MADRID, BN, 9088 (XI$^{1}$; Francia?) <019/019>
SANKT GALLEN, SB, 830 [III] (XI$^{1}$; Magonza) <020/020>
BRUXELLES, BR, 4499-503: v. §II.B.b
ERLANGEN, UBEN, 379: v. §II.B.a
LONDON, BL, Harley 3595 [II]: v. §II.B.d
VATICANO, BAV, Reg.lat.1071 [I]: v. §II.B.c
VATICANO, BAV, Barb.lat.92: v. §II.B.a
WROCLAW, BU, Rehd.55: v. n. 20
MÜNCHEN, BSB, Clm 14836 [II]: v. §II.B.d
CHARTRES, BM, 498: v. n. 20
CHELTENHAM, Phillipps, 7017: ivi
ROSTOCK, UB, philol.18: ivi
VATICANO, BAV, Ott.lat.1862: ivi
VATICANO, BAV, Vat.lat.6017 [III]: ivi
LONDON, BL, Add.47679: v. §II.B.b
LONDON, BL, Royal 15 B.IX: v. §II.B.a
FIRENZE, BML, Plut.XXIX.19: v. n. 20

[37] Sono i mss. contrassegnati qui sotto da un asterisco. Sopra, §II.A.b., 4), l'elenco dei mss. della *GIA* che sono portatori di excerpta, e non di sezioni apprezzabilmente estese della compilazione. Il Monacense Clm 4024$^{a}$ solo apparentemente appartiene al gruppo qui considerato: il frammento della *BG1* è tale causa la gravissima mutilazione patita dal cod.: in verità, il libro conteneva tutta la compilazione, accompagnata da parte della *CC* (v. sopra, n. 20).

*BG1*:

*MÜNCHEN, BSB, Clm 560 [II] (IX$^{1}$-med.; Reichenau) <078/078>

per il resto, i mss. trasmettono anche altri testi di varia natura, quadriviali e non, spesso per un numero considerevole di fogli. I momenti di trascrizione si distribuiscono tra la prima metà del IX sec. e il XIV in.

II.D. Pertanto, come prima conclusione della presente analisi sui modi della tradizione della cultura gromatica nel Medioevo, possiamo affermare che non esistono differenze cronologiche tra le testimonianze dei modi di selezione testuale: siano excerpta isolati (dai corpora tardoantichi o dalle compilazioni medievali), siano nuove collezioni specializzate od elaborazioni e contaminazioni di testi antichi e medievali, siano semplici trascrizioni

---

PARIS, BN, lat.13020 (IX med.-3° q.; Corbie) <080/079>
BAMBERG, SB, HJ.IV.22 (IX-X/X in.; Francia nordorientale) <083/080>
*OXFORD, BL, Douce 125 (X ex.; Inghilterra) <086/082>
EINSIEDELN, SB, 298 (X; Loira?/Reims/Treviri) <085/081>
WIEN, ÖNB, 55 (X; Germania) <088/084>
EINSIEDELN, SB, 358 (X-XI; Loira?/Reims/Treviri) <090/085>
WIEN, ÖNB, 2269 (XI$^1$; Francia) <095/087>
PRAHA, SK, IX.C.6 (XI2; Italia) <093/086>

*GAA* :
*MÜNCHEN, BSB, Clm 13084 [II] (IX, 3° q.; Frisinga) <112/092>
*MÜNCHEN, BSB, Clm 6406 [IV] (XI; Frisinga?) <113/093>
WIEN, ÖNB, 51 (XII ex.; Germania meridionale) <115/095>

*AGG* :
BARCELONA, ACA, Rip.106 [II] (IX2; Catalogna) <118/096>

*GIA* :
CHELTENHAM, Phillipps, 4437 (XI-XII; origine:?) <127/102>
MÜNCHEN, BSB, Clm 14836 [I] (XI-XII; Baviera) <128/103>
OXFORD, JC, 4 [I] (XII$^1$; Inghilterra?) <136/107>
SALZBURG, SBSP, a.V.7 (XII$^1$-med.; origine:?) <138/108>
BERLIN, SBPK, lat.fol.307 (XII2; Francia) <133/105>
VATICANO, BAV, Ott.lat.1631 (XII; Inghilterra) <139/109>
OXFORD, BL, Digby 191 [I] (XIV in.; Oxford?) <144/112>

*BG2* :
PARIS, BN, lat.7377$^C$ (XI ex.; Reims?) <152/115>
MÜNCHEN, BSB, Clm 13021 [I] (XII2; Prüfening) <155/116>
*MÜNCHEN, BSB, Clm 23511 [II] (XII2; Wessobrunn) <156/117>
VATICANO, BAV, Vat.lat.3123 [II] (XII2; Germania occid./ Francia orient.) <160/120>
PARIS, BN, lat.7185 [III] (XII ex.; Normandia/Inghilterra) <157/118>
VATICANO, BAV, Reg.lat.1071 [II] (XII; Francia orientale?) <159/119>
LONDON, BL, Arundel 339 (XIII$^1$; Germania meridionale?) <161/121>

delle compilazioni, i mss. che ci trasmettono tutti questi esempi si distribuiscono nel tempo senza apprezzabili differenze in rapporto ai modi di selezione. Si può solo osservare che, a livello di mss. sopravvissuti, la trascrizione in blocco dei corpora tardoantichi è il modo piú risalente, ed è «addensata» in due epoche non consecutive, la carolingia e l'XI-XII secolo. Questi i noti testimoni:

«F» FIRENZE, BML, Plut.XXIX.32 (ca.a.800: Bassa Renania) <004/004>
«P» VATICANO, BAV, Pal.lat.1564 (IX, 2°-3° dec.: Bassa Renania) <009/009>
«G» WOLFENBÜTTEL, HAB, Guelferb.105, Gud.lat.2° (IX, med.-3° q.: Corbie) <010/010>
«E» ERFURT, WAB, Amplon.4° 362 [IV] (XI-XII: Germania) <022/022>
«p» BRUXELLES, BR, 10615-729 [III] (XII2: Treviri) <027/027>
«S» LONDON, BL, Add.47679 (XII: Germania occidentale/Francia) <032/032>

II.D.a. Naturalmente non dovremmo basarci solo su quei mss. del *CAR* che ci sono giunti, visto che esistettero anche i loro antigrafi: ma di questi non sappiamo praticamente nulla[38], e il discorso si farebbe troppo complesso. Qualcosa invece siamo in grado di dire sui modelli sfruttati dagli autori delle compilazioni (per limitarci ai dati sicuri), mss. che sin ad oggi sono da considerarsi anch'essi perduti ... Possiamo individuarne (quando possiamo) solo la presenza in una certa area e in una certa epoca, e la famiglia testuale cui appartennero, non certo il momento di trascrizione né l'origine, e nemmeno il momento della sparizione.

Ad esempio. Il primo Ps.Boezio, fra tardo VIII sec. e primi decenni del IX, ebbe a disposizione, forse a Corbie, un testimone della raccolta «Ú» (cfr. sopra i codd. F, E, S); l'Anonimo della *Geometrica ars*, che nella 1ª metà del IX sec., forse in Germania meridionale, usò il manuale ps.boeziano, sfruttò pure un

[38] «G» e «p» discendono da «P», il primo probabilmente tramite una copia intermedia; l'antigrafo di «P» fu d'epoca postisidoriana o giustinianea: *CAM* 15 e n. 36, 17-8 e n. 41, 20.

ms. gromatico di tipo «palatino» ('-": cfr. sopra i codd. P, G, p); nella stessa epoca il catalano Gismondo, anch'egli in possesso d'un ms. della *BG1*, ebbe alla mano un testimone affine allo «Scriveriano» («S»)[39].

Dunque il numero delle testimonianze, per quanto riguarda i corpora d'agrimensura, potrebbe salire a una decina: considerata però l'epoca di «presenza» e sfruttamento dei codici perduti, non ne desumiamo altro che una conferma della particolare fortuna che ebbero le raccolte gromatiche in epoca carolingia, fenomeno sul quale torneremo piú avanti.

III. Nel catalogo che ha concretizzato il lavoro di ricerca dei mss. gromatici, le fonti riconosciute sono ovviamente elencate secondo i termini delle edizioni critiche, il fine filologico dell'opera essendo quello di indicare, senza eccessive complicazioni, la presenza manoscritta di un testo reperibile in uno stampato moderno o umanistico. Chi consulta un catalogo ne apprende a prima vista la presenza della fonte, nella sua interezza o in frammenti; apprende il titolo dell'opuscolo e l'identità dell'autore, se nota. Ma ciò non può bastare a chi s'interessi delle scelte culturali operate lungo l'arco di cinque/sei secoli: perché la caratteristica fondamentale delle collezioni gromatiche è, *ab antiquo*, la loro eterogeneità disciplinare. E non solo. All'interno dei singoli testi (siano integri o frammentari sin dai primi anelli delle singole catene di trasmissione), notiamo spesso l'eterogeneità degli argomenti trattati, determinata dalla molteplicità degli aspetti tecnici della professione mensoria

[39] Lo Ps.Boezio lotaringio, nella 1ª metà dell'XI sec., non attinse materiale dal testimone di un corpus, ma da un ms. di tipo «X[I]» che doveva contenere sia la *BG1* che la *CC*. Tutti i dati ivi, 28-45, ove la bibl.; per *BG1* e *GAA*, da aggiornarsi tramite *AM* 311-2, 316-21. L'indagine di M. FOLKERTS sull'esistenza di mss. delle due *Geometrie* ps.boeziane nelle biblioteche medievali, indagine condotta sulla base degli antichi cataloghi, non ha purtroppo ottenuto risultati significativi dal punto di vista di una sicura individuazione di altri testimoni, oltre a quelli sopravvissuti: v. il contributo cit. (sotto, n. 44), 197-9; sui casi del cod. perduto di Reichenau e del cod. NAPOLI, BN, V.A.13, cfr. le mie obbiezioni nei *CAM* 29 n. 61, 197-200.

antica, nonché dalla necessità per i manualisti romani di attingere nozioni attinenti a diversi campi del sapere, nella prospettiva della formazione professionale degli «allievi» *mensores*.

Questa caratteristica delle fonti antiche ha particolare rilevanza se consideriamo la tipologia del loro sfruttamento medievale, in massima parte attuato per trascelta di passi. Gli autori delle compilazioni (o delle collezioni) esibiscono, a livelli diversi d'intelligenza dei testi, una tecnica ch'è nello stesso tempo combinatoria e interpolatoria, come abbiamo visto. I dati quantitativi che emergono dal controllo effettuato su opere complete sono illuminanti: la *BG1* è stata «costruita» tramite 90/100 excerpta, la *GAA* usandone 60/70, l'*AGG* 123. Anche là dove non abbiamo gli elementi formali per dichiarare l'identità di un'opera «nuova» (parliamo quindi, come s'è già detto, di «collezioni» e non di «compilazioni»), ci troviamo pur sempre dinanzi allo stesso tipo d'attività. Talvolta siamo in grado di affermare l'uso di piú antigrafi, uso non sempre sottaciuto dal redattore medievale[40]: il fenomeno va comunque sottolineato, al fine di non ricadere in vecchi pregiudizi metodici (unicità dell'antigrafo).

Dunque il redattore/compilatore o trasceglie lui stesso o si limita a copiare (= far copiare) una raccolta tardoantica ch'è già, appunto, una collezione «pronta», in buona parte costituita, a sua volta, da excerpta scelti da redattori antichi. In entrambi i casi, a mio avviso, l'eterogeneità disciplinare dovette svolgere un ruolo decisivo al momento di decidere la vergatura di un nuovo ms., cioè di aggiungere, dal nostro punto di vista, un nuovo anello alla catena di trasmissione. Si poté copiare una raccolta già esistente, proprio perché in grado di assicurare informazioni e nozioni in svariati settori, si poté porre attenzione ad un ms. piú antico, proprio in quanto si sapeva che tali raccolte offrivano la possibilità di reperire testi di una particolare

[40] Si v.da l'affermazione di Gismondo (222 n. LXXXVII To.: ed. cit. sopra, n. 47): *Iuuante Domino hic complexus sum ex multis librorum uoluminibus in uno corpore libellos duos*…; cfr. sopra, §II.D.a.

disciplina. Ciò sia che si decidesse d'impostare nuovi «discorsi», sia che ci si limitasse a trascrivere l'esistente.

La serie di considerazioni or ora esposte mi sembra legittimare, in conclusione, una raccolta dei dati che trascenda l'identità delle opere tràdite, e che sia focalizzata unicamente sui loro contenuti, lasciando che venga, se necessario, disgregata l'unità di quei testi che si presentano come polifunzionali sotto il profilo culturale.

III.A. Gli scritti d'agrimensura contenuti nei corpora tardoantichi affrontano argomenti che pertengono ai seguenti settori disciplinari[41]:

1) deontologia della professione (Agennio Urbico [fonte di; aa.81-96 d.C.], Ps.Agennio [V? sec.], Balbo)
2) categorie gromatiche del paesaggio agrario (Frontino [3° t. I sec.], Ps.Agennio, Igino, Siculo Flacco [a.96-?III[1]], Isidoro)
3) categorie giuridiche del terreno (Agennio Urbico, Igino, Ps. Igino, LLRR [IV sec.?])
4) controversie agrarie e territoriali (Frontino, Agennio Urbico, Ps.Agennio, Igino)
5) legislazione e giurisprudenza (LLRR, LMRPAF, CTh, Paolo, De sepulchris, NNPP, Digesto)

[41] Per quanto concerne la mia definizione delle fonti, si tenga conto delle seguenti equazioni: «Ps.Agennio» = [Aggenus Vrbicus], *Commentum de agrorum qualitate, de controuersiis*, 51 ss. Thulin; «Isidoro» = Isidorus Hispalensis, *Etymologiarum* liber 15, 13-15 Lindsay (366,10-370,1 Lachmann); «Ps.Igino» = Hyginus gromaticus, *Constitutio limitum*, 131 ss. Th.; «LLRR» = *Libri regionum* (sc. *Libri coloniarum*, 209 ss. La.); «LMRPAF» = *Lex Mamilia Roscia Peducaea Alliena Fabia*, 263 ss. La.; «CTh» = *Codex Theodosianus*, II tit.26 (267 ss. La.); «Paolo» = Iulius Paulus, *Sententiae ad filium*, 5, c.22 §2 Seckel/Kübler (270 La.); «NNPP» = Theodosius II, *Leges nouellae*, XXIV, IV, XX (273 ss. La.; dal *Corpus Maioriani*); «Digesto» = Iustinianus, *Digesta*, 10, tit.1 (276 ss. La.); «AANN» = Anonimi gromatici, *passim* La.; «OOFF» = *Ordines finitionum*, 342 ss. La.; «CCLL» = *Casae litterarum*, 310 ss. La.; «RLLRR» = *Ratio limitum regundorum*, 358 ss. La.; «Euclide» = Euclides, <*Elementorum uersio «Boethiana»*>, l.I (*textus* «Mb» Folkerts; 377 ss. La.); «E&V» = Epaphroditus et Vitruuius Rufus, 518 ss. Bubnov; «Varrone» = M. Terentius Varro?, *Fragmentum Geometriae*, 504 ss. Bu.; «LP» = *Liber podismi*, 510 ss. Bu.; «LMC» = Ps.Hyginus, *Liber de munitionibus castrorum*, ed. M. Lenoir (Paris 1979).

6) tecniche e terminologia della confinazione (Agennio Urbico, Igino, Siculo Flacco, LLRR, AANN, Dolabella, Latino, OOFF)
7) storia della colonizzazione e delle pianificazioni territoriali (Frontino, Ps.Agennio, Siculo Flacco, Ps.Igino, LLRR)
8) tecniche e terminologia della pianificazione territoriale (Frontino, Ps.Agennio, Igino, Ps.Igino, LLRR, AANN, Nipso, Isidoro)
9) tecniche e terminologia della catastazione (Agennio Urbico, Igino, Siculo Flacco, Ps.Igino, LLRR, AANN, Nipso, Gaio, Fausto e Valerio, Latino, CCLL, OOFF, RLLRR)
10) cosmologia e geografia (Ps.Igino, Agennio Urbico)
11) tecniche dell'orientamento e delle misurazioni sul terreno (Frontino, Ps.Igino, Nipso)
12) geometria teorica (Balbo, Euclide, E&V, Varrone, LP)
13) geometria pratica (*De iugeribus metiundis*, E&V, Varrone)
14) terminologia geometrica euclidea e mensoria (Balbo, Euclide, E&V, LP)
15) metrologia (Igino, Balbo, AANN, Isidoro, E&V, Varrone)
16) misurazioni architettoniche (Varrone, E&V)
17) castrametazione (LMC [4° q. I sec.-1° q. II?]).

Questo il materiale che, per il poco che sappiamo, fu a disposizione dei dotti occidentali, da quando possiamo considerare chiusa l'epoca delle raccolte tardoantiche, cioè a partire dal VII sec. Naturalmente, non essendo mai esistito un corpus unico d'agrimensura, le conoscenze medievali dipesero dalle serie testuali delle singole raccolte gromatiche presenti nelle varie biblioteche, ed è noto che i contenuti di tali serie differiscono alquanto[42]. Ad esempio, non ci rimangono testimonianze dell'epoca per l'opuscolo sulla *metatio castrorum* <17>, tràdito dal solo «Arceriano B» (V ex.-VI in.) <001/001>: perciò non sappiamo se sia mai giunto a conoscenza di qualcuno e quindi se sia mai stato oggetto d'una scelta, ancorché negativa.

[42] *NC* 35; *CAM* 3, 13-7.

III.B. Premesso quanto si doveva, vediamo quali selezioni furono operate dai compilatori[43].

III.B.a. 'I geometria ps.boeziana'.

Lo Ps.Boezio carolingio imposta la sua opera in cinque libri, motivato da interessi per la geometria, l'aritmetica (nel II libro attinge all'*Institutio arithmetica* boeziana, per intenderci) e la metrologia. Dal punto di vista «tecnico-geometrico», postulati e assiomi, definizioni e proposizioni (che sostanziano i libri 3 e 4) sono attinti dagli *Elementa* euclidei di origine «boeziana», mentre per ciò che riguarda l'inquadramento della disciplina nel panorama delle esigenze culturali del mondo civile (origine e utilità della geometria), il compilatore assume in blocco nel primo libro l'introduzione cassiodoriana alla materia.

I Gromatici gli servono innanzitutto come supporto storico al discorso del dotto tardoantico: lo Ps.Boezio vede l'attività colonizzatrice di Cesare e Augusto come esempio delle «esigenze originarie» che portarono alle misurazioni dei territori e dei terreni assegnati, dunque all'applicazione pratica dei principî geometrici. Le notizie di carattere storico gli provengono dalla *Constitutio limitum* dello Ps. Igino <7>. Ma il «discorso» trova sviluppi di carattere tecnico-gromatico nella specificazione degli usi confinari e catastali conseguenti alle misurazioni dei terreni distribuiti <6, 8, 9>, usi cui viene dedicata una serie non breve di excerpta tratti da quasi tutti i testi piú importanti del *CAR* (Frontino, Agennio Urbico, Igino, Siculo Flacco, i *Libri regionum*). Inaspettati ci giungono estratti sulle categorie gromatico-catastali degli antichi terreni coloniari, testi la cui specificità tecnica è molto elevata <3, 9>. Meno sorprendente l'accentuato interesse per la morfologia dei segni confinari e per i criteri di deposizione dei termini, mentre il discorso si intreccia con quello sulle *controuersiae agrorum* <4>. Molto naturale, a proposito di quest'ultimo argomento, il fatto che alla presentazione della relativa tipologia frontiniana (14 *genera controuersiarum*)

[43] Nei seguenti paragrafi le cifre fra parentesi acute rinviano al panorama dei settori disciplinari sopra delineato.

segua in realtà una scelta di passi che denuncia l'attenzione soprattutto per le controversie *de positione terminorum* e *de alluuione*[44], la cui «attualità» è evidente a chiunque, per qualsiasi epoca. Il primo libro si chiude con la presentazione degli antichi *mensores*, tramite la scelta di quanto Agennio Urbico tramanda in materia di deontologia professionale <1>, e tramite un elenco di *nomina agrimensorum* che si accompagnano ciascuno ad un nome d'imperatore; quest'esigenza di «storicizzare» le nozioni tecniche e le loro fonti si era già ravvisata sopra, ma si nota anche nella scelta di copiare un passo del *Liber regionum I*, nel quale viene ricordata l'opera di misurazione delle province imperiali *iubente Augusto Caesare Balbo mensori*[45].

Ritroviamo ancora altri estratti sulle tecniche di confinazione e misurazione pratica (coltellazione) <11> nel quinto libro. Qui tuttavia la scelta sembra aver trovato occasione dalla necessità di esemplificare alcuni concetti-base della geometria di estrazione mensoria, soprattutto la bipartizione tipologica della linea di confine (*extremitas*) secondo Balbo (tracciata *per rigorem* o *per flexus*) <12>. Ed ecco dunque la terza principale funzione dei testi d'agrimensura nell'economia del manuale carolingio: fornire concetti geometrici che non si ritrovano nella teorica euclidea; e d'altra parte già nell'antica opera geometrica di Balbo l'impostazione greca s'intrecciava alle definizioni di base e alla classificazione mensoria delle forme, che risultavano dalla pratica tecnica della geometrizzazione del paesaggio agrario: si confronti la tripartizione dei *genera linearum* (*rectum*, *circumferens*, *flexuosum*), regolarmente ripresa dallo Ps. Boezio

[44] Anche per i precedenti e seguenti contenuti gromatici, si v.da l'edizione parziale di Karl LACHMANN nei *Gromatici veteres* I (Berlin 1848), 395 ss.; schema dell'opera presso i *CAM* 28-31, da cfr. con le osservazioni operate in *AM* 316-8 (ove pure è spiegata la causa della riduzione a 14 delle 15 controversie frontiniane). Alla bibl. ivi cit. si aggiunga: M. FOLKERTS, «The Importance of the Pseudo-Boethian 'Geometria' during the Middle Ages», in *Boethius and the Liberal Arts. A Collection of Essays*, ed. by M. MASI, Utah Studies in Literature and Linguistics 18 (Berne 1981), 187-209.

[45] *BG1* 402,6-9 La. < 'Libcoll', 239,15-9.

nel dialogo che conclude il suo lavoro, cioè nell'*Altercatio duorum geometricorum de figuris, numeris et mensuris*[46].

Un'ultima osservazione, di carattere sintetico: questa nostra compilazione carolingia, benché attinga dalle opere classiche anche passi di gromatica «pratica», si muove su di un piano esclusivamente scolastico-teorico. Vale a dire ch'essa è lontanissima dallo spirito e dalle funzioni di opere come la *GIA*, piú «ricettario» che manuale.

III.B.b. *Ars gromatica Gisemundi.*

E' l'opuscolo piú vicino al precedente come scelte e caratteristiche, e dal precedente ha derivato, in termini reali, circa un quarto del proprio testo. Le parti assunte riguardano solo la geometria non tecnica e la gromatica: vengono infatti riprese l'introduzione di Cassiodoro (cap. 10)[47] e la maggior parte (ca. il 60%) del materiale gromatico della *BG1* stampato da Lachmann. Già nella prefazione ricompaiono il brano deontologico di Agennio Urbico <1>, e la distinzione balbiana delle *extremitates* <12>, cosí come il cap. 1 si apre con quei *nomina agrimensorum et imperatorum* caratteristici della compilazione piú antica.

Le opere di misurazione e confinazione degli antichi tecnici imperiali sono viste da Gismondo come una sistemazione razionale del mondo civile: si guardino i titoli degli altri, seguenti capitoli (II. *De orbem omni<s> terrae in quattuor partibus diuisum*, e III. *De seg<r>egatione prouinciarum ab augustalibus terminis*). Nell'àmbito di un disegno compositivo che parte dal generale (il riconoscimento delle parti dell'*orbis terrarum* secondo le differenti dottrine dei geografi e dei Gromatici) e scende al particolare

[46] Ll.122-35, ed. M. Folkerts: «Die Altercatio in der Geometrie I des Pseudo-Boethius: ein Beitrag zur Geometrie im mittelalterlichen Quadrivium», in *Fachprosa-Studien. Beiträge zur Mittelalterlichen Wissenschafts- und Geistesgeschichte*, cur. G. Keil (Berlin 1982), 84-114.

[47] Per le informazioni di carattere generale e la posizione nell'àmbito della tradizione, v. *CAM* 34-48; sui contenuti: *AM* 321-3; la descrizione integrale, con edizione delle parti attribuibili all'autore, presso: L. Toneatto, «Note sulla tradizione del 'Corpus agrimensorum Romanorum', I. Contenuti e struttura dell' 'ars' gromatica di Gisemundus (IX sec.)», in *MEFRM* 94 (1982), 191-313.

(le controversie agrarie di effetto piú ridotto), le fonti d'agrimensura non direi che «riescono utili», sarei semmai autorizzato a dire che formano il tessuto sostanziale della compilazione e l'occasione stessa della sua nascita. Nonostante le condizioni di un testo spesso incomprensibile nelle minute articolazioni degli excerpta, spesso lacunoso, danneggiato e rielaborato già nel ms. del *CAR* letto dall'autore, la riorganizzazione del materiale antico secondo l'importanza dei *genera controuersiarum* frontiniani (il cap. 4 si intitola: *De iure territorii*) parla da sé. Ecco dunque che rinveniamo nell'opera, sia tramite la mediazione dello Ps.Boezio (43 excerpta), sia direttamente dal ms. di tipo «+» (74 excerpta)[48], un insieme di frammenti del *CAR* che pertengono a quasi tutti i settori disciplinari sopra delineati <1-11>, salvo la geometria e la metrologia.

III.B.c. *Geometrica ars anonymi.*

Anche in questo caso l'ignoto compilatore fece ricorso allo Ps.Boezio per la parte introduttiva, ma aveva in mano un ms. delle *Institutiones* cassiodoriane (secondo libro, terza recensione), cui seppe attingere direttamente[49]. Le nozioni generali di geometria (capp. 6-17) sono state tratte da Balbo (soprattutto tramite lo Ps. Boezio) e dagli *Elementa* euclidei, di tradizione sia ps.boeziana, sia gromatica sia cassiodoriana <12-14>. Nuovamente alla geometria, teorica e pratica, sono dedicati i capp. 24-26, discesi soprattutto dall'anonimo gromatico *De iugeribus metiundis* e dal manuale di Epafrodito e Vitruvio Rufo (quasi completo, anche se ordinato diversamente rispetto all'edizione Bubnov): alcune regole di misurazione d'edifici e di capacità, benché non riscontrabili nel *CAR*, provengono indubbiamente dal patrimonio culturale dell'*ars mensoria*.

Gli excerpta gromatici, accanto a quei capitoli isidoriani del libro 15 che, sempre tramite un ms. del *CAR*, erano giunti a

[48] Cfr. sopra, §II.D.a.

[49] In generale, v. *CAM* 31-4; per i contenuti e le fonti, *AM* 318-21; sulla numerazione originaria dei capitoli è incardinata la descrizione analitica di C. THULIN nel contributo cit. (sopra n. 19), 44-8.

conoscenza dell'autore, sostanziano totalmente i capp. 18-23, che rivelano un accentuato interesse per il lessico dell'antica agrimensura: elenchi di *nomina limitum*, *nomina agrorum*, la morfologia dei termini e le serie di *litterae singulares* iscríttevi, infine, le *Casae litterarum* <6, 8-9>. Come ho già fatto notare in altra sede, il compilatore mette in luce, attraverso i propri titoli dei capita, un'inaspettata comprensione se non della lettera, almeno della natura dei testi trascelti.

Chiude l'opera una sezione (capp.27-34) dedicata a quella che ho altrove definito «la misurazione della terra e del cielo»: la fonte dei primi quattro capitoli è sempre la *Constitutio limitum* dello Ps.Igino, della quale sono selezionati i passi che affermano il nesso tra l'orientamento ideale delle pianificazioni agrarie e i punti cardinali, l'excursus dedicato alla giustificazione cosmologica di tale rapporto, le regole geometriche pratiche per ottenere un orientamento corretto tramite le ombre solari <8, 10-11>.

III.B.d. *Geometria incerti auctoris.*

Le gravi difficoltà che il filologo incontra già a livello di identificazione e configurazione dell'opera sono note, e personalmente ne ho parlato in due riprese[50]. Le caratteristiche compositive sono totalmente diverse dalle altre quattro compilazioni, essendo il testo organizzato «per problemi»; l'opuscolo pertanto s'avvicina piuttosto ai ricettari medici e alchemici, che ai manuali dotati di un disegno espositivo di carattere, almeno tendenzialmente, sistematico. D'altronde, va ricordato che proprio una delle fonti gromatiche cui la *GIA* attinge, cioè il «manuale» di Epafrodito e Vitruvio Rufo, si presenta allo stesso modo.

Dei due libri (3, 4) che l'editore attribuisce all'opera ritenuta acefala, solo il quarto denunzia la derivazione da fonti gromatiche riconoscibili, ma va da sé che tutta la compilazione si inserisce nella tradizione geometrica antica, là ove non sia stata

[50] V. la bibliografia cit. sopra, n. 17.

aggiornata tramite l'acquisizione di metodi di misurazione arabi (uso dell'astrolabio).

Il primo capitolo del libro 4 si apre con i *mensurarum genera* di Balbo <15>, leggermente rielaborati. Segue una brevissima serie di capitoli desunti dall'adespoto *Liber podismi* e da Epafrodito e Vitruvio Rufo, con rielaborazioni <12-14>. Alla fine della compilazione, tornano in parte quegli estratti ps.iginiani <11> che, insieme con passi di Marziano Capella e del commento di Macrobio al *Somnium Scipionis*, rendono la conclusione simile a quella della *GAA*[51].

III.B.e. *Il geometria ps.boeziana.*

E' sicuramente l'opuscolo meglio organizzato e di livello culturale piú elevato, anche sotto il profilo linguistico. D'altra parte, l'ambiente degli abacisti lotaringi dell'XI sec., cui la compilazione appartiene, aveva segnato notevoli passi in avanti rispetto all'epoca carolingia. I piú antichi testimoni dell'opera, cronologicamente molto vicini all'originale d'autore, sono i primi mss., com'è noto, a registrare l'uso delle cifre arabe occidentali nel calcolo tramite l'abaco. Gli interessi dello Ps.Boezio sono incentrati esclusivamente sul calcolo e la geometria (con le inevitabili premesse metrologiche)[52].

Direi che lo sfruttamento delle fonti gromatiche in suo possesso viene attuato secondo un duplice criterio. Per quanto riguarda le procedure geometriche di misurazione, sotto il profilo sia teorico sia pratico (*podismales quaestiones*), il testo antico appare completamente rielaborato (Folkerts ha riconosciuto come fonti il *Liber podismi* e l'opuscolo di Epafrodito e Vitruvio Rufo), sí che le concordanze si limitano alle cifre degli esempi e al metodo seguito. Per quanto invece attiene agli aspetti generali (terminologia, definizioni, classificazione delle forme, ecc.), il testo balbiano, che succede a quello euclideo d'origine «boeziana», è stato estrapolato letteralmente <14>.

[51] Cfr. sopra, §II.A.b., 4) e n. 18.

[52] Fondamentale lo studio che accompagna l'edizione critica di M. FOLKERTS (citata sopra, n. 30).

La geometria latina d'origine mensoria si trova pertanto giustapposta a quella greca classica. Anche il quadro delle nozioni metrologiche è balbiano <15>, ma l'autore crede che il suo testo risalga all'ingegno di Frontino, cui l'*Expositio et ratio omnium formarum* viene d'altronde attribuita dalla tradizione «palatina» del *CAR*[53]. Si notano infine due piccoli excerpta dallo Ps.Igino (sulla definizione di *scamnum* e di *striga*, forme geometriche della pianificazione territoriale <8>), e da Frontino (definizione della linea finitima come elemento geometrico o meno della confinazione <6>). Nel primo passo i due concetti sono patentemente attribuiti ai *veteres agrimensores*[54]. Non sarà a questo punto inopportuno richiamare le frasi conclusive della compilazione, che abbiamo sopra citato[55] e nelle quali si rinvia il lettore a quei settori dell'*ars mensoria* estranei ai contenuti dell'opera.

III.C. Procedendo a livello degli originali d'autore, l'analisi degli excerpta d'agrimensura assunti dalle tre compilazioni carolinge, unitamente a quelli della *CC*, porta ad evidenziare, tra la fine dell'VIII e il 3° quarto del IX sec., l'interesse dei dotti per tutto l'arco delle discipline presenti nel *CAR*, salvo la castrametazione.

L'attenzione per la gromatica non geometrica è vivo, addirittura fondamentale nel caso di Gismondo, ma si deve notare ch'essa si manifesta soprattutto con la costruzione di nuovi «discorsi», solo raramente con l'assunzione in blocco di testi interi[56]. I manuali antichi non geometrici sono dunque oggetto

[53] V. l'apparato critico di K. LACHMANN, ad 91,1-3; la menzione di Frontino si trova alle ll.553-4 della *BG2* (ed.cit.). Il redattore della *CC* ebbe a mano il ms. «G» o comunque un testimone della famiglia '-" (v. *AM* 311-2), lo Ps.Boezio ebbe a mano un ms. della *CC* (sopra, n. 39); che nella collezione i frammenti balbiani appaiano adespoti, non è difficoltà insuperabile: v. M. FOLKERTS, ivi, 104.

[54] Ll.526-9 Fo. < Ps.Hyg. *Const.lim.* 169,16-170,2 Th.; Frontino: ll.38-9 Fo. < *contr.* 9,8-10 Th., tramite la mediazione della *BG1*: 378,8-10 La.

[55] Alla fine del §II.B.b.

[56] Nella *CC* (non a caso, vista la sua natura di «collezione»: cfr. sopra, §III) rinveniamo il *De agrorum qualitate* di Frontino e il relativo commento dello Ps.Agennio: v. *AM* 315.

dell'estrapolazione di frammenti, non vengono copiati sistematicamente ed eventualmente chiosati, come potremmo aspettarci. (L'atteggiamento «fattivo» dei dotti è quindi rilevabile sin dall'inizio della storia medievale dei Gromatici, confermando súbito il loro destino, già antico, di testi d'uso.) Semmai furono i testi piú strettamente tecnici (i siglari catastali e gli elenchi terminologici, per esempio) ad essere trascritti nella loro interezza, come accadde solitamente per gli opuscoli geometrici. Una spiegazione che mi parrebbe valida è quella della loro minore «flessibilità», legata, a mio avviso, alla minore comprensibilità: si prestavano molto meno dei manuali ad essere «smontati» e il loro materiale ad essere poi riutilizzato nell'àmbito di un nuovo discorso. Né va taciuto che, al di là della vergatura d'interi corpora gromatici, solo a quest'epoca piú antica (inizi-1° terzo del IX sec.) risalgono le poche testimonianze dell'interesse per singoli testi catastali, segnatamente per le *casae litterarum*, copiate su due mss. direttamente da antigrafi gromatici o trascelte in altro ms., come sembra, dalla compilazione catalana[57].

III.C.a. Naturalmente, si impone anche una distinzione di «peso» tra le manifestazioni d'interesse per l'una o l'altra disciplina. I testi di gromatica non geometrica sono ben presenti a compilatori e redattori carolingi[58], ma, salvo il caso di Gismondo, geometria teorica e pratica, euclidea e mensoria, con le relative terminologie, marcano una prevalenza nelle scelte, sotto il profilo dell'estensione dei brani assunti. E dal punto di vista degli autori e dei fruitori, non va certo scordato che le compilazioni furono sempre considerate delle «Geometrie», come dimostrano i titoli (siano o meno spuri) nei casi della *BG1* e della *GAA*, o una frase di Gismondo (la cui opera ci è giunta acefala):

[57] V. sopra, §§II.A.a., II.A.b., 2).

[58] Tanto presenti, che i compilatori a volte svolgono i loro argomenti senza estrapolare il testo antico, ma rivelando nel lessico e nell'articolazione delle frasi la provenienza del sapere dalla fonte, a volte da noi individuabile: cfr. *AM* 317 n. 30.

a) Anicii Manlii Seuerini Boethii Artis geometriae et arithmeticae libri V.
b) Incipiunt capitula geometricae artis.
c) ...quia geometria forma<m> sacrorum ad praespicienda<m> maxime uisu indiget[59].

Pertanto è vero che i Gromatici furono sfruttati, come si è da tempo detto (Berthold L. Ullman, 1964), per sopperire alla carenza di conoscenze geometriche, ma alcune osservazioni sono pure da aggiungere, oltre a quelle che ho già annotato in altra sede, a proposito delle possibili motivazioni di tanta attenzione per le istituzioni gromatiche[60].

1) Premettiamo che la *CC* va considerata accanto alle tre compilazioni, come abbiamo sopra sottinteso, non solo perché prodotta nella stessa epoca, ma perché fu aggiunta alla *BG1*, ad un certo punto, con il probabile fine di integrarne il contenuto: difatti il *Liber podismi*, il *De iugeribus metiundis*, Epafrodito e Vitruvio Rufo, non avevano fatto parte delle fonti gromatiche sfruttate dallo Ps.Boezio[61].

2.a) Per prima cosa, se consideriamo solo le opere carolinge veramente e propriamente «nuove», dobbiamo osservare che solo l'Anonimo della *GAA* s'interessò delle stesse fonti gromatiche di natura geometrica che abbiamo trovato nella collezione.

2.b) Inoltre, lo Ps.Boezio, che buona parte della sua opera derivò dall'Euclide «boeziano», lo trasse da un ms. degli *Elementa* che non apparteneva alla tradizione gromatica (e rifletteva una selezione molto piú ampia di quella che riscontriamo nella famiglia «palatina» del *CAR*)[62].

[59] Ed. L. Toneatto (cit. sopra, in n. 47), 223 n.xcv; sul significato della frase, chiarito dal difficile contesto: ivi, 249-50, *ad num.*

[60] La bibliografia presso i *CAM* 55 e n. 112; altre osservazioni si troveranno in *AM* 323-5.

[61] Cfr. *CAM* 51. Eppure il *Liber podismi*, frammenti di Epafrodito e Vitruvio, nonché varî excerpta geometrici «varroniani» si dovevano trovare a disposizione dell'autore nel modello gromatico tipo «Ú» da lui usato (sopra, §II.D.a): v. *AM* 324 e n. 55.

[62] Uno schema dettagliato della tradizione dell'Euclide latino «boeziano» si troverà in M. Folkerts, *«Boethius»* (cit. sopra, n. 30), 70-1.

2.c) Di fatto, compilatori e redattori giustapposero i testi geometrici dell'*ars mensoria* all'Euclide «boeziano»: il fenomeno chiaramente avvenne sia a livello teorico sia a livello pratico. A mio avviso, le definizioni d'origine mensoria di Balbo o la sua sistematica delle *formae* furono dunque sentite come distinte dalla tradizione greca: saremmo dinanzi ad una cosciente *integrazione* delle conoscenze. Se consideriamo sotto questa luce il titolo della *BG1* nella sua completezza, cosí come appare in molti mss.:

> *Incipiunt... libri... Boethii... ab Euclide translati de Graeco in Latinum*[63],

esso rafforza l'impressione che la falsificazione risalga all'autore e che questi volesse sostituire la propria opera agli *Elementa* «boeziani», esclusivamente «greci»; con tale cosciente fine apparirebbe coerente e spiegabile lo sfruttamento del materiale gromatico in generale, di alcuni concetti balbiani in particolare. L'autore della *GAA* svolse un'azione filologicamente ancora piú complessa, ma sostanzialmente simile[64]. Sappiamo che le opere boeziane furono «riscoperte» dalle scuole carolinge del tardo VIII secolo; fu la (contemporanea?) riscoperta dei Gromatici a determinare il progetto ps.boeziano?

3) Il concetto di «geometria» era all'epoca piú ampio del nostro; tra Euclide da un lato e Balbo, Epafrodito e Vitruvio Rufo con i loro anonimi compagni geometri dall'altro, trovò un ampio spazio anche l'interesse per la multiforme congerie dei testi antichi non geometrici, soprattutto nel settore delle tecniche e delle terminologie della pianificazione territoriale, della catastazione, della confinazione.

III.C.b. Abbiamo parlato a livello degli originali d'autore, ma qualcosa va detto sui destini che ebbero nel corso del tempo le compilazioni e collezioni medievali, dunque del «peso» che

[63] V. ad es. *CAM* sch. 006/006 c. 1.
[64] V. *AM* 319; cfr. sopra, §III.B.c.

esercitarono alcune scelte originarie, in senso diacronico. In questo senso ci aiutano le nostre conoscenze sulla distribuzione dei mss., fatto salvo l'ovvio limite della casualità nella sopravvivenza dei documenti. Per chiarire. Le caratteristiche dell'opera di Gismondo, cosí interessanti a livello di scelte culturali personali, o comunque del suo ambiente, non sembra abbiano incontrato molta fortuna: fatta eccezione per la sezione che comprende le *casae litterarum*, il testo del ms. barcellonese è «unicus». Ciò vale pure per la *GAA*, cui toccò in sorte, parrebbe, un recupero tra XI e XII sec., ma della quale, per l'epoca carolingia, sopravvive la sola copia del Monacense, BSB, Clm 13084[65].

Stanti i dati in nostro possesso per questo periodo, il ruolo di diffusione del bagaglio culturale gromatico appare sostenuto, per circa la metà dei casi, dalla *BG1* e dalla *CC* (la seconda, quando trascritta, compare sempre in coppia con la prima). Sino al medio sec. X, cioè sino alle soglie dell'epoca gerbertiana, su 15/19 testimoni d'agrimensura rimàstici, 7/10 appartengono a questo filone della tradizione[66]. Eliminando i mss. meno significativi, vale a dire quelli con frammenti di scarsa entità, le cifre si riducono a 11/14 e, rispettivamente, 6/9.

III.D. Esaminiamo ora le risultanze dell'indagine sul periodo piú ricco di testimonianze sotto il profilo numerico, cioè dalla 2ª metà del X sec. a tutto il XII. Esso si apre con l'epoca che vide l'attività scientifica di Gerberto d'Aurillac a Reims e Bobbio, il fiorire delle scuole di abaco della Lotaringia, la diffusione dalla Spagna nel restante Occidente delle prime traduzioni di opuscoli arabi sulla costruzione e l'uso dell'astrolabio, infine la nascita di quel corpus di scritti geometrici che Nikolaj Bubnov ha distinto in *Isagoge geometriae* e *GIA* (attribuendo la prima a

[65] V. *CAM* 31-3, 34-5; ms. cit. sopra, n. 34, 37.

[66] L'oscillazione delle cifre è dovuta alla datazione non precisa di quattro testimoni, che dai paleografi sono attribuiti semplicemente al «X secolo». I mss.: *CAM* sch. 004/004-012/012, 078/078, 080/079, 083/080, 085/081, 087/083-088/084, 120/098.

Gerberto stesso)[67]. Nel 2° quarto o comunque verso la metà dell'XI sec., la *BG2* si inserisce in questo processo di rinnovamento degli studi quadriviali, anche di recente studiato[68]. La 2ª metà del XII sec., all'altro capo del periodo, segna la diffusione e l'affermazione delle traduzioni dall'arabo degli *Elementa* euclidei (Adelardo di Bath e Gherardo da Cremona), una delle cause, certamente la principale, del susseguente declino dell'interesse per la geometria di diretta tradizione occidentale, vale a dire soprattutto per la geometria «boeziana» e gromatica.

Tutti questi eventi e sviluppi culturali sono fedelmente riflessi dai contenuti dei mss. miscellanei che accolsero anche gli scritti d'agrimensura. Di questi ultimi possiamo in tutto annoverare 52/57 testimoni[69]. Se togliamo i casi di excerpta isolati di minimo peso, le cifre scendono a 37/40 mss. L'analisi dei loro contenuti gromatici, sotto il profilo disciplinare, offre spazio a qualche osservazione.

Furono vergate (tra XI e XII sec., come abbiamo visto) solo tre copie dei corpora antichi, in ambiente tedesco e francese; ben 11/14 mss. accolsero invece la *BG1* in otto dei quali accompagnata dalla *CC* (le vergature si distribuiscono su tutto l'arco cronologico preso in esame e, salvo una, tutte furono effettuate in Francia); tre le trascrizioni della *GAA*, tutte in ambiente tedesco meridionale, fra XI e XII sec.[70] A questo punto, se teniamo conto di quanto s'è detto sopra sui contenuti gromatici delle varie compilazioni e collezioni, appare chiaro che la tradizione delle nozioni gromatiche non geometriche è affidata ai 17/20

[67] La distinzione e l'attribuzione operate da N. BUBNOV (ed.cit. sopra, n. 19) sono tuttora *sub iudice*: v. sopra, §III.B.d, e la bibl. cit. in n. 17.

[68] V. soprattutto W. BERGMANN, *Innovationen im Quadrivium des 10. und 11. Jahrhunderts. Studien zur Einführung von Astrolab und Abakus im lateinischen Mittelalter* (Stuttgart 1985).

[69] Per l'oscillazione delle cifre, v. sopra, n. 66, tenendo conto che un ulteriore testimone è datato al XII/XIII sec.; i mss.: *CAM* sch. 013/013-037/037, 090/085, 093/086, 095/087, 113/093-115/095, 122/099-123/100, 125/101, 127/102-128/103, 130/104, 133/105-134/106, 136/107, 138/108-140/110, 152/115, 155/116-157/118, 159/119-160/120, 167/125-168/126, App.II.A.1.

[70] Trascrizioni dei corpora: sopra, §II.D; *BG1* e *CC*: v. le tabelle presso i *CAM* 1209 e 1216.

testimoni or ora considerati, poiché in tutti gli altri non leggiamo scelta che non riguardi la geometria (terminologia, teoria, prassi della misurazione) e la metrologia. Discipline già presenti, peraltro, anche in quei 17/20 mss. Da tutto ciò discende un'altra osservazione: vale a dire che, per quanto concerne le nozioni gromatiche non geometriche, le scelte compiute in epoca carolingia dallo Ps.Boezio, dall'Anonimo della *Geometrica ars*, dal redattore della *CC*, furono in verità determinanti per tutta la storia medievale dell'agrimensura latina. Al di là delle tre trascrizioni di corpora antichi, dopo la 1ª metà del X sec., non siamo a conoscenza di nuove selezioni che interessino i testi gromatici estranei a geometria e metrologia. E questi erano pur conosciuti, come attestano le tracce rilevabili nella *GIA*: si ricòrdino le regole d'orientamento tramite le ombre solari, sempre geometriche, ma tratte da un opuscolo, la *Constitutio limitum*, che non è tale; e cosí si ricòrdino nella *BG2* i concetti «geometrici» tratti dallo stesso Ps.Igino e da Frontino, nonché, ancora, le citazioni esplicite di Frontino e Agennio Urbico a proposito delle *controuersiae agrorum*[71]. Si veda inoltre, nel cod. Napoletano cit. sopra, la piú tarda *inscriptio* messa impropriamente a capo di frammenti sempre dello Ps.Igino (nella *CC*), aggiunta da una mano dell'XI sec. (forse a Liegi):

EX LIBRO SYCVLI FLACCI DE CONDITIONIBVS AGRORVM;

si noti che l'opuscolo di Siculo non compare nella *CC* (la citazione di titolo e autore è, nella lettera, corretta)[72].

III.E. Dopo la «rivoluzione» del XII sec., i mss. d'agrimensura calano, s'è visto, nel numero (12/13) e non scendono oltre l'inizio del XIV[73]. Va aggiunto che le attestazioni, nel loro

[71] Cfr. sopra, §III.B.d-e.

[72] *CAM* sch. 006/006 c. 20. La mano è datata all'XI¹ da G. BEAUJOUAN, «Les Apocryphes mathématiques de Gerbert», in *Gerberto. Scienza, storia e mito*, Atti del 'Gerberto Symposium', Bobbio 25-27 luglio 1983 (Bobbio 1985), 654.

[73] *CAM* sch. 038/038-039/039, 105/088-106/089, 143/111-144/112, 161/121, 169/127-174/132.

complesso, sono ancor meno importanti da un punto di vista sostanziale. Se escludiamo i piccoli frammenti (con i quali tutti i 5/6 restanti mss. del Faventino interpolato), le testimonianze di peso si riducono a due per la coppia *BG1* + *CC*, tre per la *GIA*, uno per la *BG2*. Il fenomeno del declino della gromatica si mostra pertanto in misura molto piú accentuata di quanto non sia evidenziato dai grafici dei *CAM* (costruiti su base esclusivamente numerica)[74].

Non abbiamo bisogno di modificare quanto s'è già detto a proposito del periodo precedente, sotto il profilo di una distinzione degli interessi per la gromatica di tipo «geometrico-metrologico» e quella di tipo, diciamo cosí (e sicuramente male), «antiquario-giuridico». Resta tuttavia da dire una cosa, da riferire, come sintesi conclusiva, un'impressione generale. Premesso che l'attenzione al primo tipo appare costante in tutti i periodi, l'approccio fattivo al materiale antico da parte dei dotti medievali, la loro propensione ad intervenire sui testi in sede di redazione e scrittura, appaiono polarizzate sul secondo tipo sino al X sec., sul primo tipo in séguito. Il lento recupero degli studi geometrici in presenza delle costanti e pressanti esigenze della pratica mensoria può spiegare il fenomeno sul versante tecnico-matematico. L'interesse attivo per l'altra agrimensura fra tardo VIII sec. e 1ª metà del X, attende ancora una spiegazione generale convincente. Quelli sinora operati restano solo dei tentativi parziali[75].

[74] Ivi, 21, 29, 33, 38, 43, 46-9.

[75] V. le mie considerazioni ivi, 48-55 (ove la scarsa bibliografia) e aggiungi *AM* 323-5.

# INDEX DES TEXTES ANTIQUES

# INDEX SELECTIF DES NOMS PROPRES ANTIQUES ET MODERNES

Seuls quelques personnages historiques et mythologiques, voire des auteurs cités sans référence à leurs textes figurent dans cet index. Certains personnages cités épisodiquement et sans rapport étroit avec les sujets ont été omis.

# INDEX DES AUTEURS MODERNES